新编21世纪高等职业教育精品教材 · 通识课系列

U0461995

大学生安全与法纪教育

DAXUESHENG
ANQUAN YU
FAJI JIAOYU

（第3版）

主　编 ◎ 李宗茂　李家俊

副主编 ◎ 张广华　赵子金

中国人民大学出版社
·北京·

前　言

　　高等职业教育作为高等教育的重要组成部分，在培养生产、建设、管理和服务一线技术技能型人才，推动经济发展、技术进步、劳动力素质提升等方面发挥着不可替代的作用。高等职业院校的学生作为国家技术技能型人才的后备力量，是祖国的未来，是民族和家庭的希望，平安完成学业是其成功走向社会的重要条件。学生在校不仅要学习专业文化知识，掌握专业技术技能，更要提高综合素质，全面发展。按照马斯洛需求层次理论第二层次的安全需求，让当代大学生掌握必备的安全知识也是大学教育的内容之一。教育学生学习掌握相关的安全法纪知识和防范技能，增强安全发展的能力，可以促使学生辨别身边的危险，也可以助其在危急时刻自救与逃生，还能给他人以帮助。

　　随着时代的发展，各种影响高校安全稳定的新情况、新问题不断出现，高校安全稳定工作面临新的严峻挑战，"安全第一"已不仅仅是口号和理念。安全问题，尤其是学生的安全问题越来越受到全社会的高度关注和重视。相关统计显示，高校中发生的非正常死亡、刑事治安、侵财案件以及交通、火灾、溺水、食物中毒、安全生产事故居高不下，而所有事故中约有80％的非正常死亡和意外伤害等本是可以通过预防措施和应急处理得以避免的。但由于安全教育体系和制度尚未完善、健全，安全教育内容、手段也比较陈旧，再加上许多学生安全意识、法纪观念淡薄，社会生活阅历较浅，缺乏必要的预防和应对外来侵害、灾害事故等方面的基本常识和经验，心理承受力等也较弱，因此，在多重因素的影响下，身边的隐患就容易引发诸多安全问题，给个人、家庭和社会带来巨大的伤害和无法挽回的损失。

　　党的二十大报告明确提出"坚持安全第一，预防为主"的要求。安全教育是一项系统工程和重要课题，鉴于高职院校学生开展安全教育的任务更加艰巨，针对学生的特点，本书本着科学、实用、可读性强的原则，将全书分为十章，既包括人身安全、财产安全、消防安全、交通安全和网络安全等相关知识，又有相关的法律法规条文，根本目的和任务就是提高大学生的安全意识、法纪意识和防范能力，促进其掌握必要的安全技能和技巧。

　　全书以发生在高校大学生身边的大量最新典型案例分析导入，并从理论上进行探究，既包括一些实际的防御措施和应对方法，又在每一章节中链接相关的案例简析、法律法规以及拓展阅读素材，力求内容充实、体例清晰、案例生动贴切，实用性和针对性强，以期增强本书的可读性和大学生的学习兴趣，从而为安全教育的开展和大学生成长及未来生活提供必要的帮助。

　　本书由李宗茂、李家俊担任主编，负责提出教材修订提纲并完成终审工作。张广华、赵子金担任副主编，负责统稿和审阅工作。具体章节分工为：李宗茂、张广华编写第一章；赵玲、陈伟编写第二章；薄国欣编写第三章；李家俊编写第四章；叶帅编写第五章；丁强编写第六章；张建伟编写第七章；赵勇、王水编写第八章；赵子金、刘国柱编写第九章；贾洪杰编写第十章。

　　在编写过程中，我们借鉴了许多专家和学者的教材、著作以及相关资料，并引用了其中的一些内容和案例。此外，我们还得到了当地公安机关、消防和交通等部门的支持和帮助，在此表示感谢。

　　由于编者水平有限，书中疏漏和不妥之处在所难免，敬请专家、读者提出宝贵意见，以便修订时改进。

编者

目　录

第一章
安全与法纪教育概述

★★★★★

安全第一，预防为主。

没有规矩，不成方圆。

导 读

安全是一个人成长、生活、学习、成功和幸福的重要保障，而遵纪守法又是安全的重要前提。近年来，有关大学生安全的事件频发。这些事件一方面体现了大学生安全防范意识薄弱，当危险来临时不知道如何保护自己，另一方面体现了大学生法制意识淡薄，不知道违法需要付出什么样的代价。不管是哪种形式，一旦发生安全事故，不但会给本人及家庭造成严重伤害，而且会给学校造成负面影响。因此，没有安全，一切无从谈起；没有规矩，就会危及安全乃至生命。

要 点

1. 了解大学生存在的安全问题，洞悉大学生安全事件。
2. 安全法纪教育常抓不懈，创造平安校园生活和环境。
3. 培养大学生法纪安全意识，增强大学生防范意识和能力。

模块一 案例学习

★★★★★

案例 1

孙某强奸女生案件

2008 年 3 月 10 日晚自习后，某高校学生孙某等 10 多名同学在其宿舍内饮酒、唱歌。其间，想到了刚认识不久的女生董某，就打电话让其来宿舍，董某虽再三推托，但还是没有经受住孙某的软磨硬泡。为了躲避宿舍楼管员的盘查，孙某等人通过卫生间的窗口将董某拖进男生宿舍楼。董某进入宿舍后也跟随这群男生喝酒、唱歌，大约23:30，孙某将其他同学支走并强行插上门，当晚两次强行和董某发生性关系。第二天，董某在家人的协助下报警，警方介入调查。孙某也交代了违法犯罪事实，被依法刑事拘留。孙某因强奸罪名成立，被法院判处三年有期徒刑。孙某在校期间不爱学习，经常旷课，沉迷网络，此案更是将他的前程毁于一旦。事件发生后，董某不堪压力，办理了退学手续。

案例简析

孙某在校期间不爱学习，经常旷课、沉迷网络，不把老师的教育当回事。由于被网络上一些低级趣味的内容引诱和腐蚀，加之法律意识淡薄，导致其对自己的行为后果判断不足，而酒精的刺激更使其完全迷失。作为女生，董某深夜在男生宿舍饮酒，缺乏女孩应有的矜持和自重，为事件的发生"推波助澜"。事发时，董某没有选择大声呼救也助长了孙某的不轨行为，酿成了可怕的后果。

法规链接

《中华人民共和国刑法》

第十七条　已满十六周岁的人犯罪，应当负刑事责任。

已满十四周岁不满十六周岁的人，犯故意杀人、故意伤害致人重伤或者死亡、强奸、抢劫、贩卖毒品、放火、爆炸、投放危险物质罪的，应当负刑事责任。

已满十二周岁不满十四周岁的人，犯故意杀人、故意伤害罪，致人死亡或者以特别残忍的手段致人重伤造成严重残疾，情节恶劣，经最高人民检察院核准追诉的，应当负刑事责任。

已满十四周岁不满十八周岁的人犯罪，应当从轻或者减轻处罚。

对依照前三款规定追究刑事责任的不满十八周岁的人，应当从轻或者减轻处罚。

因不满十六周岁不予刑事处罚的，责令其父母或者其他监护人加以管教；在必要的时候，依法进行专门矫治教育。

第二百三十六条　以暴力、胁迫或者其他手段强奸妇女的，处三年以上十年以下有期徒刑。

奸淫不满十四周岁的幼女的，以强奸论，从重处罚。

强奸妇女、奸淫幼女，有下列情形之一的，处十年以上有期徒刑、无期徒刑或者死刑：

（一）强奸妇女、奸淫幼女情节恶劣的；

（二）强奸妇女、奸淫幼女多人的；

（三）在公共场所当众强奸妇女、奸淫幼女的；

（四）二人以上轮奸的；

（五）奸淫不满十周岁的幼女或者造成幼女伤害的；

（六）致使被害人重伤、死亡或者造成其他严重后果的。

友情提醒

当女生受到以上案例所述侵害时，务必要及时报警并保留好证据。体内残留的精液、指甲中的毛屑、身上的抓痕、毁坏的衣物等都是定罪的有力证据，要保留好，不要清洗丢掉。最好的取证时间是案发几小时之内。同时要保留好聊天记录、录音录像等证据。

思考讨论

作为一名青年学生，孙某的行为给你的教训是什么？作为女生，你认为应该如何做好安全防范，避免受到非法侵害？

案例 2

大学生因臭袜子被扔将室友刺死获刑 14 年

据媒体报道，由于一双臭袜子引发争执，21 岁的大学生龚某持刀捅死同寝室同学贺某。法院以故意伤害罪判处龚某有期徒刑 14 年，赔偿死者父母 24 万余元。

龚某与贺某就读于武汉某高校计算机系。相关笔录显示，2008 年 11 月 25 日晚 11 点，学生公寓已经熄灯，贺某因龚某的袜子很臭，要求他洗一下。

"我没理会，但过了一会儿，他竟将我的袜子扔出窗外！"龚某交代说，"我起身与他争执，混乱中用刀捅了他，后来又躺回到床上。"

因为熄了灯，其他同学没有看到这一幕，待发觉情况不对开启应急灯时，地上的血迹让他们惊呆了。贺某被紧急送往医院，终因心脏被刺破伤势严重而死亡。

案例简析

本是一件很小的事，却因为不冷静引发争执，进而失去理智大动干戈，致使一名同学失去宝贵的生命，另一名同学因犯故意伤害罪锒铛入狱。小事端引发大事件，带来的伤痛却是无法愈合的。冲动是魔鬼，惨剧往往都发生在不冷静的状态下。有一句古话，叫作"忍一时风平浪静，退一步海阔天空"。这个案件告诉我们，不仅要知法守法，还要提高个人修养，遇事冷静处理，不可冲动行事。因为人在不冷静的状态下容易失去理智，不计后果，做出不理智的行为，酿成悲剧。

法规链接

《中华人民共和国刑法》

第二百三十四条　故意伤害他人身体的，处三年以下有期徒刑、拘役或者管制。

犯前款罪，致人重伤的，处三年以上十年以下有期徒刑；致人死亡或者以特别残忍手段致人重伤造成严重残疾的，处十年以上有期徒刑、无期徒刑或者死刑。本法另有规定的，依照规定。

友情提醒

大学生违法犯罪成本高昂，除承担受害者医药费等经济损失外，还要承担法律责任。一旦被拘留或判刑，会对个人前程造成较大的负面影响。

思考讨论

结合本案谈谈如何预防该类悲剧的发生。

模块二　理论探究

第一节　安全形势概述

以上案例只是高校安全和违法犯罪事件的冰山一角，校园治安、学生安全和违法犯罪涉及诸多领域。那么，什么是安全？一般来说，安全就是人和财物受到保护，没有危险、不受伤害、没有事故的状态。那么，什么是犯罪？根据我国《刑法》第十三条的规定，一切危害国家主权、领土完整和安全，分裂国家、颠覆人民民主专政的政权和推翻社会主义制度，破坏社会秩序和经济秩序，侵犯国有财产或者劳动群众集体所有的财产，侵犯公民私人所有的财产，侵犯公民的人身权利、民主权利和其他权利，以及其他危害社会的行为，依照法律应当受刑罚处罚的，都是犯罪，但是情节显著轻微危害不大的，不认为是犯罪。

安全和法制是社会发展的基本前提，也是人类个体生存和发展的基本保障，是社会、高校、家庭和个人越来越关注的重点。根据马斯洛的需求层次理论，安全的需求是人的基本需求。高校学生难免要面对诸多危险：或潜在的，或明显的；或由无知造成的，或明知故犯导致的，或一时冲动引发的……我们国家对安全法制教育越来越重视，很多学校已将其纳入教育的基本框架，从小学乃至幼儿园就已经开始进行有关安全和生存方面的教育。高校学生大部分已经成年，接受必要的、系统的安全和法纪知识教育，可以培养其"安全超前"意识和法纪意识，从而增强危机防范意识，帮助其掌握必要的应对方法和手段，以达到全面提升安全法纪素养的目的。

总的来说，我国社会形势日趋稳定，高校的安全状况也好于社会总体的安全状况。

但是随着我国经济发展、社会转型步伐加快，各种矛盾交织在一起，并且有些深层次的矛盾很复杂、很尖锐，在某种程度上影响了社会稳定和团结，大学生所处的安全环境也在发生变化，非常值得关注。

一、社会总体安全形势

当前，我国社会治安总体上是"基本稳定，形势严峻"。主要表现在：经济犯罪案件居高不下，社会矛盾引发的各类不稳定、不安全事件时有发生，"黑社会"性质的犯罪活动比较猖獗，制毒、贩毒犯罪活动有增无减，性侵案件层出不穷，智能犯罪、技术犯罪呈上升趋势，其他形式的违法犯罪案件的发生率也逐渐上升，恶性事件、案件不断出现。各种反动势力特别是民族分裂分子活动猖獗。一些境外敌对势力和反政府组织加紧对我国实行"西化、分化"，分裂活动、恐怖活动和非法宗教活动一直严重危害着我国的稳定与安全。与此同时，地震、火灾、泥石流等自然灾害以及矿难、危险品爆炸等各类安全生产事故，也对社会安全和人民生命财产产生了重大的影响。

近年来，随着经济社会的快速发展，社会关系的重组、社会结构的重塑以及网络化信息化环境下社会生活方式的重大转变，当前治安案件中的新问题、新情况不断涌现，社会治安面临新形势，校园治安和安全状况同样面临新的挑战。

二、校园安全状况

从总体上看，校园的安全状况主要体现在以下几个方面。

（一）发生在高校的刑事犯罪案件不断增加

发生在高校的刑事犯罪包括凶杀、盗窃、诈骗、爆炸以及校园暴力犯罪等。2003年发生的"2·25"北大、清华餐厅爆炸案就是一个典型案例，犯罪分子为了制造轰动效应，把北大、清华这些著名高校以及其他高校作为实施犯罪活动的场所。还有一些不法分子看中高校这块"风水宝地"，伺机作案。当其犯罪行为被发现或被制止时，他们往往会凶相毕露，做出破坏甚至伤害人等行为。

（二）流氓滋扰等现象较为严重，侵害人身安全的案件不断发生

一些犯罪分子为了寻求刺激，把高校作为实施流氓行为的场所。同时，我们必须清醒地看到，高校性犯罪案件的发案率也呈上升趋势。尤其是受一些不健康的生活方式和腐朽思想的侵蚀，一些人的道德观念发生扭曲，一部分大学生迷失自我，染上不良生活习气，甚至把某些腐朽的生活方式作为新潮去追求。

（三）诈骗犯罪案件有增无减

大学生虽然有一定的文化水平，但是缺乏社会经验，一些诈骗分子利用大学生的单纯和无知骗取其钱财。有些大学生在与年龄相仿的陌生青年交往时，往往因被对方的谈吐假象迷惑而失去警惕，擅自留宿甚至借钱给对方，结果上当受骗。这样的教训比比皆是。有的诈骗分子还以贸易经营、签订合同、介绍工作等名义行骗，往往使被骗者损失惨重，有的损失上万元甚至数十万元。

（四）盗窃案件居高不下

有些不法分子乃至盗窃团伙，利用高校开放办学这一特点和管理上的某些漏洞以及部分大学生的疏忽大意，把高校作为作案的重点场所，给大学生和学校带来很大损失。山东有一所高校曾连续发生数起盗窃案件，盗窃笔记本电脑、手机、现金等财物价值数万元。另外，个别素质低下的大学生利用"天时、地利、人和"的有利条件内部作案。据公安机关统计，全国高校中每年因盗窃而被拘留、判刑、开除的大学生有数千人之多。

（五）因治安问题引发的不稳定事件时有发生

近年来，高校因债务纠纷、社会化服务经营承包以及劳资纠纷等引发多起群体性事件，一旦事态扩大就容易危害校园的安全稳定。另外，因大学生之间的矛盾引发的打架斗殴及群体性斗殴事件也时有发生，事件发生后，当事人的朋友、家长和亲属等人员到学校无理取闹，这不仅增加了事件处理的难度，还容易激化矛盾，引发不稳定。

（六）作案手段呈现高科技、高智能特征，网络犯罪案件不断增多

越来越多的案例显示，网络犯罪案件的数量和种类越来越多，危害程度越来越大。可以断定，未来一个时期内，网络犯罪案件还会持续增加，并且手段越来越"高明"。目前，高校普遍发生过网络诈骗、诽谤、恐吓、诈骗等案件。网络犯罪活动与普通犯罪活动的不同之处不仅在于网络犯罪活动有更大的危害性，而且在于其作案领域的虚拟性、实施活动的隐蔽性，从而使得案件侦破的难度加大，并且容易引发一定的社会恐慌。

（七）心理疾病所引发的大学生出走和轻生等事件有增无减

由于心理疾病、学习和就业压力、情感挫折、经济压力、家庭变故以及不适应周边环境等诸多因素，一些大学生出现了一系列心理问题，有的甚至患上抑郁症、妄想症、躁狂症等心理疾病，稍受刺激，就会做出过激行为。近年来，在校大学生轻生事

件屡屡发生。

三、大学生安全及违法犯罪现状

安全与法纪密切相关，很多安全事件、刑事案件的发生都是因不遵纪守法造成的。影响大学生安全和导致违法犯罪的因素很多，有社会的，也有自然的；既有天灾，也有人祸。校园的安全问题不容乐观，诸如消防安全、交通安全、饮食安全问题等；违法犯罪现象也不少，如重大刑事案件和治安案件、侵害人身安全案件、侵财案件、盗窃诈骗案件等。继众所周知的马加爵、药家鑫等杀人案件之后，2013 年 3 月 31 日，上海复旦大学硕士研究生林森浩盗取剧毒化学品二甲基亚硝胺的试剂瓶和注射器，之后回到宿舍，趁室内无人，将上述剧毒化学品全部注入室内的饮水机中。黄洋从饮水机中接取并喝下有毒的饮用水，后经抢救无效死亡。林森浩因此构成故意杀人罪，最高法院于 2015 年 12 月 8 日下发了核准死刑的裁定书。一场投毒风波，一个打了 3 年的官司，最后留下的是两个白发苍苍、形容枯槁的老父亲。他们一个已经失去儿子，一个将眼看儿子赴死，无力回天。2008 年 11 月 14 日凌晨，上海商学院一宿舍因使用热得快发生故障而引发火灾，4 名女生跳楼逃生不幸全部身亡。因大学生在宿舍违章用电、用火导致的火灾事故经常发生。据某省对全省高校 2009—2014 年 5 年间事故的调查，共登记各类安全事件 487 起，涉及 1 314 人，致死 430 人，致残 804 人，且大多数属于非正常死伤事故。

近年来，高校内发生的各类治安、刑事案件逐年上升。据某省会城市 2014 年对驻地各高校的统计，共发生各类刑事案件 792 起。其中，盗窃和诈骗案件占到 70% 以上。这些盗窃、诈骗、流氓滋扰等治安刑事案件以及火灾、交通、自然灾害等事故，涉及大学生学习生活的方方面面，威胁着大学生的生命和财产安全，影响高校的治安秩序和平安校园建设。这一系列问题警示着每一位大学生，必须提升安全意识、法纪意识和防范能力，有效预防各类安全事件和违法犯罪案件的发生。

第二节　大学生面对的主要安全和违法犯罪问题

上一节讲到的典型案件和统计数据触目惊心，令人痛心。绝大多数案件和事件本来就是不该发生的，是可以预防的，但还是发生了。为什么呢？痛定思痛，主要还是大学生与其他社会群体相比，年龄普遍较小，社会阅历尚浅，自我保护意识和防范能力较弱，应对各种安全问题的经验不足，承受挫折和压力的能力不强。大学生的安全意识、安全素质和安全技能亟待提升，法纪知识有待普及，法制观念还需进一步强化。影响大学生安全和违法犯罪的隐患很多，概括起来主要有以下三方面：

一、人身安全

生命只有一次，人的生命是十分脆弱的。人身安全是人类最基本、最重要的需求，没有了健康，没有了生命，一切无从谈起。大学生的人身安全不仅影响自己的学习和生活，还直接影响家庭的幸福。试想父母把你养大，供你上学，你还没有对父母行孝报答就致残甚至身亡，父母将如何承受？因此，生命不只属于自己，也属于家庭和社会。但是，很多大学生的人身安全不仅遭到不法侵害或意外伤害，还有的大学生出于种种原因，比如失恋、失意或压力而轻生、自残。据媒体报道，南京邮电大学研三学生蒋某，疑为生前受到毕业论文不能过关、不能如期毕业的困扰，于 2015 年 1 月 25 日上午在该校三牌楼校区的科研楼坠亡。2015 年 11 月 18 日凌晨 4 点左右，很多人听到"砰"的一声巨响，早上 6 点 30 分许，惠州学院建筑与土木工程系一名大四男生被发现在 2 号宿舍楼一处绿化带内坠楼身亡。后发现其留下的遗书写道："生活没意思，对不起，爸妈。"2018 年 2 月 10 日四川大学华西医学院法医专业大三学生张某因教学解剖经常接触病理标本及尸体导致心理压力过大，并且因没有及时得到排解而在家中喝药自杀……

二、财产安全

财产安全是大学生在校学习、生活期间的基本保障，财物被盗是最普遍、最多发的安全问题。由于大学生集体生活的特殊性、校园空间的相对开放性和部分大学生防范意识薄弱，大学生已成为实施盗窃、诈骗、抢劫和敲诈勒索等违法犯罪分子作案的重点对象。财物丢失、被盗、被骗、被抢劫等事件经常发生，不仅给大学生带来了财产损失，还影响其正常的学习生活和心理健康。据某市公安机关仅对驻地高校 2014 年 9 月份的统计，共发生此类刑事案件 48 起，涉案总额达 379 200 元（没有达到立案标准构成刑事案件的数目更多，不在统计之列）。其中，盗窃案件 30 起，诈骗案件 18 起。同时，火灾事故的发生，不仅危及生命安全，也会使大学生遭受财产损失，如 2014 年 12 月 26 日山东某高校因热得快失火造成直接经济损失数万元。

三、校园暴力及伤害事件

校园暴力分为热暴力和冷暴力：热暴力包括殴打、敲诈、辱骂等，冷暴力包括歧视、冷漠、孤立等。校园伤害主要包括绑架、爆炸、持刀伤害、放火以及性侵犯等。2018 年 4 月 2 日某高校电气系大二学生于某栋与该校机制系学生李某新因争夺女朋友二人相约在操场上"面面"，当晚双方各找了 10 多个帮手在学校运动场持械殴斗，李某新持木棍击打于某栋右腿致于某栋右腿粉碎性骨折，另有多名同学轻微伤，该案件导致 8 名同学被治安拘留，李某新父母被迫卖掉老家房子赔偿于某栋医药费等各项损失 16 万余元。

模块三　育人园地
★★★★★

国家安全是安邦定国的重要基石，是人民美好生活的重要保障，只有全党全国人民团结一致，才能共同筑牢维护国家安全的钢铁长城。2015年7月1日，全国人大常委会通过《中华人民共和国国家安全法》，第十四条明确规定：每年4月15日为全民国家安全教育日。要通过多种形式开展国家安全宣传教育活动，增强全民国家安全意识。维护国家安全是每一个大学生乃至公民义不容辞的责任。

2016年4月，23岁的某海滨大学学生张某在微信上添加了一个自称"记者"的人。此人以需要新闻报道材料为由，请张某为其提供军舰照片。张某被优厚条件吸引，想方设法进行拍摄。在境外间谍机关的指使下，张某设法进入某军工企业。到2016年8月被采取强制措施时，张某已向对方提供"辽宁舰"等目标照片500余张，其他敏感照片200余张。2017年2月12日，张某因"为境外刺探、非法提供国家秘密罪"被判处有期徒刑六年，剥夺政治权利三年。

2020年8月，国家安全机关侦破河北某高校学生田某涉嫌煽动颠覆国家政权案，及时斩断了境外反华敌对势力的犯罪触手。经查明，田某，1999年生，河北某高校新闻系学生。田某长期收听境外反华媒体广播节目，经常浏览境外大量有害政治信息，逐渐形成反动思想。2016年1月，田某开通境外社交媒体账号，开始同境外反华敌对势力人员进行互动，接受所谓"民主宪政"的理论影响，反动思想日渐顽固。

进入大学后，田某经境外反华媒体记者引荐，成为某西方知名媒体北京分社实习记者，并接受多个境外反华敌对媒体邀请担任驻京记者。在此期间，田某大量接收活动经费，介入炒作多起热点敏感事件，累计向境外提供反宣素材3 000余份，刊发署名文章500余篇。

在境外蛊惑教唆下，田某于2018年创办了一个境外反动网站，大肆传播各类反宣信息和政治谣言，对我国进行恶毒攻击。

2019年4月，田某受境外反华媒体人邀请秘密赴西方某国，同境外20余个敌对组织接触，同时接受该国10余名官员的直接问询和具体指令，秘密搜集提供污蔑抹黑我国的所谓"证据"。

田某与境外反华组织接触开展的一系列渗透活动，严重危害我国政治安全。国家安全机关通过严密侦查，于2019年6月依法将田某抓捕归案。2020年11月，法院对此案进行非公开审理。

这些情况可能危害国家安全！

（1）一些可疑人员未经批准到内部做调查，进行科技、经济、企业等信息搜集。发现这种情况不能随意提供，并向当地公安机关或国家安全机关报告。

（2）警惕境外广播、电视、网络等传媒的煽动、造谣。

（3）一些境外组织和人员经常出现在我国军事、保密单位周边，趁机盗取秘密情报和信息。如遇有可疑人员要立即报告。

（4）一些有境外背景的组织和个人，利用一些群众的不满情绪，煽动他们与政府对抗。遇到这些情况，应立即报告。

模块四　拓展阅读

山东省学校安全条例

第二章

人身安全

★ ★ ★ ★ ★

正三观　洁自好　防伤害

树意识　创和谐　保安全

导读

　　大学时代，既是青年大学生学习科学文化知识的重要时期，也是其心理日益成熟的关键时期，更是其扩大人际交往、丰富社会经验、踏上社会舞台的准备期。随着社会的发展进步，大学生的生活空间逐渐扩大，交流领域不断扩展。大学生不仅要在校园内学习、生活，而且要走出校园参加各种社会活动，危及人身安全的危险因素也随之不断增多。因违反治安管理规定或因矛盾处理不当而转化成对大学生人身伤害的事件屡见不鲜。比如：公共娱乐场所、公众聚集场合发生的打架斗殴事件；大学生在学习、生活中因小摩擦而引发的伤害事件；校外社交活动中发生的纠纷；因不法之徒的违法犯罪侵害引发的流氓滋扰、寻衅滋事、性侵以及抢劫、盗窃等案件；因其他意外情况偶发的伤害事件，如游泳、旅游中突发的大学生伤害事件等。人身安全是人们赖以生存与生活的首要条件，历来受到高度重视。"安全第一"就是这个意思。加强大学生的安全教育，丰富大学生的安全知识，强化大学生的安全意识，对确保其人身安全，保证其正常的学习与生活是十分重要的。

要点

　　1. 深入分析诸多打架斗殴事件的原因及危害，讨论其预防措施及如何树立安全防范意识。

　　2. 杜绝不良嗜好，追求高雅情趣。

　　3. 做到自尊、自爱、洁身自好，远离非法滋扰与侵害。

　　4. 改善人际关系，慎重交往。

　　5. 提高自身素质，掌握必要技能，避免校外、户外伤害事件。

模块一　案例学习

★★★★★

案例 1

一时冲动，后悔一生

2013 年 4 月 16 日晚 22 时，南京某大学学生蒋某回宿舍时因未带钥匙敲门，但袁某正打游戏未及时开门，双方为此发生口角和冲突。冲突过程中，袁某拿起书柜上的一把水果刀捅向了蒋某胸部，蒋某在送医后因抢救无效而死亡。

4 月 24 日，南京市公安局江宁分局提请江宁区检察院逮捕犯罪嫌疑人袁某，该院受理案件后组织专人办理，在对案件事实和证据材料进行严查细审的基础上，迅速做出了批准逮捕的决定。

2014 年 2 月 18 日，袁某以故意伤害罪被判处无期徒刑。

案例简析

分析此案发生的原因可概括为同学间"心理不相容"。现在的大学生普遍缺乏谦让精神和包容之心，对他人"看不惯"，更严重者当意见发生冲突时，容易意气用事，情绪激动，大打出手，导致矛盾升级。本案中的不幸完全是由一件小事引起的——同学没有及时开门，两人发生口角。如果当事双方理智一些，克制自己，完全可以小事化无。当今大学生多为独生子女，在平日教育中，家长应注意自己的方式，校方也要更多地与学生家长沟通，协助指导家庭教育，创造更多机会让学生接触外界社会并恰当处理人际关系，避免类似悲剧再度上演。

法规链接

《中华人民共和国刑法》

第十四条　明知自己的行为会发生危害社会的结果，并且希望或者放任这种结果发生，因而构成犯罪的，是故意犯罪。

故意犯罪，应当负刑事责任。

第十七条第一款　已满十六周岁的人犯罪，应当负刑事责任。

第三十二条　刑罚分为主刑和附加刑。

第三十三条　主刑的种类如下：

（一）管制；

（二）拘役；

（三）有期徒刑；

（四）无期徒刑；

（五）死刑。

第三十四条　附加刑的种类如下：

（一）罚金；

（二）剥夺政治权利；

（三）没收财产。

附加刑也可以独立适用。

第二百三十四条　故意伤害他人身体的，处三年以下有期徒刑、拘役或者管制。

犯前款罪，致人重伤的，处三年以上十年以下有期徒刑；致人死亡或者以特别残忍手段致人重伤造成严重残疾的，处十年以上有期徒刑、无期徒刑或者死刑。本法另有规定的，依照规定。

友情提醒

遇事要理智，注意克制自己。大学生一定要树立牢固的人身安全意识，不要因一时冲动痛悔一生。

思考讨论

生活中，你和同学有没有因为一件小事而引发过严重的矛盾冲突？如果你遇到此类事件，该如何处理？

案例 2

因哥们儿义气而一时冲动，最终留下人生污点

2016 年 3 月 22 日上午 10 时许，某高校发生一起因感情纠纷而引起的 13 名学生和 2 名校外人员的群殴事件。学生李某在网上认识了一名女生，并经常对其进行骚扰，该女生的男朋友张某（已参加工作的社会人员）知道后，与李某约谈。李某有恃无恐，遂应了下来。双方约在学校见面，在交谈中发生争执，进而交手。张某和朋友二人与 10 余名学生打斗。张某在形势不利的情况下，持刀反击，李某被刺重伤倒地，还有一名学生粉碎性骨折。重伤学生经紧急救治挽回了生命，但是所有参与此次斗殴的人员均付出了惨痛代价。

后来派出所出具处理意见：参与斗殴的 10 余名学生每人拘留 5 日，罚款 200 元；张某等人被判有期徒刑 3 年，缓期执行，赔款若干。

案例简析

该事件为因感情问题而引发的斗殴事件。从年龄段而言，由于大学生正处于青春

期，想得到异性朋友更多的关注，因此大学生校园恋爱现象越来越多。受社会环境的影响，有部分大学生认为不谈恋爱跟不上形势，自己没魅力，持"不在乎天长地久，只求曾经拥有"思想的人不在少数，找男女朋友成了其主要的事情。有的大学生学习意识淡薄，平时无所事事，大量时间和精力无处释放，都放在了寻求异性朋友上，甚至双方为争抢同一个异性朋友而争风吃醋，导致打架斗殴等事件，造成一些不可挽回的损失。古人云："少年易老学难成，一寸光阴不可轻。"大学生应立足学生本职，从点滴做起，学好文化知识，为将来的职业生涯做好规划，而不应虚度美好光阴。

这个案件具有一定的典型性，主要体现在以下几点：争强逞能、言语冲撞、个人矛盾升级为群体斗殴。业余时间无聊，寻求乐子，肆无忌惮地打电话骚扰他人，进而引发矛盾。解决类似矛盾冲突的正确方法是加强同学之间的沟通，共同讨论如何解决问题，学会站在对方的立场上思考问题，正确应对负面情绪，提高自我管理、自我尊重、自我反省和自我观察的能力。树立正确的人生观、价值观，建立长期的职业生涯规划，丰富自己的大学生活。如遇到人际冲突甚至暴力相向时，其他同学应立即制止或劝阻，不能袖手旁观或大声鼓噪、吆喝，故意扩大事端，更不要参与打群架。大学生在珍惜自己生命的同时，也要学会爱护、尊重他人的生命，这同样是一份责任与担当。

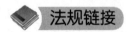 **法规链接**

《中华人民共和国治安管理处罚法》

第二条 扰乱公共秩序，妨害公共安全，侵犯人身权利、财产权利，妨害社会管理，具有社会危害性，依照《中华人民共和国刑法》的规定构成犯罪的，依法追究刑事责任；尚不够刑事处罚的，由公安机关依照本法给予治安管理处罚。

第十二条 已满十四周岁不满十八周岁的人违反治安管理的，从轻或者减轻处罚；不满十四周岁的人违反治安管理的，不予处罚，但是应当责令其监护人严加管教。

第二十六条 有下列行为之一的，处五日以上十日以下拘留，可以并处五百元以下罚款；情节较重的，处十日以上十五日以下拘留，可以并处一千元以下罚款：

（一）结伙斗殴的；

（二）追逐、拦截他人的；

（三）强拿硬要或者任意损毁、占用公私财物的；

（四）其他寻衅滋事行为。

第四十三条 殴打他人的，或者故意伤害他人身体的，处五日以上十日以下拘留，并处二百元以上五百元以下罚款；情节较轻的，处五日以下拘留或者五百元以下罚款。

有下列情形之一的，处十日以上十五日以下拘留，并处五百元以上一千元以下罚款：

（一）结伙殴打、伤害他人的；

（二）殴打、伤害残疾人、孕妇、不满十四周岁的人或者六十周岁以上的人的；

（三）多次殴打、伤害他人或者一次殴打、伤害多人的。

《中华人民共和国刑法》

第二百三十四条 故意伤害他人身体的，处三年以下有期徒刑、拘役或者管制。

犯前款罪，致人重伤的，处三年以上十年以下有期徒刑；致人死亡或者以特别残忍手段致人重伤造成严重残疾的，处十年以上有期徒刑、无期徒刑或者死刑。本法另有规定的，依照规定。

友情提醒

冲动是魔鬼，遇事要沉着冷静，不要因逞一时之快而伤害了自己和他人。

思考讨论

在本案例中，张某与李某等人因感情问题而大打出手，而因这些琐事引发的矛盾完全是可以避免的。那么生活中该如何化解这些小摩擦和小矛盾？

案例 3

签到事小，群殴事大

2014 年 11 月 18 日晚 10 点 26 分左右，某高校学生公寓楼发生一起多名学生入室群殴事件。

事件是大学生王某（女）因上课签到的事与同学吴某产生矛盾，王某气不过，联系了同乡学生田某，让田某教训一下吴某。11 月 18 日晚，田某打电话联系了同乡张某、韩某、陈某、李某。张某又联系了同乡徐某，让其再叫些人来，徐某又联系了 12 名大一新生在公寓楼下做接应。田某持木棍与张某等共 6 人来到吴某宿舍，踹门进入宿舍后，找到吴某，拉拽吴某出去"聊聊"，吴某不去，在双方拉拽、语言不和的情形下，田某等 6 人与吴某同一宿舍的周某、孙某、衣某及前来拉架的方某等发生肢体冲突，造成方某小手指骨折，孙某旧伤复发（脚部原动过手术）及其他同宿舍人员不同程度的轻伤。

事件发生后，田某、张某被学校开除，并因违反《中华人民共和国治安管理处罚法》被拘留 7 日；学校给予陈某、李某、韩某、张某、徐某严重警告处分，给予王某记过处分。

案例简析

在本案例中，王某仅仅因为签到这件小事就怀恨在心，从而拉帮结派，将其升级为入室打架斗殴事件。可引发打架斗殴的原因是什么呢？在很多情况下仅仅是因为有些大学生心胸狭窄、性格冲动、好面子、讲究哥们儿义气。签到事小，斗殴事大。一人各退一步，多为对方设想一下，做错事不要害怕丢面子，多做自我批评。人与人之间多用宽容的心去对待别人。因为一件小事而造成如此大的伤害，值得家庭、学校和社会深刻反思。正如没有做不成的事情一样，生活中也没有解决不了的问题。遇事沉着冷静，多为他人着想，事情都会向好的方面发展。

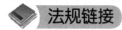 **法规链接**

《中华人民共和国治安管理处罚法》

第二十六条　有下列行为之一的，处五日以上十日以下拘留，可以并处五百元以下罚款；情节较重的，处十日以上十五日以下拘留，可以并处一千元以下罚款：

（一）结伙斗殴的；

（二）追逐、拦截他人的；

（三）强拿硬要或者任意损毁、占用公私财物的；

（四）其他寻衅滋事行为。

第四十三条　殴打他人的，或者故意伤害他人身体的，处五日以上十日以下拘留，并处二百元以上五百元以下罚款；情节较轻的，处五日以下拘留或者五百元以下罚款。

有下列情形之一的，处十日以上十五日以下拘留，并处五百元以上一千元以下罚款：

（一）结伙殴打、伤害他人的；

（二）殴打、伤害残疾人、孕妇、不满十四周岁的人或者六十周岁以上的人的；

（三）多次殴打、伤害他人或者一次殴打、伤害多人的。

友情提醒

"忍一时风平浪静，退一步海阔天空。"多站在别人的角度想问题，问题就会迎刃而解。

思考讨论

在大学校园里，怎样才能防止打架斗殴事件的发生？

案例 4

洗衣房引发的恶性事件

2014年3月13日中午，大学生黄某在公用洗衣房洗衣服，因自己的水桶被人挪到一边，与正在使用自己先用过的那个水龙头的吴某发生冲突，从破口大骂到互相厮打，后被在洗衣房的其他同学劝开。吴某洗完衣服后回到宿舍，便将和黄某争执的事告诉了叶某。叶某找到黄某说："你打我老乡，不赔医药费，那我打了你也是白打。"于是，叶某动手打了黄某两个耳光。黄某和叶某越说越僵，最后，双方大打出手。其间，黄某用随身携带的水果刀将叶某、吴某二人捅伤。事后，黄某逃离现场。叶某被刺伤右肺，导致重伤，虽保住了性命，却留下了终生的疤痕和伤痛，吴某亦被刺成轻伤。事后，打架的双方也都受到了校纪处分，叶某、吴某被给予记过处分，黄某被学校开除学籍，由公安机关拘捕，追究其刑事责任，并赔偿叶、吴二人的医疗费等逾万元。

案例简析

此案的起因非常简单，就是为了争一个水龙头，只要双方互谅互让，矛盾很容易解决。可惜双方都缺乏起码的道德修养和忍让精神，在发生矛盾时，不是相互谦让，而是满口脏话，开口就骂，动手就打，将大学生本应具备的文明修养抛到九霄云外，互相争强斗狠，最后两败俱伤。黄某用刀将叶某、吴某捅伤，比一般打架斗殴事件的性质更为严重，从一定程度上反映出大学生在发生矛盾时缺乏理智，从而酿成严重后果。这样既是对别人生命的亵渎，也是对自己的不负责任。作为大学生，若不能树立正确的生命观、人生观和安全意识，就好比一颗定时炸弹，危害极大。在平时的教育中，我们应该多激发大学生的善良情感，使其懂得感恩，这样，打架之类的事情也会减少。当然，培养大学生的高贵人格不是一朝一夕的事情，也不是依凭教师的一己之力就能办到的，而是靠家长、学校、教师、社会协同努力促成的。

法规链接

《中华人民共和国刑法》

第三十六条第一款 由于犯罪行为而使被害人遭受经济损失的，对犯罪分子除依法给予刑事处罚外，并应根据情况判处赔偿经济损失。

第二百三十四条 故意伤害他人身体的，处三年以下有期徒刑、拘役或者管制。

犯前款罪，致人重伤的，处三年以上十年以下有期徒刑；致人死亡或者以特别残忍手段致人重伤造成严重残疾的，处十年以上有期徒刑、无期徒刑或者死刑。本法另有规定的，依照规定。

《中华人民共和国民法典》

第一百二十条 民事权益受到侵害的，被侵权人有权请求侵权人承担侵权责任。

第一千零三条 自然人享有身体权。自然人的身体完整和行动自由受法律保护。任何组织或者个人不得侵害他人的身体权。

第一千一百六十五条 行为人因过错侵害他人民事权益造成损害的，应当承担侵权责任。

第一千一百七十九条 侵害他人造成人身损害的，应当赔偿医疗费、护理费、交通费、营养费、住院伙食补助费等为治疗和康复支出的合理费用，以及因误工减少的收入。造成残疾的，还应当赔偿辅助器具费和残疾赔偿金；造成死亡的，还应当赔偿丧葬费和死亡赔偿金。

友情提醒

大事化小，小事化了。暴力不能解决任何问题，只能带来更多的伤害和麻烦，为了他人和自己的安全，遇事一定要冷静。

思考讨论

1. 暴力只能让问题变得越来越严重，甚至造成无法补救的后果。通过这件事，你得到了什么教训？

2. "忍一时风平浪静，退一步海阔天空。"结合本案例，谈谈你对这句话的理解。

案例 5

打黑车遭侵害

2015年8月21日，小金独自一人从山东青岛返回泰安老家，途中在济南转车，一出火车站她就遇到了拉黑车的代某。一番讨价还价之后，代某承诺30元把小金送到目的地，此时已是傍晚6点多，夜幕将至。据代某交代，他并不认识去火车西站的路，也没想到小金会真的同意。因为济南火车站附近有专门的出租车停靠点，还有至少5趟公交路线可以抵达火车西站，其中K156路车可以直达。但小金选择坐上了代某的黑车，她万万没有想到，这是她噩梦的开始。坐上黑车的小金被代某带着满济南绕，绕了近两个小时，一直到错过火车发车时间。此时已是晚上8点多，小金非常气愤，却仍没有意识到危险。她要求代某把自己送回火车站。代某以电动车太慢为由，中途换了一辆三轮摩托车，之后将小金拉到偏僻的地方实施了强奸。小金第一次受到侵害时已是深夜，随后毫无反抗之力的她被代某带回出租屋囚禁起来。代某对小金看管很严，晚上睡觉的时候将其手脚捆好，把门关好，然后把嘴堵好了才睡觉。此后，代某多次对小金实施恐吓、打骂、强奸，对受害人实施性虐待长达四天四夜。

案例简析

本案件的受害人金某年仅20岁，涉世未深，缺乏社会经验，又是独自一人返乡回家，其安全意识极其淡薄，对社会治安形势的严峻性和不法分子侵害手段的残忍性缺乏足够认识，对随时可能发生的侵害预见性不够，防范意识极差。有的女大学生心存侥幸，总觉得此类事件不会发生在自己身上。这都给了不法分子可乘之机，最终导致身心遭受极大伤害。

法规链接

《中华人民共和国刑法》

第十七条　已满十六周岁的人犯罪，应当负刑事责任。

已满十四周岁不满十六周岁的人，犯故意杀人、故意伤害致人重伤或者死亡、强奸、抢劫、贩卖毒品、放火、爆炸、投放危险物质罪的，应当负刑事责任。

第五十六条第一款　对于危害国家安全的犯罪分子应当附加剥夺政治权利；对于故意杀人、强奸、放火、爆炸、投毒、抢劫等严重破坏社会秩序的犯罪分子，可以附加剥夺政治权利。

第八十一条第二款　对累犯以及因故意杀人、强奸、抢劫、绑架、放火、爆炸、投放危险物质或者有组织的暴力性犯罪被判处十年以上有期徒刑、无期徒刑的犯罪分子，不得假释。

第二百三十六条　以暴力、胁迫或者其他手段强奸妇女的，处三年以上十年以下有期徒刑。

奸淫不满十四周岁的幼女的，以强奸论，从重处罚。

强奸妇女、奸淫幼女，有下列情形之一的，处十年以上有期徒刑、无期徒刑或者死刑：

（一）强奸妇女、奸淫幼女情节恶劣的；

（二）强奸妇女、奸淫幼女多人的；

（三）在公共场所当众强奸妇女、奸淫幼女的；

（四）二人以上轮奸的；

（五）奸淫不满十周岁的幼女或者造成幼女伤害的；

（六）致使被害人重伤、死亡或者造成其他严重后果的。

友情提醒

犯罪心理学有个术语叫"独狼"，指的是犯罪分子专以人为猎物。这好比我们走进森林并不一定就能见到老虎、狮子，但在这个过程中可能会有一次偶遇。城市生活中也是如此，并不一定有那么多犯罪分子在我们面前出现，但有可能出行时会遇到，这个遇到意味着你只要进入他的活动圈内，你的被害风险就会增加。尽管这种情况只是一个概率事件，但谁遇上都是百分之百的危险。被害者大多是女大学生或者女青年，她们都是独自行走，几乎都是被劫持或误入一个密闭的空间，如黑车。因此，女性独自在外，切记不坐黑车，不与不认识的人拼车，夜晚打车牢记车牌，并电话告知家人。

思考讨论

在本案例中，你吸取了什么样的经验教训？你（尤其女生）是否深夜独自出行过？是否坐过"黑出租"？是否遭遇过陌生男子的搭讪？假设你遭遇此类事件，你会采取什么样的措施保护自身安全？

案例 6

交友不慎走上不归路

微信是时下一种比较流行的沟通渠道，深受年轻人喜爱。然而，就读于济南市长清区大学城的晓月（化名）却因为微信交友不慎，惨遭厄运。

2013 年 4 月的某个上午，晓月在校园内散步的时候，通过微信查找，偶然遇到王某。见面后，王某邀请晓月晚上一起去电影院看恐怖电影，晓月表示同意。当天晚上 7 点多，晓月与王某一起到大学城某电影院看电影。在电影院的包厢内，王某强行与晓月发生了性关系。事情发生后，晓月在同学的陪同下，到派出所报案。次日下午，王某被公安机关抓获。

案例简析

微信、QQ、陌陌等聊天软件已是时下的年轻人手机中不可或缺的交流工具，它在带给人便利的同时，也给了不法分子可乘之机。晓月就是通过查找功能认识王某的。他们不曾相识，互不了解，可晓月就在当天晚上与第一次见面的王某吃饭、看电影。王某在影院趁机胁迫安全意识淡薄的晓月与其发生性关系，酿成悲剧。

法规链接

《中华人民共和国刑法》

第七十二条　对于被判处拘役、三年以下有期徒刑的犯罪分子，同时符合下列条件的，可以宣告缓刑，对其中不满十八周岁的人、怀孕的妇女和已满七十五周岁的人，应当宣告缓刑：

（一）犯罪情节较轻；

（二）有悔罪表现；

（三）没有再犯罪的危险；

（四）宣告缓刑对所居住社区没有重大不良影响。

宣告缓刑，可以根据犯罪情况，同时禁止犯罪分子在缓刑考验期限内从事特定活动，进入特定区域、场所，接触特定的人。

被宣告缓刑的犯罪分子，如果被判处附加刑，附加刑仍须执行。

第二百三十六条　以暴力、胁迫或者其他手段强奸妇女的，处三年以上十年以下有期徒刑。

奸淫不满十四周岁的幼女的，以强奸论，从重处罚。

强奸妇女、奸淫幼女，有下列情形之一的，处十年以上有期徒刑、无期徒刑或者死刑：

（一）强奸妇女、奸淫幼女情节恶劣的；

（二）强奸妇女、奸淫幼女多人的；

（三）在公共场所当众强奸妇女、奸淫幼女的；

（四）二人以上轮奸的；

（五）奸淫不满十周岁的幼女或者造成幼女伤害的；

（六）致使被害人重伤、死亡或者造成其他严重后果的。

友情提醒

端正态度，培养健康向上的交往意识；端正思想，与人交往落落大方。

思考讨论

在现实人际交往中，大学生应警惕哪些交往误区？如何理性客观地看待网络交往？如何正确分析网络信息的真实性？如何避免网络的负面影响带给我们的伤害？

案例 7

一在校生驾驶摩托车惨遭意外

2014年4月8日晚8时许，山东某高校大学生郭某驾驶摩托车载人返校途中，在途经刘长山路段时，不慎撞在马路基石上，人直接飞出落地，头部受到严重撞击，直接昏了过去，后座的申某也被摔出近7米远，所幸只是皮外伤，但是郭某经医院抢救无效死亡（历时7天）。后经公安交警部门调查认定，这是一起无证驾驶单方交通事故。

郭某生前在2012年也曾因驾驶摩托车发生过车祸，受伤很重，但未危及生命，后经学校和家长教育，表示不再驾驶摩托车。但是时隔两年，尽管学校一再强调严禁学生驾驶摩托车，但是郭某不听劝阻，仍然抱侥幸心理故意为之，惨遭意外，令人心痛。

案例简析

发生交通事故的主要原因是思想上麻痹大意，不遵守交通规则，缺乏交通安全常识，自我保护意识淡薄。大学生在日常生活中一定要杜绝侥幸心理，千万不要麻痹大意，视生命为儿戏。

法规链接

《中华人民共和国道路交通安全法》

第十一条 驾驶机动车上道路行驶，应当悬挂机动车号牌，放置检验合格标志、保险标志，并随车携带机动车行驶证。

机动车号牌应当按照规定悬挂并保持清晰、完整，不得故意遮挡、污损。

任何单位和个人不得收缴、扣留机动车号牌。

第十九条　驾驶机动车，应当依法取得机动车驾驶证。

申请机动车驾驶证，应当符合国务院公安部门规定的驾驶许可条件；经考试合格后，由公安机关交通管理部门发给相应类别的机动车驾驶证。

持有境外机动车驾驶证的人，符合国务院公安部门规定的驾驶许可条件，经公安机关交通管理部门考核合格的，可以发给中国的机动车驾驶证。

驾驶人应当按照驾驶证载明的准驾车型驾驶机动车；驾驶机动车时，应当随身携带机动车驾驶证。

公安机关交通管理部门以外的任何单位或者个人，不得收缴、扣留机动车驾驶证。

第二十二条　机动车驾驶人应当遵守道路交通安全法律、法规的规定，按照操作规范安全驾驶、文明驾驶。

饮酒、服用国家管制的精神药品或者麻醉药品，或者患有妨碍安全驾驶机动车的疾病，或者过度疲劳影响安全驾驶的，不得驾驶机动车。

任何人不得强迫、指使、纵容驾驶人违反道路交通安全法律、法规和机动车安全驾驶要求驾驶机动车。

第四十二条　机动车上道路行驶，不得超过限速标志标明的最高时速。在没有限速标志的路段，应当保持安全车速。

夜间行驶或者在容易发生危险的路段行驶，以及遇有沙尘、冰雹、雨、雪、雾、结冰等气象条件时，应当降低行驶速度。

第四十九条　机动车载人不得超过核定的人数，客运机动车不得违反规定载货。

第五十一条　机动车行驶时，驾驶人、乘坐人员应当按规定使用安全带，摩托车驾驶人及乘坐人员应当按规定戴安全头盔。

友情提醒

严禁学生违法驾驶"无牌、无证、私自改装"的摩托车；严禁无证驾驶机动车辆；严禁违反交通规则，超速行驶；严禁学生驾驶燃油机动车进校园；加强对学生的交通安全教育，增强其安全意识，使其充分意识到交通事故会给自己及他人带来莫大的伤害。

思考讨论

随着社会的进步，机动车数量增多，驾驶机动车的人也日益增多。作为在校大学生，是否应该自觉遵守校规校纪，"严禁驾驶机动车进校园，不提倡学生驾驶机动车上路"？如果是你，为了确保自己和他人的生命安全，你会怎么做？

模块二 理论探究
★★★★★

第一节 法律是警戒线，不得踩踏

打架斗殴是对立双方或多方在相互矛盾发展到极点时，以对他人造成身体伤害为目的的一种主观意识行为。其行为特点为具有暴力倾向。不管这种行为因何而起或出于什么目的，都是一种不理智、不文明的行为，严重者会触犯刑法。

法律意识是一种社会意识，它是人们的法律观点和法律情感的总和，也是公民尊重、执行和维护社会主义法律规范的重要保证。公民的遵纪守法行为不会自然产生，而是在一定法制观念、法律意识的指导下实现的。只有具备了社会主义法制观念和法律意识，才能做到既不犯法，又能积极维护法律的尊严。权威调查结果表明，我国大学生的法律意识水平不高。大学生大多重视专业课，而对法律基础课不予重视，只是为了应付考试，法律基础薄弱，法制观念淡薄，容易出现已经做出违法犯罪行为却全然不知的情况。

一、打架斗殴的危害和不良后果

（一）打架斗殴是一种与社会主义道德规范严重背道而驰的恶习

打架斗殴不仅损害他人人身健康，侮辱他人人格，而且妨碍社会秩序，一旦矛盾激化，极易导致严重的斗殴、伤害和杀人案件的发生。现在，有的大学生脾气暴躁，同学之间往往因一点小事就发生争吵，为几句话就可能大打出手甚至持械伤人，最后给自己或他人以及家庭造成无法挽回的痛苦和伤害。

（二）经常打架的学生法律意识大多淡薄

在有些大学生看来，法律似乎离他们很遥远，大学生打架不属于法律的管辖范畴，甚至个别家庭经济条件较好的大学生还认为钱能消除一切打架事件的后遗症。然而，法律面前，人人平等。作为法制社会的一名成员，每一位大学生的行为都要符合法律法规。法律是警戒线，不得踩踏。否则，其行为必将受到法律的制裁。有的大学生认为不满十八周岁不用负刑事责任，这是错的。《刑法》第十七条指出，已满十六周岁的人犯罪，应当负刑事责任。《中华人民共和国教育法》第七十二条规定："结伙斗殴、寻衅滋事，扰乱学校及其他教育机构教育教学秩序或者破坏校舍、场地及其他财产的，由公安机关给予治安管理处罚；构成犯罪的，依法追究刑事责任。"

（三）打架斗殴者往往会自食恶果

每所大学都会制定大学生日常行为规范，旨在规范大学生在校园、课堂、图书馆、会场、宿舍以及其他场所和待人接物等方面的诸多行为，营造和谐文明的校园环境。然而，依然有很多大学生无视校纪校规，聚众滋事，打架斗殴，破坏了校园的学习氛围，更影响了个人的发展前途。在我们周围，总有那么一些大学生动不动就要对人施展"拳脚"，这种人往往存在暴力倾向，他们将为自己的行为承担什么后果呢？

1. 经济赔偿

打伤人除要负相应的法律责任外，还要承担一定的民事责任。生命无价，健康第一，随着人们对生命价值的认识的深化，危及生命及健康的附带民事赔偿金额也越来越高，数十万元乃至上百万元赔偿金已是司空见惯。

2. 亲人遭受煎熬

有施暴倾向的大学生，由于经常惹是生非，其家庭成员往往为其担惊受怕，一有风吹草动就怕其出事，无端让亲人长期生活在焦虑不安的环境之中。

3. 人际交往受阻

善待他人是人类交往的基础。对有暴力倾向的大学生，大多数同学都采取惹不起就躲远点的做法，个别同学怕被欺负，表面称兄道弟，私底下却存在较强的防范心理。这种交往受阻现象将延续至大学生步入社会之后，甚至伴随其终生。试问你愿意和蛮横不讲理的人当知心朋友吗？

 小贴士

打架的成本：打输住院，打赢坐牢

● 直接成本

轻微伤＝5日～15日拘留＋200元～1 000元罚款＋赔偿对方医药费、误工费、护理费、交通费等损失

轻伤＝3年以下有期徒刑、拘役或者管制＋赔偿对方医药费、误工费、护理费、交通费等损失＋开除公职

重伤＝3年以上10年以下有期徒刑＋赔偿对方医药费、误工费、护理费、交通费等损失＋开除公职

伤害致死＝10年以上有期徒刑、无期徒刑或者死刑＋赔偿对方医药费、误工费、护理费、交通费等损失＋开除公职

● 附加成本＝心情沮丧低落＋名誉形象受损＋家人朋友担心＋工作、学习、生活可能受到更大的损失

（四）影响身心健康

打架斗殴是一种典型的故意伤害行为。因此，打架斗殴的结果往往是受害者身体

遭受损伤和伤痛的折磨，甚至造成残疾。对施害者来说，可能会引起无尽的自责或仇恨的加深，有的甚至会自暴自弃走上一条自我毁灭的道路。科学家经过研究得出结论：经常帮助别人有利于自身的身体健康。因为帮助别人时心情舒畅，人体会分泌出一种有利于身体健康的物质，身体长期拥有这种物质就会延年益寿。相反，有施暴倾向的大学生，动不动就和人打架斗殴，除了身体容易受到伤害外，精神也会经常处于高度紧张的状态，这显然不利于其身体健康。打架斗殴的危害还有很多，比如影响学习、扰乱生活秩序等。

二、打架斗殴的预防措施

打架斗殴的发生，总有一个或长或短的过程。在此期间，大学生如能很好地控制自己，及时化解矛盾纠纷，就能防止打架斗殴事件的发生，从而避免一失足成千古恨。具体的预防对策有以下几点：

（一）从自身做起拒绝暴力

（1）首先要注意的是语言文明，防止祸从口出。
（2）注意相互谦让，学会换位思考。
（3）注意心态修养，切记冷静克制。
（4）遵守国家法律和学校的校纪校规，遵守公共秩序，遵守社会公德。

（二）要学会正确处理同学之间的矛盾

同学之间没有根本的利害冲突，当你成年之后，你会感到最值得怀念的就是自己的学生时代，同学之间的关系是最纯真、最美好的。

（三）遇上别人打架斗殴时的正确处理方式

（1）不围观、不起哄、不介入，更不要火上浇油。
（2）如果你想劝解，应当先问明情况，站在公正的立场上做好双方的工作。若劝解无效，应迅速向学校有关领导或保卫部门报告，以防事态扩大。
（3）打架的一方如果是你的同学或熟人，在劝解时要主持公道，不可偏袒。在采取隔离措施时，应当首先拉自己的同学或朋友，以免被对方误解为"拉偏架"，或者将你当成对方的"同伙"而受到无辜伤害。
（4）见义勇为是每一个公民应当具备的社会公德。当学校有关部门调查打架真相时，现场目击人要勇敢地站出来向有关部门提供线索和证据，以保护受害者的合法权益，使肇事者受到惩处。

 **实践应用**

如何应对与同学之间的矛盾

(1) 不要在冲动时解决问题，先让自己冷静下来，心里牢记"忍一时风平浪静，退一步海阔天空"。

(2) 注意自身修养，杜绝不文明行为。如果别人骂你或是被人一时冲动打了一下，就觉得受了气、吃了亏，非得也骂对方一句，也打对方一下，这样会使双方矛盾激化，最终可能升级成打架斗殴。

(3) 当受到别人的无理嘲笑、起哄、谩骂或批评时，要心胸豁达，切忌情绪激动，因过分生气而失去理智和他人争吵，进而激化矛盾。

(4) 自己做错事时，要主动向别人道歉，态度要诚恳，以求得别人的原谅。

(5) 在自己感到无力处理的情况下，寻求帮助：

A. 通过老师帮助调解　　　B. 通过家长帮助解决

同学之间难免有摩擦，自己也有被误解和吃亏的时候。有的人认为吃亏是福，退一步海阔天空；有的人则绝不让步，甚至诉诸武力。请以"吃亏是福还是祸"为话题开展班级讨论活动。

第二节　杜绝不良嗜好，追求高雅情趣

一、远离不良嗜好

"嗜好"在《现代汉语词典》(第 7 版) 中的解释是指特殊的爱好 (多指不良的)。每个人在某一方面或某些方面都有一些特殊偏好，这是人之常情。良好的、正面的爱好会给人奋发向上的动力；而不良的、负面的嗜好却使人陷入消极情绪中不能自拔。许多不良嗜好会慢慢渗透到我们的日常生活中，长此以往，很难剔除。因此，日常生活中我们要时刻提醒自己远离不良嗜好。

二、吸烟对大学生的危害

吸烟会让人变"笨"。经常吸烟，会使人感到精力不集中，出现头痛、头晕的现象。久而久之，大脑就会受到损害，思维变得迟钝，记忆力减退。

吸烟的危害还不止于此，烟草中的尼古丁是一种神经毒素，会侵害神经系统。一些吸烟者主观上感觉吸烟可解除疲劳、振作精神等，这是神经系统的一种过度兴奋。兴奋后的神经系统随即出现抑制。因此，吸烟后神经肌肉反应的灵敏度和精确度均会下降。国外有一研究机构曾表明，吸烟者的智力效能比不吸烟者要低 10.6%。大学生神经系统长期受到尼古丁毒害的主要表现是精神萎靡。另外，对于大学生来说，人体各系统器官尚未完全成熟，对环境中有害因素的抵抗力弱，香烟烟雾中的有害微粒容易到达纤细的支气管和肺泡，毒物容易被吸收，使得人体组织受损比较严重。烟草是一个"全能杀手"，它可以导致心血管系统、呼吸系统、消化系统等的数十种疾病。吸烟还会引起骨质疏松，吸烟者骨量流失率约为正常人的 1.5～2 倍。吸烟对肾上腺皮质及性激素的代谢都会有所改变，还使钙的吸收减少。尼古丁能破坏血管内皮细胞的完整性，并增加血液黏稠度，导致血压升高、心跳加快、动脉硬化，还会引发中风或心肌梗死等疾病。

三、酗酒及其危害

酒是一把双刃剑。少量的饮酒有益健康，而长期、过量饮酒或一次无节制的大量饮酒，医学上称之为酗酒，危害极大，主要表现为：

(一) 摧残身体，遗恨终生

首先，长期酗酒极易导致肝硬化、脂肪肝、慢性胃炎、胃溃疡、十二指肠溃疡、急慢性胰腺炎、食道静脉曲张、食道出血等病症。其次，酒精对人体具有强烈的麻醉作用。据测试，饮下白酒约 5 分钟后，酒精就进入血液，并随血液在全身流动，人的组织器官和各个系统都会受到酒精的毒害。最后，长期酗酒会缩短寿命。有资料表明，酗酒者比不饮酒者的寿命平均短 20 年。

(二) 精神障碍，人格扭曲

酗酒者在情绪上易产生焦虑、抑郁情绪，特别是形成酒精依赖后，在身体状况不佳、经济水平下降时尤为突出，严重者还可能出现自杀倾向。长期酗酒的男性，会伴随出现一系列功能障碍：嫉妒妄想症、幻觉、遗忘综合征、人格扭曲等。

(三) 城门失火，殃及池鱼

酗酒是一种病态或异常行为，是严重的社会问题。醉酒后，由于身不由己，行不知所往，处不知所持，食不知所味，一种原始的冲动使人变得野蛮、愚昧、粗暴。异常的兴奋又能诱导醉酒者为所欲为，出现迷离恍惚而又扬扬自得的状态。有的大学生酗酒后，喜欢在公寓巷道或室内胡乱高歌，严重影响其他同学的学习与生活，是社会公德严重缺失的表现之一。

(四) 自暴自弃，荒废学业

大学生过量饮酒也会使思维迟缓，记忆力和学习效率下降。一个人如果经常饮酒，并对酒产生依赖后，若中断饮酒，亦会产生如戒烟后的乏力、情绪低下、坐立不安等症状，在这种精神状态下如何能顺利完成学业？极大的可能是出现挂科甚至毕不了业的后果，从而影响择业，严重者甚至偏离正确的人生轨道。

（五）惹是生非，违法犯罪

醉酒的人动辄摔倒、跌伤，酒后驾车酿成大祸一类案件更是屡见不鲜。人在醉酒失去理智的状态下很容易对周围的人破口大骂、动手殴打，或者从事一些莫名其妙的破坏活动。甚至有的人在酗酒后拦路抢劫杀人，奸污妇女，陷入犯罪深渊。酒后溺水身亡这样自食恶果的悲剧也不乏其例。惨痛的教训实在太深刻了！我国相关法律规定，醉酒的人违法犯罪，应当承担相应的法律责任。

四、沉迷网络的危害

沉迷网络易造成身体、心理障碍。由于长时间上网，睡眠节律紊乱，导致大脑神经中枢持续处于高度兴奋状态，引起体内一系列复杂的生物化学变化，导致自主神经功能紊乱，内分泌失调，免疫力下降，诱发种种疾患，如胃肠神经症、紧张性头痛等。此外，长时间敲击键盘可引起腕关节综合征；长时间注视电脑屏幕可导致视力下降、怕光、暗适应能力降低；长时间僵坐在电脑前可出现腰肌劳损、脊椎疼痛变形等。沉迷网络还极易造成心理障碍。主要表现为：注意力不集中，感知觉能力降低，记忆力减退，逻辑思维活动迟钝，情绪低落，消极悲观，缺乏对生活的兴趣和热情，自尊心和自信心丧失。回到现实生活中的痛苦情绪和自我否定的消极体验，促使其再次回到网络中以逃避现实，不愿负担其应承担的社会责任与义务。更有甚者为达到上网的目的，骗取钱财，道德低下，甚至丧失人格。

第三节　远离非法滋扰和侵害

一、校园非法滋扰和侵害的常见类型

随着社会的快速发展和高度开放，为了使大学与社会接轨，校园内组织的社会活动越来越多，校内及校园周边的治安环境越来越复杂，校园社会化趋势日渐明显。大学生人身受到滋扰与伤害的概率逐年增加，形式也呈现多样化特征。校园常见的非法滋扰与侵害的类型归纳为以下几种：

（一）酗酒后寻衅滋事，打架斗殴

人在酒精的刺激下，变得兴奋、狂妄、丧失理智，一件琐碎的小事也有可能刺激他们做出出格的、可怕的、后果严重的事情。有的人会将这种情绪发泄到人的身上，有的人则会将情绪发泄到物的身上，致使出现随意殴打他人，任意毁坏他人财物或者虐待动物的事件。更有在校大学生违反校纪校规，偷偷在宿舍酗酒，酒后随意将酒瓶扔出窗外，导致楼下过往的无辜学生受伤。

（二）恃强凌弱

此类事件多发生在技校与高职院校中，受生源质量等因素的影响，个别学生素质较低，热衷于拉帮结派，对一些内向、胆小的弱势学生进行恐吓、威胁，甚至敲诈勒索，如要求同学去买饭、充话费或借钱不还等，给同学造成严重的精神伤害。

（三）电话信息滋扰

有些男性学生在追求异性不成或失恋时，不能正确对待，采取报复行为，不断打电话、发短信骚扰对方。也有大学生纯属无聊，寻求乐子，肆无忌惮地打电话骚扰他人。这些都严重影响了他人的正常学习、生活与工作。

（四）与人交往不慎引发伤害

当代大学生交往广泛，通过网络或朋友圈等途径，与校外不法分子交往结识，发生矛盾或纠纷后这些人便有目的地进入学校宿舍、教室等处进行骚扰，寻衅滋事，伺机报复，致使在校大学生遭受各种伤害。

二、性侵害

大学生性侵害主要是指以女大学生为目标，以暴力、胁迫或其他方式为手段，违背他人意志，占有或玩弄女性的行为。对女大学生的性侵害，不仅使受害人的身心受到创伤，而且使受害人的人格尊严受到严重侮辱，甚至导致受害人精神崩溃、自残、自杀等严重后果。大学生性侵害的主要表现形式有以下五种：

（一）暴力型性侵害

犯罪分子常采用群体性纠缠方式对女大学生进行性侵害，其特点为：倚仗人多势众制服受害人；行为无耻，任意摧残或凌辱受害人，手段野蛮而凶残。

（二）胁迫型性侵害

这类案件的特点为：利用职务便利或乘人之危，迫使受害人就范；设置圈套，引诱受害人上钩；利用过错或隐私，要挟受害人。

（三）社交型性侵害

与受害人约会的大多是熟人、老乡、同学，甚至是男朋友。犯罪分子利用或创造机会，把正常的社交引向性犯罪。这类性侵害又称"熟人强奸""沉默强奸""酒后强奸"等。受害人身心受到侵害以后，出于各种考虑，往往不敢揭发。

（四）滋扰型性侵害

校外不法青年混入校园，用下流的语言，推、拉、撞、摸等下流的动作，或用暴露生殖器等下流行为，或通过窥视女大学生洗澡、上厕所等来进行非法滋扰。当女大学生孤立无援时，便可能发展成暴力型性侵害。

（五）欺骗型性侵害

欺骗型性侵害主要是指男性用许诺、说大话、说谎话等手段骗取女性信任，最后达到性侵害的目的。

 **实践应用**

如何应对非法滋扰和侵害

一、正确预防及处理非法滋扰和侵害

（一）提高防范意识，增强自我保护能力

大学生必须积极参加学校的安全教育活动，认真学习必要的安全知识，了解一些在高校发生的恶性案件案例，提高自己的防范意识和能力，严格要求自己，积极谨慎地同外部滋扰这一丑恶现象做斗争。

（二）吸取教训，洁身自好

从常见案件及典型案例中总结并吸取经验教训，做到在公共场所语言举动不轻佻，不骄横偏激地对待问题，不用挑衅语言刺激对方，不给有不良企图的人发出容易误会的信号。克服庸俗习气的影响，拒绝腐朽思想的侵蚀，树立正确的人生观、价值观，养成良好的生活习惯。做到严于律己，不但要使自己成为一个具有专业文化知识的人，而且要使自己逐渐成为一个具有远大政治抱负、脱离低级趣味的高尚的人。

（三）正确对待所发生的各类侵害

正确对待将要发生或正在发生的各类侵害是避免和减少大学生人身安全受到威胁的最直接、最现实的应对之策。发现异常情况，及时上报老师或保卫部门，采取预防措施，避免恶性事件发生。

（四）处理非法滋扰及侵害的正确方式

（1）提高警惕，慎重处理。要问清缘由，弄清是非，既不畏惧退缩、避而远之，也不随便动手、一味蛮干，应以礼待人，妥善处理。

（2）充分依靠组织和集体力量，积极干涉和制止非法滋扰和侵害。如果发生滋扰事件，要第一时间报告老师或学校相关部门，要团结和发动周围学生、干部或群众，积极揭露和制止，对滋事者施加压力，迫使其终止滋扰。

（3）自觉运用法律武器保护自己和他人。面对寻衅滋事者，既要坚持说理为主，不轻易动手，又要注意留心观察，掌握证据。这对事后查处寻衅滋事者是很有帮助的。

（4）提高自身素养，遇事谨慎。大学生要加强自身修养，不断提高自己的综合素质，严格要求自己，不因小事而招惹是非，积极慎重地同外部滋扰现象做斗争。

二、女大学生预防性侵害的措施

（一）增强预防侵害意识

女性作为性侵害的主要对象，夜间出行危险性大，因此要走明亮、往来行人较多的大道，最好结伴而行，不要单独行走。不管在何种场合，尽量少和陌生人交往，遇有陌生人纠缠要尽快摆脱。与人为善是发展良好人际关系的基础。一个有暴力倾向的人往往以自我为中心，对待他人缺乏同理心，极容易因为外界刺激而情绪失控，面对各种突然状况无法保持应有的冷静，任由情绪控制自己的行为，这些都会导致其人际交往受阻，人际关系紧张。

（二）端正行为态度，洁身自好

若个人行为端正、态度明确，坏人便无机可乘，不敢有越轨企图。在言行举止方面，女大学生要懂得自尊自爱，不要与异性过分随便、亲昵甚至暧昧，在聚会、娱乐等场合中不要有轻佻、挑逗性动作，使侵害者误解。穿着打扮要符合自己的身份，大方得体，朴实无华，不要盲目追逐潮流，浓妆艳抹，从而将自己置于一种潜在的危险环境中。此外，在乘车时如遭遇侵犯者故意抚摸或摩擦，可大声斥责，并狠击其手，引起公众注意，使其知难而退。

（三）拿起法律武器保护自己

对于失去理智、纠缠不清的无赖或违法犯罪分子，千万不要惧怕他们的要挟和讹诈，也不要怕他们打击报复，要大胆揭发其阴谋或罪行，及时向领导和老师汇报，学会依靠组织和运用法律武器保护自己。千万注意不能私了，因为私了的结果常会使犯罪分子得寸进尺，没完没了。

（四）学些防身术，提高自我防范的有效性

一般女性的体力均弱于男性，防身时要把握时机，出奇制胜，狠、准、快地出击其要害部位，即使不能制服对方，也可制造逃离险境的机会。人的身体各部位都可以用来进行自卫反击，头的前部可用来顶撞，拳头、手指可进行攻击，肘朝背部猛击是最强有力的反抗手段，用膝盖对脸和腹股沟猛击相当有效，用脚前掌飞快踢对方胫骨、膝盖和阴部也非常有效。同时，要注意设法在案犯身上留下印记或痕迹，以备追查、辨认案犯时作为证据。

第四节　正确处理人际交往

人际交往又称社会交往，是指个人与个人、个人与群体或群体与群体之间通过一定的方式进行接触，从而在认知、情感和行为上相互影响的过程。大学时期正是大学生心理趋于成熟的时期，特别需要别人的理解，愿意向别人倾诉自己的思想，以便通过别人的理解与安慰，进而对压抑的情绪进行调节，使心理压力得到释放。但是，面对纷繁复杂的社会和形形色色的交往对象，一些不法分子别有用心，心怀不轨，这给大学生的人际交往带来了重大的安全隐患。

一、大学生人际交往的主要特征

（一）人际交往的选择性

在当今社会，随着科学技术的进步，大学生交往的方式越来越多，不再局限于人与人之间的直接交往，更多采取人与人之间的间接交往形式，如网上聊天、网上交友、电子邮件、手机短信、微博、微信等互动交流方式。交往方式的多样化导致交往对象的多样化。在这种形势下，大学生更应该理智而谨慎地选择交往对象，要慎重交友，交益友。

（二）人际交往的开放性

大学生走出家门进入大学后，认识、结交了更多的朋友，交流了更多的信息，接受了更多的新思想，与社会的接触比中学时更加频繁与密切，人际交往呈现前所未有的开放式交往趋势。大学生交往日益频繁，由偶尔的相聚、互访，发展成较为经常的聊天、社团活动、聚会、体育活动、娱乐、结伴出游以及其他一些集体活动。

（三）人际交往的多层次性

大学生交往是多层次的：交往的对象各有不同，交往的方式多种多样，交往的内容丰富多彩，交往的程度深浅不一，交往的范围各有不同。就交往对象来讲，有亲友、老师、同学、陌生人等；就交往方式来讲，有直接/间接交往与正式/非正式交往等；就交往的内容来讲，有物质交往和精神交往；就交往的范围来讲，有工作、生活和友情交往等。多姿多彩的大千世界，使得人们之间的交往也多姿多彩。

二、大学生人际交往中的安全隐患

（1）大学生处于心理未成熟时期，不良的人际关系容易导致心理问题，从而引起违纪违法行为和安全事故。2016年3月，某高校校园发生了一起因争风吃醋而打架斗殴的刑事案件，受害人身中数刀，胸腔积血，犯罪嫌疑人第一时间被刑事拘留。同时，山东某高校一名19岁的花季少女因偷吃禁果，在宿舍阳台产子后身亡。以上两起事件都是当事人在人际交往中缺乏安全意识所致。

（2）随着年龄的增长、生活空间的扩展、社会阅历的不断增加，大学生人际交往的范围随之扩大，大学生的交往对象由以前的亲戚、邻居、成长伙伴转向大学同学和在社交场合认识的其他人，更多的是向社会层面拓宽。校外人际交往更容易发生安全事件，表现较为突出的现象是大学生在校外做兼职、打零工，最后双方因劳动报酬未达成共识而产生矛盾，甚至动手伤人，演变成治安事件或者民事事件；更有甚者在自己经济条件不足、家长不知情的情况下，借钱满足私欲，贷款购买高端手机、摩托车等，过度消费。对没有经济来源的大学生来说，他们无法正常偿还贷款，债务导致大学生做出通过不正当手段获取经济收入的违法行为。在大学生彼此认同而自发形成的小群体中也容易产生消极影响，这些小群体的交往活动常常是玩耍、娱乐、吃喝，而群体中的成员在学习和思想上不能互相帮助，不能用集体的道德标准和生活规范来约束自己的行为，导致迷茫、堕落甚至做出违法行为。

（3）网络交往扩大了大学生的人际交往圈子，给大学生提供了宣泄不良情绪的途径，激发了他们的想象力和创造力，也给他们的人际交往带来了很多负面影响，容易引起他们对现实生活中人际交往的冷漠。由于网络人际交往的虚幻性、匿名性，沉溺于网络人际交往的人在现实生活中容易出现心理障碍，主要体现在网络孤独症、自卑、恐惧、猜疑、嫉妒、人际信任危机和各种人际交往冲突上。当大学生出现此类心理危机后，他们会失去对现实生活的信心，而将更多的精力投入网络人际交往中去。有很多不法分子利用大学生容易沉迷于网络和辨识能力不强的特点，通过网络对大学生进行欺骗。在我国各大高校频频出现大学生在见网友的过程中被骗取财物甚至遭受人身攻击的案件，造成受害人人身和心理的双重伤害，充分说明了网络交友方式的种种弊端。

 **实践应用**

养成安全的人际交往习惯

一、要以诚待人，不要过于世故

"诚"是人际交往的根本，自古以来一向受到人们的推崇，交往能做到一个"诚"字，必能老少无欺，从而赢得真诚的回报。反之，世故圆滑，尔虞我诈，永远也不可能得到对方的真诚相待。

二、要言而有信，不要轻易做出许诺

我们如果答应帮朋友做某一件事情，就应认真履行自己的诺言。一个人若言而无信，到头来不仅得不到真正的友谊，弄不好还会众叛亲离，使自己成为孤家寡人。

三、保持适度距离，不要过于亲近

人际关系本是人与人之间心理上的关系，也称心理上的距离。不分亲疏地靠近对方最终难免引起不快，彼此之间还是适度保持距离为好。

四、要自尊自爱，不要热衷于接受他人的馈赠

十分要好的朋友，诚心诚意地相互赠送一些小礼物以联络感情、增进友谊，这是人之常情。但假如仅有一面之交或是交往不深的人送礼物，最好当面谢绝。尤其是异性间的馈赠，受赠方更需头脑清醒，了解对方的用意，不可来者不拒，以免受制于人。

五、要平等待人，不要盛气凌人

在与人交往的过程中，切记彼此在人格上是平等的，交往是互惠互利双赢的。一定要平等待人，不可盛气凌人，动辄以恩人、救星或老大自居。

六、要虚心听取不同意见，不要好为人师

要虚心听取真正朋友的忠告，切不可讳疾忌医。而你也可以在充分尊重对方人格的前提下，提出自己的见解供其参考，不要好为人师，弄得他人无所适从。

七、要善始善终，不要见异思迁

朋友之间也有因误会而产生不快的时候，此时，应设身处地替对方多加考虑，即使错在对方，也应豁达大度，谅解其过失。

八、要真诚待人，不要见风使舵

真正的友谊往往经得起时间的考验。步步高升时，尤其应记住不要给老朋友留下"一阔脸就变"的印象。

九、要宽以待人，不要苛求于人

严以对人、宽以对己，是一种有悖公平原则的双重标准，它只会导致对方反感。相反，如果我们能做到严于律己、宽以待人，不放纵自己，不苛求他人，必能赢得对方的敬重。

第五节　旅游安全

一、旅行常见的安全事故及原因分析

近几年，旅游业日益升温，也日渐受到大众喜欢。对于大学生来说，更是如此。大学生具有一定的经济独立能力和生活自理能力，有相对宽松的时间，具有冒险精神

和追梦遐想，这些促成了大学生的"旅游热"。一方面，大学生利用节假日出去旅游已经成为普遍现象；另一方面，关于旅游安全的事故报道也屡见不鲜。旅游安全教育刻不容缓。大学生旅游、游泳安全事故的常见类型主要有以下几种：

（一）乘坐交通工具、住宿引发安全事故

大学生组团包车旅游屡见不鲜，交通事故也时有发生。2011 年 4 月 16 日上午 11 时左右，合肥一高校环境工程系大四的 34 名学生在乘坐一辆大巴前往天堂寨旅行途中，大巴车撞上电线杆后，冲下路基，掉入路边深水沟，车上多名大学生不同程度地受伤，其中一名大学生伤势较重。

旅游时要选择安全、舒适、卫生的旅店住宿休息。有些"黑店"无营业执照，无消防安全措施，卫生条件不合格，致使游客遭遇敲诈，财物被盗，身染疾病，甚至身陷火海无法逃生等。

（二）登山引发安全事故

登峰凌顶，尽情享受大自然美景，这是许多人的追求。但是，翻山越岭也是一项比较危险的活动，稍有不慎就会发生意外。某高校十几名大学生相约攀爬周边的一座山峰。其中一位大学生虽没有登山经验但自感体力好，遂在前面为大家开路，当爬到一半时因山势过于陡峭，其他同学劝他停下，但他坚持继续往上爬。不久后，后面的同学发现山上已没有动静，估计出了事，立即向学校报告。学校随后组织当地农民进山展开搜救，直到第二天才在悬崖下找到该学生的尸体。

（三）溺水伤亡

炎炎夏日，在湖泊、海滩戏水玩耍或是搏击风浪是一件非常惬意的事情，也是大学生十分向往的旅游项目。如果你不识水性，麻痹大意，很容易酿成悲剧。每年，大学生溺水身亡事件屡见不鲜，尤其沿海高校此类事件频发。2013 年 6 月，在济南市长清区园博园内，一名大三学生在景观湖中游玩时不幸落水。经过附近村民及消防官员的不懈努力，晚上 8：30 左右，落水学生被成功打捞上来。医务人员赶紧对其进行抢救，可不幸的是该学生早已死亡。发生游泳死亡事故有多种原因，包括溺水、呛水、被杂草或渔网缠身、不了解水情、游泳中突发疾病等。

（四）近郊骑行游玩安全事故

现在的大学生流行以骑行的方式锻炼身体。三五好友近郊游玩，可以陶冶情操，增进感情。但在公路骑行途中，车流量大，噪声大，稍有走神就会发生意外。

（五）野外宿营安全事故

野外宿营是流行于大学生中的一项有益身心的活动，也是发生意外频率较高的一项

活动。在与"驴友"探险野营时容易发生山地安全事故，如迷路、被蛇虫咬伤、食物中毒、坠崖以及由于滑坡、泥石流等自然灾害引发的安全事故。2015 年 7 月，华南理工大学广州学院 2012 级女生毕某，在无任何登山经验的情况下，独自登上深圳梧桐山后失联。

（六）极限运动安全事故

极限运动近几年在国内渐渐兴起，受到青少年的特别推崇。极限运动挑战人的勇气和信心，能够增强人的意志力。但它是以冒险形式所开展的超越自我、挑战极限的一项运动，同时存在很大的危险性。酷跑、滑板、轮滑等运动对于初学者来说极易造成外伤甚至骨折。更有滑着轮滑、滑板上机动车道者，没有任何安全保护措施，不遵守交通规则，这些都是极易引发人身安全事故的危险行为。

二、造成大学生旅游、游泳安全事故的原因分析

（1）社会因素。大学生是素质较高的群体，注重有品位、有格调的消费方式。对旅游来说，大学生自我意识和独立意识较强，注重旅游途中的感受，不希望跟随旅行社走马观花，不愿意受限于旅行社的线路和组团安排。同时，旅行社价位高、利润高，加之服务质量参差不齐，这都引发了大学生对旅行社的不信任。自助旅行是他们的不二之选，这当然也提高了旅行途中的不安全系数。

（2）个人安全意识淡薄是在校大学生的普遍特征，也是造成旅游安全事故的主要原因。安全意识的相对缺乏使大学生不能尽快意识到危险的存在，在没有任何防备举措的情况下，一旦发生危险，参与者就会手足无措，导致事故发生。

（3）身体素质差，户外经验不足。户外休闲运动对参与者的身体素质、生存、自救等经验和知识有较高要求，但大学生往往认为自己已经成人，参加探险活动、自助旅游以及其他具有挑战性的项目正是证明自己能力的时候，且未参加过户外生存、逃生、自救等专业的学习与培训，缺乏这方面的经验与知识。

（4）自然灾害造成的大学生户外休闲体育运动安全事故占有一定的比例。如地震、滑坡、泥石流等地质灾害，以及暴雨、洪水等气象水文灾害都会直接或间接引发安全事故。此外，道路和休闲设施修建时开挖坡角或破坏植被等人类活动也是引发旅游安全事故的原因之一。

 **实践应用**

旅行等安全事故防范

一、加强安全教育，树立正确的旅游观念

在大学生安全教育过程中，通过学校校报、网络、宣传栏等渠道宣讲大学生旅游注意事项，比如如何选择旅游时间、地点，过往发生的大学生旅游受骗、受伤事

件等，帮助大学生训练各项旅游技能，从而降低大学生出游时发生安全问题的概率。

二、完善沟通和应急机制对于应对大学生校外旅行安全事故也很重要

校方不可能马上做出救助行为，而多数只能做出补救措施。这就要求校方建立并完善应急机制，制定详尽的可行方案和规则，有具体操作步骤，及时帮助大学生解决问题。高校管理者应当及时与大学生及其家长保持良好的沟通，了解大学生的出行情况，给予必要的指导和帮助。

三、加强校园安全文化建设，提高大学生的安全意识

旅游安全事故的发生原因是复杂的、多方面的，虽然有时难以预料，但是如果提高防范意识，不做有悖于安全的事情，许多事故是可以避免的。因此，高校应采取积极有效的措施，切实加强校园安全文化建设，为大学生安全教育工作创造优良的环境。

模块三　育人园地
★★★★★

2020 年 5 月 28 日十三届全国人大三次会议审议通过的《中华人民共和国民法典》（以下简称《民法典》），作为中华人民共和国成立以来第一部以"法典"命名的法律，是新时代我国社会主义法治建设的重大成果。习近平总书记在十九届中央政治局第二十次集体学习时强调，要把《民法典》纳入国民教育体系，加强对青少年《民法典》的教育。这对于推动新时代法治宣传教育聚焦青少年意义重大。

回望《民法典》的诞生历程，广大青少年要了解、认识和铭记我国《民法典》制定和颁布走过的不平凡历程，进一步增进对《民法典》的尊崇、维护和运用，进一步坚定对中国特色社会主义法治道路的自信。广大青少年要深入领会《民法典》颁布和实施的重大意义，为推动实施好《民法典》奠定思想基础。法律的生命力贵在实施。《民法典》总共 7 编 1 260 条、10 万多字，是我国法律体系中条文最多、体量最大、编章结构最复杂的一部法典，学习、宣传、实施好《民法典》，责任和任务尤为重大。习近平总书记在十九届中央政治局第二十次集体学习时指出，《民法典》要实施好，就必须让《民法典》走到群众身边、走进群众心里。要广泛开展《民法典》普法工作，将其作为"十四五"时期普法工作的重点来抓，引导群众认识到《民法典》既是保护自身权益的法典，也是全体社会成员都必须遵循的规范，养成自觉守法的意识，形成遇事找法的习惯，培养解决问题靠法的意识和能力。

法治是国家治理现代化的基石，更是每个国民应该具备的基本素养、生活方式和坚定信仰。青少年作为中国特色社会主义事业的建设者和接班人以及实现中华民族伟大复兴中国梦的生力军，在推动全面依法治国、加快中国特色社会主义法治建设方面同样肩负重任和使命。因此，广大青少年在学习、宣传、维护、遵守、运用《民法典》上

冲在前面，争当先锋，努力扣好学法、尊法、守法、依法维护个人权益的"第一粒扣子"。

对处于人生观、价值观形成阶段的青少年来说，学习《民法典》不仅是一次普法过程，更有利于树立契约精神、规则意识和诚信意识。广大青少年深入学习《民法典》，主动掌握法律知识，树立法治意识，养成守法习惯，积极争做学习、宣传、维护、遵守、运用《民法典》的先锋，不断开辟新时代我国青少年法治宣传教育的新篇章。

青年兴则国兴，青年强则国强。习近平总书记一直关注青年的成长成才，始终重视青年、关怀青年、信任青年。从"不辱时代使命，不负人民期望"到"增长本领成为青春搏击的能量"，出席青年活动、与青年谈心、给青年回信，习近平总书记一次次深情寄语青年，鼓励奋斗青春。2015年7月24日他在致全国青联十二届全委会和全国学联二十六大的贺信中写道："当代中国青年要在感悟时代、紧跟时代中珍惜韶华，自觉按照党和人民的要求锤炼自己、提高自己，做到志存高远、德才并重、情理兼修、勇于开拓，在火热的青春中放飞人生梦想，在拼搏的青春中成就事业华章。"

模块四　拓展阅读
★★★★★

学会控制情绪，过健康积极的生活

一、学会克服不良情绪，做情绪的主人

情绪是个体对外界刺激的主观的、有意识的体验和感受，具有心理反应和生理反应的特征。情绪无好坏之分，一般只分为积极情绪和消极情绪。但是，由情绪引发的行为则有好坏之分，行为的后果亦有好坏之分。情绪管理并不是消灭情绪，而是疏导情绪使之合理。不妨尝试以下几种情绪管理的方法。

（1）心理暗示法。心理暗示法就是个人通过语言、形象、想象等方式对自身施加影响的心理过程。自我暗示分积极自我暗示与消极自我暗示。积极自我暗示是在不知不觉中对自己的意志、心理乃至生理状态产生影响。积极自我暗示令我们保持乐观的情绪，增强自信，从而调动我们的内在因素，发挥主观能动性。而消极自我暗示会强化我们个性中的弱点，唤醒我们潜藏在心灵深处的自卑、怯懦、嫉妒等不良情绪，从而影响我们的身心健康。

（2）注意力转移法。注意力转移法就是把注意力从引起不良情绪反应的刺激情境转移到其他事物上，或从事其他活动的自我调节方法。当出现情绪不佳的状况时，要把注意力转移到使自己感兴趣的事情上去，如外出散步、看电影、看电视、读书、打球、下棋、找朋友聊天等，这些活动有助于平复情绪，寻找新的快乐。这一方法一方面中止了不良刺激源的作用，防止不良情绪的泛化、蔓延；另一方面通过参与新的活

动，特别是自己感兴趣的活动，达到了加强积极的情绪体验的目的。

（3）适度宣泄法。过分压抑只会使情绪困扰加重，而适度宣泄则可以把不良情绪释放出来，从而使紧张情绪得以缓解。因此，有不良情绪时，最简单的办法就是宣泄。宣泄一般在背地里、在知心朋友中进行。采取的形式或是用言辞抨击使之恼怒的对象，或是尽情向至亲好友倾诉自己认为的不公和委屈等。一旦发泄完毕，心情也就随之平静下来。还有就是通过体育运动、劳动等方式尽情发泄，或是到空旷的山林原野，拟定一个假目标大声叫骂，发泄胸中怨气。必须指出，在采取宣泄法来调节自己的不良情绪时，我们必须增强自制力，不要随便发泄不满或者不愉快的情绪，要采取正确的方式，选择适当的场合和对象，以免导致意想不到的不良后果。

（4）自我安慰法。当一个人遭遇不幸或挫折时，为了避免精神上的痛苦或不安，可以找到一个合乎内心需要的理由来说明或辩解。比如为失败找一个冠冕堂皇的理由，用以安慰自己，冲淡内心的不安与痛苦。这种方法对于帮助人们在大的挫折面前接受现实、保护自己、避免精神崩溃是很有益处的。因此，当人们遇到情绪问题时，经常用"胜败乃兵家常事""塞翁失马，焉知非福""坏事变好事"等俗语进行自我安慰，这样做可以摆脱烦恼，缓解矛盾冲突，消除焦虑、抑郁和失望，达到自我激励、总结经验、吸取教训的目的，有助于保持情绪的安宁和稳定。

（5）交往调节法。某些不良情绪常常是由人际关系矛盾和人际交往障碍引起的。因此，当我们遇到不顺心、不如意的事时，主动找亲朋好友谈心比一个人独处胡思乱想、自怨自艾要好得多。因此，当情绪不稳定时，一方面，找人谈一谈，具有缓和、抚慰、稳定情绪的作用；另一方面，还有助于交流思想、沟通情感，增强自己战胜不良情绪的信心和勇气，以便更理智地去应对不良情绪。

（6）情绪升华法。升华是改变不为社会所接受的动机和欲望，使之符合社会规范和时代要求，是对消极情绪的一种高水平宣泄，是将消极情绪引导到对人、对己、对社会都有利的方向上去。例如：一名大学生因失恋而痛苦万分，但他没有因此消沉，而是把注意力转移到学习上，立志做生活的强者，以证明自己的能力。

在上述方法都失效的情况下，仍不要灰心，在有条件的情况下，尽量去找心理医生咨询、倾诉，在心理医生的指导和帮助下，克服不良情绪，走出困境。

二、培养高雅情趣，过健康积极的生活

1. 情趣有雅俗之分

情趣，是指志趣、志向或情调趣味，有时也指情意。情趣有高雅、庸俗之分。

高雅情趣是健康、科学、文明、向上的情趣。它符合现代科学和文明的要求，也符合社会道德和法律的要求。它体现了一个人对美好生活的追求、乐观的生活态度和健康的心理。高雅情趣能使人追求健康文明的生活方式，能使人修身养性，经常保持良好的心境，有益于身心健康；高雅情趣可以拓宽人们学习和生活的领域，发展人的想象力，使人充满活力，有助于开发智力和激发创造力；高雅情趣能催人上进，改变人的精神面貌，提高人的文化修养，使人道德高尚，使生活更加充实而富有意义。

生活中的情趣并不都是高雅情趣，与高雅情趣相对的是庸俗情趣。庸俗情趣是平

庸鄙俗、不高尚的情趣，它会使人经受不住不良诱惑，贪图安逸享乐，不思进取，精神颓废，不利于身心健康，并且有可能引人走向犯罪，给家庭带来创伤。因此，庸俗的情趣对人是有害的。

2. 培养高雅情趣

大学生的生活是丰富多彩的，在相同的大学生活环境里，有的人每天朝气蓬勃，充满青春活力，生活得有滋有味；有的人则整天无精打采，干什么都提不起精神来，感到生活枯燥乏味，也看不到生活的美好远景，只能看到眼前事物，追求暂时的快乐。可见，培养大学生健康高雅的生活情趣尤为重要。

（1）培养健康高雅的生活情趣的意义。高雅情趣是健康科学、文明向上的情趣，体现了一个人较好的内在素质和较高的文化修养，是其积极生活的反映。高雅情趣可以陶冶人的情操，丰富人的生活，锻炼人的体魄，缓解精神压力，使人保持进取心。生活情趣是我们生活中不可或缺的部分，我们要注重培养健康的生活情趣，讲操守，重品行，保持高尚的精神追求。生活情趣处处都有，高雅的情趣有益身心，有助于开发智力和创造力，提高文化修养。

（2）培养健康高雅的生活情趣的方式。一个人的生活情趣决定了他的思想方式。生活情趣是在一定的社会形态中，人们的物质生活和精神文化生活的方式和行为习惯的总和。要想培养高雅的生活情趣，大学生要认真学习，多读书，严格要求自己，努力加强自我身心修养；要培养积极乐观的生活和学习态度，大学生通过有效的方法，合理控制和调节自己的心态，使自己总是处于积极的状态；要对自己进行正确全面的分析，树立自信心，培养自己的各项能力，以积极乐观的态度对待今后的学习和生活，以积极进取的态度对待人生。尤其是在脑海中要常常保持正面的信念，相信自己是最棒的。

（3）培养广泛的兴趣。兴趣是可以培养的。首先要培养好奇心，多接触各方面的事物。接触外界可以受到老师、同学、朋友等的影响，接触多了，他人的兴趣和习惯往往对自身也能产生影响。人们往往都有这样的体验：当我们对某件事情感兴趣时，就会很投入、很忘我，不怕苦、不怕累、不怕难，而且做了之后往往印象特别深刻。这种由好奇心产生的精神向往，就是我们所说的兴趣。但兴趣往往是短暂的，是经常变化的，而情趣却是持久且相对稳定的。情趣是以兴趣为基础产生的。没有兴趣就谈不上情趣，同时，情趣通过兴趣表现出来，兴趣可以升华成情趣。

（4）培养个人健康的兴趣爱好。整个社会因一个个不同的兴趣爱好才变得五彩斑斓、绚丽多彩。但是，兴趣爱好就像一把双刃剑，关键就看如何对待它。培养自己的兴趣爱好，应当做到分清兴趣爱好的俗雅，去俗就雅，要把握一定的度。深陷其中不能自拔，不仅损害身体健康，而且会影响正常的学习。兴趣爱好要有利于社会的进步、环境的改善、风尚的提高，绝不能为了自己的兴趣爱好违法乱纪。大学生学的不仅只有书本知识，很多有意义的东西其实是在书本、课堂之外。生活是丰富多彩的，宇宙间有各种美好的事物，如山光水影、鸟语花香、优秀图书、尖端科技、艺术作品等，热爱生活的人都能感受到这一切。我们要激发兴趣，倾注热情，投身各项活动。要善于利用课余时间，开展一些有益的文娱活动，如唱歌、跳舞、下棋等。尽量培养多种兴趣爱好，如绘画、书法等，这样可以增添生活情趣，使自己的生活充实、精神焕发。

3. 培养锻炼身体的毅力

锻炼不仅可以促进身体健康，还能有效开发智力，提高心理素质，陶冶情操，发展个性，培养竞争意识和进取精神。身体是德、识、才、学的载体，身体素质是人的物质基础，只有具备良好的身体素质，才能做自己想做的事。科学锻炼身体的原则，其本质在于有效发展身体，增强体质。大学生应根据自己的身体状况和客观条件制定一个体育锻炼计划，使自己拥有健康强壮的身体，掌握科学的锻炼方法，养成自觉参加体育锻炼的良好习惯。

女性正当防卫九招

一、喊

有道是："做贼心虚。"色狼在实施犯罪行为时，心虚者居多。别小看喊声带来的风吹草动，它就有可能阻止犯罪嫌疑人的恶行继续加深。假如色狼正处于犯罪初始（刚着手）阶段，女性应当大声呼救，以求得旁人闻警救助。例如：一女性在夜晚活动时，被一名心生歹意者突然截住，她不顾一切大声呼喊，色狼受到惊吓，在逃跑中被闻声赶来的众人抓获。若该女心有所忌，不敢呼喊，则必遭其害。

二、撒

女性若只身行路遭遇色狼，呼喊无人，跑躲不开，色狼仍然紧追不舍，干脆就地取材，抓一把泥沙撒向色狼面部（城市女性为防侵害，可以在衣袋、书包内常备一些食盐），这样做可以争取时间，逃脱后再去调兵擒魔。

三、撕

如果撒的办法不起作用，仍被色狼死死缠住，打斗不过，可以在反抗中撕烂色狼的衣裤，令其丑态百出。而后将他的烂衣裤（碎片、衣扣、断带）作为证据带至公安机关报案。

四、抓

受害人使劲撕仍不能制止加害行为的，可以向犯罪嫌疑人的面部、要害处抓去。只有抓得狠、抓得死，才能达到制服色狼、搜集证据的目的。将留在指甲里的血肉送到公安机关，可作为遭到不法侵害的证据。

五、踢

面对一时难以制服的色狼，可以拼命踢向他的致命器官，这样可以削弱他继续加害的能力。这一手不少女性在自卫中使用过，极见成效。还应大声警告色狼，再猖狂将受法律制裁。如若遭色狼跟踪，不要害怕，见机变换行走路线，一般都可将其甩掉。例如：有一女工夜间走在回家路上，发现被人盯上，按原路线前方不远处就是偏僻路段，女工当机立断，迅速改变回家路线，并在不远处果断叩响了路边一户人家的大门。

六、认

受到色狼不法侵害时，女性应当瞪大眼睛，牢记色狼的面部和体态特征，多记线索，以便在报案（一定要争取在 24 小时以内）时提供给公安人员。例如：有一名女中学生，遇害时牢牢记住了犯罪嫌疑人的长相，在随公安民警侦破此案的路上遇到了这名色狼，当场指认出来。

七、咬

色狼施暴时常常先将女性的双臂缚住，此时在不得已中应抓住时机咬住其肉体不松口，迫使其因疼痛而放松对女性手臂的钳制，女性应借机推开色狼并逃跑。

八、套

如果女性几经反抗不敌，色狼强奸既遂，此时也不可轻易放弃（有些受害女性到此时就彻底放弃反抗了），可以用设置圈套的办法将其制服。例如，一位姑娘被害后哭着说："这么一来……我连对象都没法找了……你要是没有对象咱就……"次日晚，当色狼再次去找姑娘要"谈情说爱"时，被早已等在那里的公安人员抓获。

九、刺

如果遇上色狼手中有凶器，女性仍要沉着，胆大心细，不要慌乱。色狼要行奸，必会自褪衣裤，此时可借机行事。例如：有一女性被持刀色狼相逼，她临危不慌，让色狼先行脱衣，当其动手脱衣时，女性快速夺刀朝色狼身体要害处刺去。

第三章
财产安全

★ ★ ★ ★ ★

进出关窗又关门，贵重物品妥善存。

生活习惯最重要，财产安全记在心。

导读

大学生的财产安全，主要是指大学生在学校期间所带现金、存折、购物卡、学习及生活用品等不受侵犯。大学生由于涉世不深，不善于保管自己的财物，又是集体生活的特殊群体，就成了盗窃、抢劫、诈骗、敲诈勒索等不法分子侵害的重点对象。目前，校园发生的各类案件中，侵害大学生财产案占据首位。大学生财产一旦受到侵害，不但会给家庭带来一定的负担，而且会对其学习、生活、心理造成一定的影响。在日常工作、学习和生活中，提高警惕，掌握一些防盗窃、防抢劫、防诈骗的方法和技巧，对于确保大学生的财物安全和学习的顺利进行至关重要。

要点

1. 了解大学生财产安全问题，洞悉大学生盗窃事件。
2. 提高自我防范意识，创造平安校园生活和环境。
3. 掌握财产安全知识，增强防范意识和能力。

模块一　案例学习

★ ★ ★ ★ ★

案例 1

助学金诈骗案件

2016 年高考，山东省临沂市的徐某以 568 分的成绩被南京邮电大学录取。2016 年

8月19日下午4时30分许，徐某接到了一通陌生电话，对方声称有一笔2 600元的助学金要发放给她。由于前一天徐某确实接到过教育部门发放助学金的电话，因此她并没有对这则电话的真伪起疑心。于是徐某按照对方要求，将准备交学费的9 900元打入骗子提供的账号。发现被骗后，徐某万分难过，当晚就和家人去派出所报了案。2016年8月21日，在从派出所回家的路上，徐某突然晕厥，不省人事，虽经医院全力抢救，但仍没能挽回她18岁的生命。

2016年8月27日，经警方的全力侦查，与本案有关的7名嫌疑人全部落网。2017年7月19日，主犯陈某被判无期徒刑，其余从犯被判5～15年有期徒刑。

🔍 案例简析

近年来，我国的电信诈骗呈现职业化、精准化、多样化的特征，诈骗的手段更是多种多样，让人防不胜防，几乎每个人都或多或少地收到过诈骗短信或电话。本案例中的徐某是一名花季少女，因涉世未深，不小心着了骗子的道。在我们为徐某扼腕叹息时，是否也应该低头反思——是什么造成了如此惨剧？是信息管理有漏洞？是诈骗集团丧尽天良？是孩子太缺乏自我保护意识？还是孩子心理承受能力太弱？也许上述因素都逃脱不了干系。但是，在我们控诉社会、悲哀恸哭的同时，也应当学会保护自己，在受到伤害时尝试让自己变得更加坚强。

📖 法规链接

《中华人民共和国刑法》

第二百六十六条　诈骗公私财物，数额较大的，处三年以下有期徒刑、拘役或者管制，并处或者单处罚金；数额巨大或者有其他严重情节的，处三年以上十年以下有期徒刑，并处罚金；数额特别巨大或者有其他特别严重情节的，处十年以上有期徒刑或者无期徒刑，并处罚金或者没收财产。本法另有规定的，依照规定。

最高人民法院、最高人民检察院
《关于办理诈骗刑事案件具体应用法律若干问题的解释》

第一条第一款　诈骗公私财物价值三千元至一万元以上、三万元至十万元以上、五十万元以上的，应当分别认定为刑法第二百六十六条规定的"数额较大""数额巨大""数额特别巨大"。

第二条第一款　诈骗公私财物达到本解释第一条规定的数额标准，具有下列情形之一的，可以依照刑法第二百六十六条的规定酌情从严惩处：

（一）通过发送短信、拨打电话或者利用互联网、广播电视、报纸杂志等发布虚假信息，对不特定多数人实施诈骗的；

（二）诈骗救灾、抢险、防汛、优抚、扶贫、移民、救济、医疗款物的；

（三）以赈灾募捐名义实施诈骗的；

（四）诈骗残疾人、老年人或者丧失劳动能力人的财物的；

（五）造成被害人自杀、精神失常或者其他严重后果的。

思考讨论

作为一名高校大学生，你认为徐某给我们的教训是什么？作为一名大学生，应该如何防范精准的电话诈骗？

案例 2

刷单诈骗："每天只需坐在家中，一天便可赚取上百元"

2018 年 8 月 30 日 23 时许，某高校大学生小刘在浏览某贴吧时，看到了一条兼职消息——"每天只需坐在家中，一天便可赚取上百元"。想着可以赚点钱，小刘便通过贴吧留下的联系方式加了对方 QQ。通过了解得知每单的佣金为 5%，完成任务有额外的奖励，任务也都很简单：对方会发来一个链接，还有一个付款二维码，点击该链接，把商品加入购物车，再付钱给对方，并截图给对方就可以了。

小刘的第一个任务是购买售价 100 元的项链，完成任务后立即得到了返还的 106 元，多出来的 6 元中，5 元是佣金，1 元是完成任务的奖励。第二个任务是购买价值 300 元的手镯，小刘也顺利完成并得到了 18 元的奖励。尝到了甜头的小刘，不假思索地继续投入战斗，这时对方告知小刘，简单的任务已经被抢空了，只剩下几个大额的任务，不过佣金也提高到 8%。小刘也没多想，连续接了两个 2 000 元的任务，刷了 4 000元，可是当小刘再问对方要佣金时，对方突然没了消息。这时小刘才意识到自己被骗了，于是立即报警。

经过近三个月的循线追踪，多地警方联合侦办，在海量数据中锁定了涉案嫌疑人郑某。在围绕郑某的调查中，民警确定了以郑某为首的犯罪团伙的主要活动区域和作案手段，顺利将其抓捕。最终法院以诈骗罪判处郑某有期徒刑 8 年，判处其余从犯 3~5 年有期徒刑。

案例简析

刷单诈骗重点针对的是比较空闲的人群及在校大学生，这部分人群通常想利用空闲时间做点兼职来挣钱。任务发布者许诺受害人只需帮忙刷单就会返还本金及佣金，刷单越多，佣金越高。

在前几次的操作中，对方一般会立即兑付，让受害人尝到甜头，之后，便会要求受害人继续刷单，在这个过程中，受害人被要求网购的商品价格越来越高，许诺的佣金也随之提高。

一般情况下，在获得受害人信任之后，对方不会再很快返还本金及佣金，而是声称要连续做任务，连续多单才能一次性返还本金和佣金。受害人在不知不觉中越陷越深，以为能获得巨额报酬，实则被骗的钱也越来越多。通常，第一单是通过正规的购物网站进行刷单，随后骗子给的任务一般都是二维码或者钓鱼网站之类，这样刷单支付的钱财就直接到了骗子的口袋中。

 **法规链接**

《中华人民共和国刑法》

第二百六十六条　诈骗公私财物，数额较大的，处三年以下有期徒刑、拘役或者管制，并处或者单处罚金；数额巨大或者有其他严重情节的，处三年以上十年以下有期徒刑，并处罚金；数额特别巨大或者有其他特别严重情节的，处十年以上有期徒刑或者无期徒刑，并处罚金或者没收财产。本法另有规定的，依照规定。

思考讨论

小刘是怎么一步一步落入骗子的圈套的？我们在选择勤工助学时应该注意哪些事项？

案例 3

网上遇"真爱"，坠入杀猪盘

近日，赵女士在家中刷"抖音"短视频时，有一名男性添加了她。在"抖音"App上私聊后二人又互加了 QQ 号。随后，这名男士常常在 QQ 上对赵女士嘘寒问暖，赵女士也经常会与他在 QQ 上聊些日常生活，二人情愫暗生。

熟悉之后，这位"暖男"说他经常在博彩平台上投注，已经赚了不少钱。他让赵女士下载了一款博彩 App，说"做好投资规划，会有个很好的未来"，想要带她进行博彩投资，赚些零花钱。抱着试试看的心态，赵女士下载了对方提供的博彩 App。注册账号之后，赵女士先充值了 5 万元。

此后，对方以充值金额越多，奖励的礼金越丰富为由，欺骗赵女士继续充值。为了使赵女士继续下去，这位"暖男"也是连哄带骗说可以帮其支付一部分。看到他的"慷慨相助"，赵女士感动不已，随后又充值了 10 余万元。然而等赵女士发现赢钱了，但无法取现询问客服时，客服称要其交纳保证金。看着账户满满的盈利，但却无法提现，赵女士这时才意识到被骗了。

案例简析

近年来，随着网络的普及化，网络骗术层出不穷，甚至出现了专业"骗子"团队，团队里有人负责打造形象，有人负责编撰话术，还有人负责寻找目标，有的成员甚至还有心理学背景，看人下菜，让人防不胜防。

交友网站上骗子尤其多，因为这些网站上的用户，情感往往比较空虚，陷入恋情以后，容易被爱情冲昏头脑，给了骗子可乘之机。有骗子直接将交友网站称为"猪圈"，聊天的话术称为猪饲料，不同的"猪"，对应不同的饲料。

他们将聊天培养感情的过程称作养猪，在这个过程中会不断展现自己的实力，海景房、豪车、健身房经常出现在朋友圈里，有的舍得下血本，会花几千元为对方订购玫瑰。

获得信任后，会以家人生病、投资为理由借钱，或者以各种借口，把赌博网站发送给受害者。开始，受害者会赢一点钱。当受害者对这种赚快钱的感觉上瘾以后，他们就会下手了。要么赢了钱不能提现，要么在游戏的过程中作弊，受害者没有反抗的余地。

法规链接

《中华人民共和国刑法》

第二百六十六条 诈骗公私财物，数额较大的，处三年以下有期徒刑、拘役或者管制，并处或者单处罚金；数额巨大或者有其他严重情节的，处三年以上十年以下有期徒刑，并处罚金；数额特别巨大或者有其他特别严重情节的，处十年以上有期徒刑或者无期徒刑，并处罚金或者没收财产。本法另有规定的，依照规定。

思考讨论

如果在交友平台遇到陌生人与你聊天、炫富，你该怎么办？

案例 4

"我的宿舍被盗了"

"我的宿舍被盗了，丢了一台笔记本电脑，里面有很多重要文件，一定要帮帮我！"某高校一大学生焦急地来到派出所报案。进入 10 月份以来，该大学南、北校区男生宿舍陆续发生了多起入室盗窃案，丢失数台笔记本电脑及部分现金。针对连续发生的校园盗窃案，警方立即采取行动，力争从速破案。

经调查，嫌疑人刘某 2013 年曾两次因盗窃罪被公安机关处理，2014 年 8 月 31 日，于监狱刑满释放。据本人交代，因在外地打工时了解到大学宿舍门锁简陋且许多学生为图方便，经常把宿舍钥匙留置于门框上，因此产生了借机盗窃的想法。其多次利用自配钥匙及学生留在门框上的钥匙进入学生宿舍，进行盗窃，共盗窃两台笔记本电脑、一部 iPad、一部手机以及一部分现金，还有学生身份证、银行卡，涉案价值共计 12 000 余元。

针对此案嫌疑人的作案特点，民警提醒各高校师生：大学校园人员密集，流动量大，管理困难，既需要学校加强外部防范力度，也需要大学生提高自我防范意识。

案例简析

本是一件很小的事，却因某些大学生为图方便而导致财产损失。随意放置宿舍钥匙，给犯罪分子可乘之机，危害了自身财产安全，造成了不必要的损失。有句老话说得好："细节决定成败。"小细节引发大事件。因此，我们要提高防范意识，增强安全意识。作为校方也存在一些疏漏，应加强学校门卫警戒，关注校外人员的进出情况，在每个宿舍楼门口设好关卡，看到手提大包小包的人，应仔细询问。财产安全需要我们大家共同维护。

法规链接

《中华人民共和国刑法》

第二百六十四条　盗窃公私财物，数额较大的，或者多次盗窃、入户盗窃、携带凶器盗窃、扒窃的，处三年以下有期徒刑、拘役或者管制，并处或者单处罚金；数额巨大或者有其他严重情节的，处三年以上十年以下有期徒刑，并处罚金；数额特别巨大或者有其他特别严重情节的，处十年以上有期徒刑或者无期徒刑，并处罚金或者没收财产。

最高人民法院、最高人民检察院
《关于办理盗窃刑事案件适用法律若干问题的解释》

第一条第一款　盗窃公私财物价值一千元至三千元以上、三万元至十万元以上、三十万元至五十万元以上的，应当分别认定为刑法第二百六十四条规定的"数额较大""数额巨大""数额特别巨大"。

思考讨论

如何防止盗窃事件的发生？对此，你有什么建议？

案例 5

谎称出门遇麻烦获取同情

武汉某高校刘同学在学校门口被两名女青年拦住，她们自称在香港读书，此次来武汉旅游，因银行卡被吞，想借用刘同学的手机打电话给她们在该校信息工程学院的网友。打完电话后，她们称网友不在，又向刘同学借银行卡，并当场打电话给家人，让家人将钱打到刘同学的卡上。随后，她们又称晚上银行不能取钱，她们想去住酒店，需要押金500元，而且她们的家人也在电话中请刘同学帮忙。刘同学相信了，取来500元交给她们，并抄下了她们的身份证号码。

次日，刘同学感觉情况不对，便到学校保卫处报案。经查，两名女青年提供的身份证号码根本不存在，皆系伪造。

案例简析

在该案件中，由于大学生涉世未深、缺乏防骗意识，犯罪嫌疑人利用大学生的同情心实施诈骗。通过这个案例，我们知道出门在外不要轻易相信他人，特别是在火车站、汽车站等人群密集场所，一定要提高防骗意识。尤其是涉及钱财时，要提高警惕，对方急切地索要你的银行卡卡号、现金时，大概率是骗子，应马上予以拒绝。

法规链接

《中华人民共和国刑法》

第二百六十六条 诈骗公私财物，数额较大的，处三年以下有期徒刑、拘役或者管制，并处或者单处罚金；数额巨大或者有其他严重情节的，处三年以上十年以下有期徒刑，并处罚金；数额特别巨大或者有其他严重情节的，处十年以上有期徒刑或者无期徒刑，并处罚金或者没收财产。本法另有规定的，依照规定。

思考讨论

如果你遇到类似事情该如何处理？盲目同情有什么危害？如果你的朋友向你打电话说遇到困难了并让你给他打钱，你该怎么办？

案例 6

设障碍吞卡，盗走你的银行卡

张某来银行自动取款机取款，两名青年站其身后，好像也要取钱。张某输完密码，取款机没有反应，后面两位"好心人"赶紧指点迷津："你的卡被机器吞了，赶快去找银行营业员开机。"张某急忙去找营业员，银行营业员打开取款机，里面根本就没有卡，营业员建议马上挂失。张某犹豫了一会儿，还不停地埋怨银行，等张某同意挂失时，发现银行卡上的5 000元钱已经不翼而飞。原来，张某在输密码时，站在他后面的两位"好心人"盯着他的手指，把密码全都记下了，后面的人故意以触碰取款机键盘的方式让取款机"暂时死机"，造成银行卡被吞的假象。等张某走后，"好心人"输入密码，取钱走人。就这样，5 000元不翼而飞。

案例简析

张某没有意识到在取钱的时候，不能让陌生人看见自己输密码，并且遇到问题时不冷静，盲目听从陌生人的观点。

根据上述案例，我们应该注意以下几点：

（1）取钱时一定要注意观察周围环境是否安全，最好和家人、朋友结伴而行，不要独自一人。

（2）如果有陌生人在你操作时距离你过近，可友好提示其在一米线外等候。

（3）不要将银行卡交给他人保管或操作。

（4）在遇到银行卡被吞时，要保持冷静，不要离开取款机，应直接拨打该银行的电话。

法规链接

《中华人民共和国刑法》

第二百六十六条　诈骗公私财物，数额较大的，处三年以下有期徒刑、拘役或者管制，并处或者单处罚金；数额巨大或者有其他严重情节的，处三年以上十年以下有期徒刑，并处罚金；数额特别巨大或者有其他严重情节的，处十年以上有期徒刑或者无期徒刑，并处罚金或者没收财产。本法另有规定的，依照规定。

思考讨论

如果你遇到上述情况，你应该怎么办？

案例 7

以丢钱捡钱的方式实施的诈骗

2007年3月23日下午，准备回校报到的某高校大二女生王某和妈妈在汽车站等车时，一名中年男子从母女俩身边经过，裤兜里掉下一沓百元大钞，旁边一青年急忙上前捡起钱，还示意王某和其母亲不要声张，说："见者有份，待会儿找个地方把钱分了。"

王某的妈妈说应该把钱还给人家。这时，掉钱的中年男子又走回来问王某和其母亲是否见到一笔钱，王某和其母亲否认后，中年男子一声不吭就离开了。

过了几分钟，中年男子回来一口咬定当时母女俩捡了钱，非要检查两个人的包，这时，捡到钱的那个青年就上前来拉王某的挎包，王某拽着不放，那人又去拉王某母亲的行李包。

为表示清白，王某的妈妈将包内9 000余元现金拿出来，让掉钱人看，随后又将钱放回包内，没想到，两名男子以轮流检查包为幌子，趁机掳走母女俩包里的13 000元，跳上一辆接应的摩托车逃走了。这1万多元是王某大学的生活费和学费，就这样被骗子骗走了。

案例简析

王某和其母亲在整件事发生的过程中，没有及时报警，任由青年男子查包，才让不法分子有机可乘，严重缺乏防范意识。与人说话时要多个"心眼"，要学会"听其言，观其色，辨其行"，绝不能轻易放下戒备心。对于那些突然而至的陌生人，态度要热情，应对要小心，尽量不与其"纠缠"很长时间，以避免给犯罪分子创造作案的条件。

法规链接

《中华人民共和国刑法》

第十四条　明知自己的行为会发生危害社会的结果，并且希望或者放任这种结果发生，因而构成犯罪的，是故意犯罪。

故意犯罪，应当负刑事责任。

第二百六十六条　诈骗公私财物，数额较大的，处三年以下有期徒刑、拘役或者管制，并处或者单处罚金；数额巨大或者有其他严重情节的，处三年以上十年以下有期徒刑，并处罚金；数额特别巨大或者有其他严重情节的，处十年以上有期徒刑或者无期徒刑，并处罚金或者没收财产。本法另有规定的，依照规定。

思考讨论

如果你遇到案例中的事情，你该怎么办？

案例 8

求职不慎，误入传销窝点

一个月前，即将毕业的小王从网上看到一个项目公司招聘销售员，从网上百度后，看到这个公司的网站很正规，就按照邮箱的地址发去了自己的简历，没想到当天就收到了回复，让他当天去面试，往返路费都给报销。小王辗转坐车，终于在一个小区的单元房内找到了这家打着某科技旗号的公司，当时心里就有点犯嘀咕。面试者对小王的学业和求职情况兴趣不大，反而对其家庭和社会关系很感兴趣，不到 10 分钟就告诉小王被录取了，需要提供身份证等证件。小王在手机、钱财被收走后，意识到自己进入了传销组织。

后来，小王趁机偷偷跑了出来，并及时报了警，很快公安机关、工商部门对那个传销窝点进行了查处。

案例简析

根据上述案例，可以看出小王的自我防范意识比较强，能通过外界环境判断出自己陷入传销窝点，并及时向警方报案，协助警方摧毁了一个传销窝点。对于这些披着"合法"外衣，将罪恶之手伸向校园、伸向毕业生的传销分子，大家要加倍注意，提高防范意识。

法规链接

《禁止传销条例》

第七条　下列行为，属于传销行为：

（一）组织者或者经营者通过发展人员，要求被发展人员发展其他人员加入，对发展的人员以其直接或者间接滚动发展的人员数量为依据计算和给付报酬（包括物质奖励和其他经济利益，下同），牟取非法利益的；

（二）组织者或者经营者通过发展人员，要求被发展人员交纳费用或者以认购商品等方式变相交纳费用，取得加入或者发展其他人员加入的资格，牟取非法利益的；

（三）组织者或者经营者通过发展人员，要求被发展人员发展其他人员加入，形成上下线关系，并以下线的销售业绩为依据计算和给付上线报酬，牟取非法利益的。

第二十四条　有本条例第七条规定的行为，组织策划传销的，由工商行政管理部门没收非法财物，没收违法所得，处50万元以上200万元以下的罚款；构成犯罪的，依法追究刑事责任。

有本条例第七条规定的行为，介绍、诱骗、胁迫他人参加传销的，由工商行政管理部门责令停止违法行为，没收非法财物，没收违法所得，处10万元以上50万元以下的罚款；构成犯罪的，依法追究刑事责任。

有本条例第七条规定的行为，参加传销的，由工商行政管理部门责令停止违法行为，可以处2 000元以下的罚款。

思考讨论

我们该怎样预防传销分子的"洗脑"？查找相关资料，总结传销分子利用大学生传销的特点。

模块二　理论探究
★★★★★

第一节　防诈骗

一、高校诈骗案件的特点

目前，国内的高校很多属于开放式校园，给社会上的不法分子进出校园作案提供了便利。不法分子采用的诈骗手段多来源于日常生活且多种多样，道具及设备多为高科技产品，作案手法非常隐蔽，防不胜防，主要特点有：

（一）方式的多样性

在网络技术、通信技术高速发展的今天，诈骗手段的多样性是当前高校诈骗案件的突出特点。例如：假冒身份，流窜作案；投其所好，引诱上钩；借贷为名，骗钱为实；以次充好，连骗带盗；招聘为名，设置骗局；骗取信任，寻机作案；等等。

（二）手段的智能性

诈骗分子在高校作案行骗时，一般都利用丰富的知识、经验、技能，经过精心的策划，设置诱饵，使受骗者落入圈套。诈骗分子通常使用科技性高、迷惑性强的手法提升诱骗效果。

（三）目标的针对性

诈骗分子在高校中行骗，一般与受骗人都有过较长时间的正面接触，既可能有面对面的交谈，也可能有信函交往，还可能是通过网络认识的。只有与作案人有较多的接触，才有可能将其作为诈骗目标，伺机作案。作案人常选择以下对象来实施诈骗：求人帮忙、轻率行事的，疏于防范、感情用事的，贪图便宜、财迷心窍的，思想单纯、防范薄弱的，贪图虚荣、急功近利的。

（四）后果的严重性

诈骗是一种侵犯公民财产权利的犯罪活动，有时也对人身权利构成侵害。大学生在异地求学，手中有一定的经济支配权，但这种经济权利基本上来源于父母，因此大学生是纯粹的消费者。如果受骗大学生家庭经济条件有限，受骗后将严重影响大学生的正常学习和生活，有的甚至给受骗大学生本人和家庭带来毁灭性打击，危害后果相当严重。

二、大学生受骗常见的诈骗手段

（一）勤工俭学为名的兼职刷单诈骗

犯罪嫌疑人通过网站、QQ、微博、微信等方式发布虚假网络兼职信息，并声称给予受害人高额佣金，先做成几单小额业务骗取当事人信任，再突然提高刷单金额，在受害人刷单后不再返还刷单本金及佣金并将受害人拉黑。

（二）网上购物诈骗

作案人通过网络窃取当事人购物信息，冒充客服拨打电话，谎称订单存在问题、商品需要退换等，让受害人登录钓鱼网站，套取受害人银行卡号和密码后转走受害人存款，或通过 QQ、微信等给受害人发送支付码要求受害人扫码付款。

（三）网络贷款诈骗

兼职时身份证泄露遭遇"被贷款"；贷款时掉入网贷陷阱骗局；分期购物或是以贷

还贷，陷入高利贷陷阱；求职贷陷阱——接受贷款培训才能拿到工作机会；替公司作担保，背上巨额债务。

（四）申领助学金、奖学金等诈骗

犯罪分子通过非法渠道获取目标群体个人信息，以发放贫困补助、助学金、奖学金等理由，骗取受害人信任，引导受害人登录钓鱼网站进行转账或到 ATM 进入英文界面转账。

（五）冒充公检法人员诈骗

冒充公检法、邮政工作人员，以受害人身份信息泄露被人用来犯罪，导致法院有传票、邮包内有毒品，涉嫌犯罪、洗黑钱等，以传唤、逮捕，以及冻结受害人名下存款进行恐吓，以验资证明清白、提供安全账户进行验资，引诱受害人将资金汇入犯罪嫌疑人指定的账户。

（六）盗取 QQ、冒充熟人诈骗

犯罪分子利用木马程序盗取 QQ 后对好友列表联系人发送借钱要求、刷单兼职等信息，引导受害人转账。

三、大学生容易被诈骗的主要原因

不法分子在校园诈骗作案频频得手，大学生不断为其所害，究其原因：从客观上讲是由于骗子诡计多端，手段"高明"；从主观上看，则要归咎于大学生自身的弱点。

（1）思想单纯无心理防线。大学生进入大学前的十几年，都生活在父母和老师的呵护之下，与社会接触少，缺乏社会经验，加之大学生都是年轻人，充满生活激情，容易感情用事。

（2）贪图虚荣，缺乏理智。有的大学生为了炫耀自己，随意结交所谓的"大款"，寻找所谓的"靠山"，结果上当受骗。

（3）交友行事太轻率。每个人都有交朋友的需求，但交什么样的朋友，求什么人办事，则须看清楚、想明白。如果不问青红皂白，一味为了达到自己的目的而轻率交友行事，弄不好会吃亏上当。

（4）急功近利，贪图便宜。贪心是受害者最大的心理特点。很多诈骗分子屡骗屡成，在很大程度上正是利用了人们的这种不良心态。

四、大学生预防诈骗的主要措施

（一）提高防范意识，学会自我保护

社会环境千变万化，大学生必须尽快适应环境，学会自我保护。大学生要积极参加学校组织的法制和安全防范教育活动，多知道、多了解、多掌握一些防范知识，对于自己有百利而无一害。在日常生活中，在提倡助人为乐、奉献爱心的同时，要提高警惕性，不能轻信花言巧语；对于任何人，尤其是陌生人，不可随意轻信和盲目随从，遇人遇事，应有清醒的认识，不要因为对方说了什么好话，许诺了什么好处就轻信、盲从。要懂得调查和思考，在此基础上做出正确的反应。不要把自己的家庭地址等情况随便告诉陌生人，以免上当受骗。

（二）及时联系班委、辅导员或相关部门

在遇到可疑人员的情况下，尤其是陌生人传达辅导员或相关部门的通知时，应提高警惕，及时向相关人员核实情况或咨询大学的相关部门等。

（三）把握交友原则，增强理性行为

人的感情既是主观体验，也是对外界的反映，本身应包含理智成分。要教育大学生在交友中把握两条基本原则。一是看准人。择其善者而从之，真正的朋友应该建立在志同道合、情操高尚的基础之上，建立在纯洁的友谊之上。大学生之间的友谊是真诚的情感交流而不是简单的利益关系，要学会了解、理解和谅解。二是有戒心。忌交低级下流之辈，忌交挥金如土之流，忌交吃喝嫖赌之徒，忌交游手好闲之人。

（四）服从校园管理，自觉遵守校纪校规

为了加强校园管理，学校制定了一系列管理制度和规定。制度总是用来约束人们行为的，在执行过程中可能会给大学生带来一些不便，但是基于安全管理的考量，制度却是不可或缺的，也是一定要遵守的。

（五）切忌贪小便宜

贪小便宜往往吃大亏！无数的诈骗案例表明，天下没有免费的午餐，天上也不会掉馅饼。如果有馅饼砸到你头上，那么99.99%是骗子的诱饵。对飞来的"横财"和"好处"，要深思和调查，尽可能克服贪小便宜的心理和对突然到来的"好处"有过多的追求。对于这些"横财"和"好处"，最好的防范是三思而后行。

五、大学生受骗后的处理方法

（一）保持冷静，及时报案

受害人无论是否因为自己的过错（如贪财、无知、轻信、粗心大意）而受骗，一定要保持冷静，第一时间向公安机关报案。

（二）提供线索，配合调查

已经被骗并向有关部门报告的，要注意对作案人员遗留下来的文字资料、身份证件、电话号码等证据予以保留，并积极向学校保卫处和公安机关提供各种证据及与其交往的经过等线索，配合调查以追缴被骗的财物。

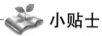 小贴士

五个"不"防骗口诀

1. 陌生来电要警觉，不大意。
2. 网络信息要查证，不轻信。
3. 可疑链接要谨慎，不乱点。
4. 资金转账要核实，不着急。
5. 一旦被骗要报警，不犹豫。

反诈十个"凡是"

1. 凡是刷单（网上兼职，购物充值返利等活动）的都是诈骗。
2. 凡是网贷前收取费用（保证金、流水费、手续费等）的都是诈骗。
3. 凡是网购时说要退款或取消代理商的都是诈骗。
4. 凡是非官方渠道在网上买卖游戏装备或者游戏币的都是诈骗。
5. 凡是添加微信、QQ，拉你入群，让你下载或者点击链接进行投资、博彩、赌博的都是诈骗。
6. 凡是通知中奖、领取补贴要你先交钱的都是诈骗。
7. 凡是老师在家长群发收费二维码或者借钱的，一定要核实。
8. 凡是亲朋好友打电话要求汇款的，一定要核实。
9. 凡是领导用微信、QQ等要求转账汇款的，一定要核实。
10. 凡是非正规渠道高额回报投资理财，都是诈骗。

反诈六个"一律"口诀

1. 只要一谈到银行卡，一律挂掉。
2. 只要一谈到中奖了，一律挂掉。
3. 只要一谈到公检法或银行卡逾期，一律挂掉。

4. 所有短信，让点击链接的，一律删除。

5. 所有以交友为由推荐投资理财的，一律删除。

6. 所有不熟悉的 170 开头的电话，一律不接。

第二节　防盗窃

一、校园盗窃案件发生的原因

校园盗窃案件发生的原因多种多样，可归纳为以下几种：

（1）社会治安形势严峻。校园治安形势与社会形势息息相通。开放式办学使得包括不法分子在内的任何人都能随时随地出入校园。高校教职工收入稳定、学生学习生活规律、办学条件改善等，无不吸引着不法分子进入高校校园。

（2）大学生自我防范意识较差。现在的在校大学生几乎都是 20 世纪 90 年代后出生的独生子女，生活条件优越，在家父母几乎包办一切，在中小学接受封闭式的教育管理，一门心思读书考大学。因此，大学生的社会阅历较少，安全防范意识较差，极易上当。

（3）高校对教学楼、学生公寓的安全管理不到位。

二、校园盗窃案件的主要类型

1. 内盗

内盗是指学生内部人员及学校内部管理服务人员实施的盗窃行为。

2. 外盗

外盗是相对内盗而言的，是指校外社会人员在学校实施的盗窃行为。

3. 内外勾结盗窃

内外勾结盗窃是指学校内部人员与校外社会人员相互勾结，在学校内实施的盗窃行为。

三、校园盗窃案件的应对

（1）立即报告学校保卫部门，同时封锁和保护现场，不准任何人进入。不得翻动现场的物品，切不可急急忙忙地去查看自己的物品是否丢失。

（2）发现嫌疑人，在保证安全的情况下应立即组织保卫部门或同学进行堵截，力争捉拿。

（3）配合调查，实事求是地回答公安部门和保卫人员提出的问题，积极主动地提供线索，不得隐瞒情况不报。学校保卫部门和公安机关有义务、有责任为提供情况的学生保密。

（4）如果发现存折、银行卡被窃，应当尽快到银行挂失。

第三节　防范抢劫勒索案件

一、校园抢劫勒索案件的特点

（1）时间的规律性。高校抢劫勒索案件一般发生在行人稀少、夜深人静及学校开学特别是新生入学时，具有一定的规律性。

（2）地点的隐蔽性。抢劫勒索犯罪分子作案，一般选择校园内较为偏僻、校园周边地形复杂、人少及夜间无路灯的地段。因为在这些地方，犯罪分子比较容易隐藏，不易被人发现，得手后也容易逃脱。

（3）目标的选择性。犯罪分子抢劫勒索的主要目标是穿着时髦、携带贵重财物、单身行走的女性以及在无人地带谈恋爱的大学生情侣。

（4）人员的团伙性。为了抢劫勒索财物这一共同目的，一些犯罪分子往往臭味相投，三五成群，结成团伙，共同实施抢劫勒索。

（5）手段的多样性。犯罪分子实施抢劫勒索的手段通常有：抓住部分大学生胆小怕事的心理，对被侵害对象进行暴力威胁或言语恐吓，实施胁迫型抢劫勒索；利用部分大学生单纯幼稚的特点，诱骗其上当，实施诱骗型抢劫勒索；采用殴打、捆绑等方式实施暴力型抢劫勒索。

二、校园抢劫勒索案件的预防

预防抢劫勒索案件的发生，要从思想上高度重视，严格遵守学校制定的有关安全规定，并自觉落实到具体行动中，不给犯罪分子可乘之机。

（一）校纪校规要记牢

为确保大学生的安全，高校都有相应的纪律和规定，如不得擅自在外租房、按时就寝、不得晚归等。但总有一部分大学生会违反规定，如晚归或夜不归宿，这样就给犯罪分子作案提供了机会。

（二）外出结伴不独行

犯罪分子对大学生实施抢劫勒索，被抢者多为独行。因此，为了保护自身安全，大学生外出务必结伴而行，晚上最好不要外出。

（三）仪表风度不装酷

少数大学生穿着新潮，打扮特别，往往也给自己种下了祸根。

（四）携带现金不要多

现金是犯罪分子抢劫勒索的最主要目标。大学生携带现金被发现后易被抢劫勒索，因此务必引起高度警惕。一定要将多余现金及时存入银行，交纳学费最好通过银行转账方式，平时只带少量的零花钱。

（五）偏僻小道不能走

根据高校抢劫勒索案件的特点，大学生遭到抢劫勒索多发生在比较偏僻、阴暗的地方。因此，为免受不法侵害，大学生应该选择校园内的大道，特别是在夜间，莫贪近路走偏僻小道。

（六）校外网吧要少进

大学生不要光顾校外网吧，因为一些不法分子在手头较紧时，往往对经常出入网吧的大学生实施抢劫勒索。这类案件在校园周围时有发生。

三、校园抢劫勒索案件的应对

（1）坚决拒绝犯罪分子的无理要求。一定要相信警方、学校和家庭都能为你提供安全保护。如果轻易屈服于对方，不但会助长他们的嚣张气焰，还会给自己招来无穷无尽的烦恼。

（2）如果无法脱身，可以借口身上没钱，另行约定时间、地点再给钱，然后立即报告学校和公安机关。警方会及时采取行动抓捕坏人，保护我们。

（3）一定要向学校、公安机关报告。往往越怕事，越不敢声张，不法之徒就越嚣张。

（4）一旦发现其他同学遭遇抢劫或被敲诈勒索，要及时拨打 110 报警，并通知老师。

第四节　抵制传销事件

一、传销的概念

传销是指组织者或者经营者发展人员，通过对被发展人员以其直接或者间接发展的人员数量或者销售业绩为依据计算和给付报酬，或者要求被发展人员以交纳一定费用为条件取得资格等方式牟取非法利益，扰乱经济秩序，影响社会稳定的行为。

二、传销组织的常用手段

（1）传销组织往往利用人们急于发财致富的心理，许诺高额回报，引诱参加者交纳一定费用或购买产品，以此作为加入该组织的条件。

（2）打着"直销""连锁经营""特许加盟经营"等幌子，打着已注销或并不存在的企业旗号，进行虚假宣传，诱骗群众参加传销。

（3）传销目标瞄准身边的亲朋好友，即"杀熟"，以介绍工作、从事经营活动、职业介绍、招聘兼职为名，欺骗他人离开居所地后非法聚集，限制其自由，通过利诱、威逼、暴力等手段胁迫其从事传销活动。

（4）传销组织采取开会、培训、上课等方式，强行对新加入者进行"洗脑"，灌输严重背离社会道德和法律法规的致富理念。不少人被"洗脑"后，从受骗者变成骗人者，形成"滚雪球"式的恶性循环。

（5）利用互联网从事传销活动的行为愈演愈烈，不少传销还涉及非法集资、集资诈骗等违法犯罪行为。

三、利用大学生传销的特点

传销对于大学生来说，最具诱惑力的是承诺高额回报。很多大学生对自己的专业没有兴趣，再加上毕业找工作不对口，心理和精神上产生了很大的压力，反而在传销这个打着幌子的行业中留住了神。为了解决当前压力和相信职业给自己的回馈，就深陷泥潭，到最后越陷越深，无力自拔。利用大学生传销的特点如下：

（1）同学介绍就业，陷入传销陷阱。

（2）被陷入传销组织的亲戚朋友欺骗。

（3）因急于找工作而轻信网友。

（4）深信传销能给自己带来高额回报。

四、预防传销的主要措施

（一）大学生应加强自身的价值观、人生观教育，提高对非法传销的免疫力

面对非法传销者"快速致富"的花言巧语，我们一定要时刻保持警惕。天上不会掉馅饼，财富是创造出来的，幸福是汗水换来的，只有把个人的发展理想融入国家的发展需要之中，辛勤付出，而不是投机取巧，才能有所收获、走向成功。传销只是一个骗人的噩梦，大学生要增强自觉抵制非法传销诱惑的意识和能力，树立正确的人生

观、价值观和艰苦奋斗的精神，不要盲目相信"高收入"的许诺，凡事要多留个心眼，以免误入圈套。大学生平时应多了解传销的结构及危害，坚决抵制传销。

（二）高校应加强对大学生的引导教育，大力宣传传销的危害

如何有效预防大学生参与传销活动是全社会面临的新问题，更是当前高校教育管理工作面临的新课题。高校教育管理工作者应解放思想，积极思考，加强思想道德教育和责任教育。参与传销的大学生，都不同程度地存在道德的缺陷，包括对道德规范的无知、藐视或沦丧。若想真正预防大学生违法犯罪，加强思想道德教育和提高其道德修养是根本。

（三）联合社会各界力量共同打击传销

现在，全国除了西藏外，所有省份都活跃着"异地传销"的身影，目前全国参与"异地传销"的人员至少上千万人，数目触目惊心。全国传销猖獗的省市有广西、河北、山东、天津、河南、安徽、陕西、广东等。这些地区的大部分大中城市和部分县市，都聚集了数万乃至数十万传销人员。而传销组织直线式的组织构架、严密的监督机制、简单的行装都为传销组织的迅速转移做好了充分的准备，使得他们能快速躲过公安部门和工商部门的打击。另外，家长也应给予孩子更多的关爱，与孩子经常保持联系，并多与学校联系，了解孩子的思想动态，多向学校老师了解孩子在校内、校外的活动情况。学校也要在做好沟通的基础上，发动家长、亲朋好友做好学生的思想工作，防患于未然。

模块三　育人园地
★★★★★

近来，互联网上很多"刷单兼职"平台宣称"手机兼职赚钱，在家就能挣钱""不限时间地点"。这些看起来极具诱惑的兼职，其通常都是利用预先垫资、事后结算的方式骗取垫资款，也就是所谓收取本金或押金类诈骗。

刷单兼职骗局屡禁不止，说到底还是"不劳而获"的思维作祟。一是快速发展的经济给年轻人带来前所未有的生活压力，兼职成为缓解生存压力的有效手段。在此背景下，少劳多得的兼职工作尤其充满诱惑力。二是部分年轻人工作能力有限，缺乏不断学习提升自己的进取心，眼高手低，不顾自身能力，盲目追求高薪工作，社会媒体又缺乏正确引导，导致"不劳而获"的思想愈加严重，中了不法分子的圈套。三是法律监管困难，刷单兼职行为本是违法，但由于其具有隐秘性，以及参与人数众多、报案人数少等复杂性，导致监管困难，屡禁不止。

遏制刷单兼职行为，首先应从杜绝"不劳而获"的思维开始，消除其目标客户群。

学校应对大学生群体定期进行求职选择教育，让其树立正确的求职观；同时设计职业能力相关课程，提高学生能力水平，使其成为满足社会需要的高质量人才。社会媒体应承担社会责任，多宣传积极向上的价值观，拒绝传输不劳而获的思想观念，对年轻人起到正面引导的积极作用。其次，相关部门应完善监管制度，规范网络平台建设，严厉打击电商刷单行为，维护消费者权益。对于涉及诈骗的刷单兼职骗局，更要严厉打击，组织者和参与者都应受到惩罚。最后，作为新时代大学生，一定要认清现实，增强法律意识，不要参与网络刷单的违法行为，不要着眼于眼前的蝇头小利，要学会保护自己。

模块四　拓展阅读
★★★★★

大学生财产安全教育探讨
（《教育教学研究》2014年第三期 王华光）

安全是人类赖以生存的基本要求之一，是个人寻求发展的必要前提。安全教育是高等院校大学生思想政治教育的重要内容，是大学生知识体系不可缺少的重要组成部分。国内各高校近年来都在加强对大学生的安全教育，充实了安全教育体系的内容，完善了安全教育的制度保障，更新了安全教育的方式和途径。但总的来看，多数安全教育主要针对法律法规普及、人身安全、心理健康等方面，而系统研究大学生财产安全教育的论文较为少见。

事实上，社会所需要的全面发展、综合素质过硬的当代大学生应具备必要的财产安全防护意识和方法。一方面，财产虽生不带来、死不带去，但在日常生活中，没有钱是万万不行的，尤其是公司或集体的财产，更是容不得半点闪失。另一方面，财产的丢失或被盗有时会直接诱发大学生的其他心理问题和不良行为，影响和谐的校园环境。

一、大学生财产安全现状

2012年针对大学生财产安全开展的问卷调查显示，在大学期间，发生过财产被盗案件的大学生占比为 35.3%。被偷盗财产涉及现金、银行卡、一卡通、衣物、笔记本、手机、背包、自行车、书本等，这些都是与大学生日常生活密切相关的物品。由此表明，在校大学生属于财产被侵害的高危人群，且这一状况有进一步恶化的趋势，其发生概率远高于人身安全和心理安全问题。此类案件同样影响大学生的学习生活和日常心理状态，影响其对社会的认可，乃至其世界观、人生观、价值观的养成，因此大学生财产安全教育应引起注意。

对财产被盗场所的调查显示，发生在校外的占比为 52.7%，略高于校内的 47.3%。由此可见，对于大学生的财产安全教育，不能仅停留在校园环境的层面上，还应延伸到社会大环境的层面上进行，只有这样才能真正培养出素质全面的大学生。

从被偷盗大学生的年级分布来看，发生在一二年级大学生中的比例明显高于三四年级，这说明低年级大学生更容易成为偷盗分子的选择对象。低年级大学生的防范意识较弱，甚至有些大学生丝毫没有保护个人财产的意识，导致其在短时间内发生多次财产被盗的事情。因此，对大学生进行必要的财产安全教育势在必行。

从对财产被盗后的处理方式上看，只有 19.4％的大学生选择报警或报校园的 110，绝大部分大学生选择了自认倒霉，不做任何处理。由此可见，大学生的法律意识比较淡薄，也说明相关部门对类似案件的处理不力。

二、大学生财产安全现状解析

(一) 个人财产安全意识淡薄

正处于社会转型期的当代大学生，自身的安全意识淡薄，其中也包括个人财产安全意识。主要表现在：大学生的主要生活圈为学校和家庭，真正置身于社会环境中的机会很少，对社会的认知也很不全面，对社会现象多停留在感性认识上，没有实际经历，也没有防盗窃、防抢劫勒索、防诈骗等观念，缺乏实用性强的个人财产安全防范意识；多数大学生对法律知识知之甚少，在个人利益受到侵害时不知如何运用法律知识，不知如何寻求法律保护、社会保护，甚至对法律缺乏信心；绝大多数大学生从未参加过勤工助学、社会兼职等工作，所有钱物均来自家庭的无偿供给，自身不知道挣钱的辛苦和生活的不易，甚至有人认同"旧的不去，新的不来"的错误观念，对个人财产缺乏必要的自觉保护意识。

(二) 家庭财产安全教育缺失

在社会竞争日益激烈的背景下，家长对"子成龙，女成凤"更加渴慕。与此同时，多数父母对子女的成长教育存在明显的短视性和局限性，片面追求孩子的学习成绩，而忽略了对其社会认知和适应的教育。此外，家长为了给子女创造更好的学习环境和腾出更多的学习时间，限制其生活空间，人为地封堵了他们外出接触社会、认知社会、适应社会的机会，使子女在真正步入社会前丧失了培养财产安全保护意识的机会。

(三) 学校对财产安全教育不重视

目前，多数高校针对大学生的安全教育主要集中在人身安全和心理健康教育等方面，普遍欠缺财产安全教育。高校普遍重视"三防"（防火、防盗、防骗）硬件设施建设，但对财产安全的防范教育力度有限，更有甚者在这方面为空白。就是在防范措施上，也有部分高校对防范规章的施行缺乏长期性和持续性，只在新生入学教育时一笔带过，防范教育流于形式。

(四) 社会环境并非完好

诚然，随着社会的发展进步，社会治安状况总体形势良好，各类偷盗案件大大减少，人民财产得到了有效保护。但与此同时，我们必须承认，社会上还有那么一小部分人或多或少干着偷盗的事情，甚至有些是职业的偷盗分子。

三、提升大学生财产安全意识的途径和方法

（一）提升高校对大学生财产的保护力度

学校职能部门应进一步完善高校大学生安全保护措施，制定行之有效的规章制度，建立安全责任制；加强安全检查力度，加大检查频度，发现安全隐患及时整改，堵塞漏洞，明确具体的分工区域，确定具体负责人；组建一支责任心强、战斗力强的高素质保安队伍，加强对校园盗窃案件的打击力度，加强对校园，特别是对关键场所的巡查力度；在公共场所如教学楼、宿舍区、食堂、体育馆、操场、办公区等不涉及个人隐私的区域安装监控设备；适时开展财产安全演习，并让广大学生积极参与其中。

另外，包括大学生财产安全在内的大学生安全问题是所有师生和学校其他员工的事情，校园内的所有人员都应主动参与到大学生财产安全保护的工作中来。

（二）开展行之有效的财产安全教育

学校必须加强对大学生的法律意识教育和道德教育，开设必要的法律和道德教育课，结合政治学习实际开展课外教育，利用讲座、对话等形式开展法律教育和道德教育，让大学生懂法、守法、用法。增强大学生的法律意识，提升大学生的社会责任感，增强大学生对个人财产的保护意识，增进大学生对财产来之不易观点的认识并使其树立珍惜个人财产的观念。

在财产安全教育的过程中，要避免枯燥的理论传授，应结合大学生的兴趣特点和智力特点，多结合实际案例，以事例的形式吸引大学生的眼球，让大学生在对案例的分享中主动总结归纳财产安全教育知识，从而提高大学生对财产安全事故的应变能力和处理能力，提高大学生对财产安全防范的自觉性、主动性。

实践是教育的重要环节，通过实践，更容易让学生把知识点记住、记牢，并切实掌握。在传授对个人财产的保护措施时，应注重学生的参与和实践。可让学生围绕教育目的和具体方法，开展形式多样的群体活动，如知识竞赛、安全演讲、普法讲座、有奖征文、辩论赛等。让学生通过自身的参与实践，真正掌握财产安全保护的必要知识和方法。

邀请校外专家进校园，为大学生开展财产安全教育。事实上，财产被盗案件在社会上发生的比例远高于校内，因而在对大学生财产安全教育的过程中，必须囊括校外安全措施涉及的内容。毫无疑问，在社会反扒、防盗方面，反扒人员和公安人员经验丰富，把他们请进校园，让他们与广大学子零距离接触，直接讲解法律知识，传授财产保护方法和经验，效果必定很好。

不可否认，大学生中不免也有个别人有贪便宜的想法或顺手牵羊的行为。因此，在大学生中开展警示教育也是非常必要的。

在不能完全独立开展大学生财产安全教育的情况下，必须将该部分内容与大学生安全教育的其他内容进行有机结合，切实把财产安全教育开展起来。

（三）把握关键节点，开展财产安全教育

新生入学、包括寒暑假在内的所有假期和毕业生的求职应聘期是大学生与社会接触较多的时间段。在这些关键点上，应以安全提醒、财产携带和存放提醒、案例

讲解等为主。这些教育与培训能提高学生的防范意识，从而确保大学生的财产安全。

（四）知识素养是根基

今天我们面临的是一个知识激增的时代，科学技术不断发展，新知识不断涌现，教育改革日益深入，课程教材也在不断更新，这些都促使教师不断学习，孜孜以求，广泛涉猎，兼收并蓄，严谨治学，精益求精，从而不断提高自己的科学文化素质，这也是一名教师搞好教育教学工作的基础。

1. 要有较高的思想政治觉悟和系统的马克思主义素养

"学高为师，身正为范。"要培养学生树立共产主义、社会主义理想信念以及自强不息的民族精神，教师首先要有较高的思想政治觉悟和系统的马克思主义理论修养，必须讲政治、讲正气、讲奉献；必须认真学习邓小平理论、"三个代表"重要思想和科学发展观以及新时代中国特色社会主义思想，坚持正确的政治方向，树立正确的世界观、人生观和价值观，及时了解党的路线、方针和政策，坚持用马克思主义的基本立场、观点和方法去教育人、塑造人，从而在不断的学习和实践中提高自己的思想政治素质。唯有如此，才能明确自身的发展目标，找准实现人生价值的坐标，为发展祖国的教育事业不懈奋斗。

2. 要有精深的专业知识

教师为了完成所承担的教学任务，必须精通所教学科领域的专业知识。所谓精，就是要对所教专业的知识深钻吃透、准确把握，具有扎实的基本功。所谓深，就是要比学生高出几等、深入几分，做到教一知百。教师只有对所教学科在知识体系上融会贯通，才能在教学中做到重点突出、脉络清楚、深入浅出、通俗易懂。因此，教师应不断学习，掌握该学科的基本知识和基本技能，以及该学科的基本理论和学科体系，了解该学科最新的科研成果和研究发展方向，搭建合理的知识结构，夯实知识基础，苦练教学基本功，真正成为文化知识的传播者和学生求知的促进者。

3. 要有广博的文化基础知识和教育科学知识

教师的专业知识应建立在广博的文化知识的基础上，因为科学知识的日益融合和渗透都要求教师不断拓展自己的知识面。教师如果只精通本专业，知识面难免狭窄，也就难以满足学生多方面的需求，这会影响教师在学生中的威望。现代科学文化知识浩如烟海，教师只凭原来在学校学到的知识是远远不能达到新时期教学要求的。教师要给学生一杯水，自己首先要有"长流水""新鲜水"。因此，教师唯有具备宽广的知识视野、渊博的学识，方可如鱼得水、游刃有余。

第四章

消防安全

★★★★★

最亮丽的是生命之爱，最惨痛的是失火成灾。
关注消防安全，让我们共同珍爱生命。

导读

据应急管理部消防救援局统计：2020 年共接警出动 128.4 万起，是中华人民共和国成立以来任务量第二多的年份，其中共接报火灾 25.2 万起，死亡 1 183 人，受伤 775 人，直接财产损失 40.09 亿元。从火灾的等级看，全年共发生较大火灾 65 起。小火亡人现象仍然比较突出，电气故障、用火不慎、吸烟、自燃、电动车室内充电是引发火灾的主要原因。

火不仅带给人们温暖，更是社会发展的能源和动力。但是，水火无情，火灾现已成为威胁人民生命财产安全的重要因素。当今大学生消防安全意识薄弱，不当使用电器等行为成为引发校园火灾的主要原因。做好火灾的预防，了解灭火的基本常识，掌握火灾逃生的正确方法，是消防安全教育的重要内容。

要点

1. 增强消防安全意识，掌握基本的消防安全知识。
2. 了解火灾的预防、扑救及应急处理，掌握消防器材的正确使用方法。

模块一　案例学习
★★★★★

案例 1

违规用电引发火灾

2017 年 3 月 15 日晚 8 时 30 分许，天津某高校学生宿舍失火。消防部门接到报警时，报警人称起火位置位于宿舍楼的四楼。据现场保安介绍，晚上8点多巡逻的时候，火已经起来了，保安值班人员立即将现场封锁并疏散学生，具体的起火原因疑为违规用电。老楼是砖木结构，线路老化，一旦学生使用大功率的电器，很容易引发火灾。

2019年3月刚开学后的一天，济南某高校学生宿舍发生火灾，着火房间已出现明火，浓烟滚滚。着火的学生宿舍内有书籍和被褥等大量易燃物品，已经开始燃烧，火势更有蔓延的趋势。当时该校晚自习刚下课，宿舍五、六楼部分宿舍已有返回的学生。幸亏着火初期就被下课的学生发现，及时用灭火器扑灭，但着火宿舍的物品已化为灰烬，无法挽回。经初步调查，这次火灾是因为用没有断电的劣质插座在床铺上给手机充电，电路持续通电积热引燃被褥后引起的。

2020年9月21日上午九点半左右，广州某高校学生宿舍发生火情。所幸楼内其他同学及时发现火情，并马上报宿管员，宿管员迅速组织其他工作人员一起扑灭火情。经现场调查，起火点位于该宿舍南侧右边铺位的桌面，基本判断为电气火灾，初步分析是疑似插线板接触不良，插板的插头没有断电，导致电动车充电器的变压器过热燃烧，最终烧毁床铺、衣柜、空调等物品，全宿舍墙面及天花板被浓烟熏黑，宿舍无法正常使用。

案例简析

学生开学返校后，违规违章用电现象逐渐增多。为了确保生命财产安全，一定要注意：

第一，不乱拉电线。一些宿舍随意使用拖线板，线路混乱，有的拉到床铺上，电线长期被压，并处在被褥等易燃物品下，学生等于"睡在火山口"。有些插座上接出好几个插线板，长时间处于超负荷通电状态，或者由于接点不实出现打火，易引起火灾。

第二，及时拔下充电设备。很多小电器，如手机、随身听、笔记本电脑、剃须刀等，充完电后，必须及时切断电源。电器长时间充电蓄热，热量散发不出去，很容易引发火灾。

第三，不使用大功率电器。在学生宿舍禁止使用热得快、电磁炉、电热杯、电饭锅等大功率电器。这些电器功率高，电线超负荷运行会导致电线过热，绝缘皮熔化、短路，很容易引发火灾。

第四，不在实验室、教室、办公场所、宿舍、车库等公用房屋内对电动车电池充电。不得将电动车停放在楼梯间、楼道、疏散通道、安全出口等区域。

法规链接

《普通高等学校学生管理规定》

第七条　学生在校期间依法履行下列义务：

（一）遵守宪法和法律、法规；

（二）遵守学校章程和规章制度；

（三）恪守学术道德，完成规定学业；

（四）按规定缴纳学费及有关费用，履行获得贷学金及助学金的相应义务；

（五）遵守学生行为规范，尊敬师长，养成良好的思想品德和行为习惯；

（六）法律、法规及学校章程规定的其他义务。

第四十八条　学校应当建立健全学生住宿管理制度。学生应当遵守学校关于学生住宿管理的规定。鼓励和支持学生通过制定公约，实施自我管理。

某高校《学生公寓防火安全条例》

第三条　严禁在宿舍内外乱接乱拉电线。

第九条　严禁在宿舍无人的情况下给充电器充电，离开宿舍时应切断电源开关。

友情提醒

春夏季，天干物燥，易发火灾，一定要加强安全意识，安全用电，远离火灾。

思考讨论

1. 我们日常生活中存在哪些消防安全隐患？
2. 我们如何判断插座、充电等设备是否是合格产品？
3. 一旦宿舍发生火灾，我们应该如何使用灭火设备？

案例 2

一只"热得快"引发的惨案

2008 年 11 月 14 日下午 5 时 30 分左右，上海警方就上海商学院学生宿舍起火事故发布调查结果：经消防部门勘查，11 月 14 日 6 时 10 分许发生在上海商学院宿舍楼的火灾原因已初步查明，系 602 宿舍学生使用热得快时出现电器故障，并引燃周围可燃物所致。

此次火灾是由于该宿舍女生夜间违规使用热得快时，正好是学校夜间拉闸时间，突然停电使得她们忘记关闭热得快。清晨公寓恢复供电后，热得快烧干壶中水后空烧，引发火灾。因火过大，燃烧凶猛，宿舍门已无法打开，4 名女生只好跑到阳台。但此时大火已经烧到了她们的身体，4 名女生慌乱中分别从六层阳台跳下逃生，造成当场死亡的悲剧。6 点 12 分警方接到报警后，消防队员立即前往并很快把火扑灭，没有引起更大的火灾和损失。记者后来在现场看到，着火的 602 宿舍外的阳台已经被烧得漆黑一片。

据着火大楼 5 楼宿舍的一名女生介绍，602 宿舍起火后，该宿舍有 2 名女生先跑出去呼救，等回来后发现 602 宿舍的门已经无法打开。由大火引起的烟雾冲到了隔壁 601 宿舍，601 宿舍的 2 名女生先后躲到了阳台上，最后都被安全救出。

案例简析

此次悲剧发生的直接原因是违规使用热得快，但也有学生本人的原因。如果在发现火灾后 6 名学生都及时跑出宿舍，可能就不会发生这样的悲剧。

法规链接

《高等学校消防安全管理规定》

第十八条第三款　学生宿舍、教室和礼堂等人员密集场所，禁止违规使用大功率电器，在门窗、阳台等部位不得设置影响逃生和灭火救援的障碍物。

《普通高等学校学生管理规定》

第四十八条　学校应当建立健全学生住宿管理制度。学生应当遵守学校关于学生住宿管理的规定。鼓励和支持学生通过制定公约，实施自我管理。

友情提醒

当前，在大学生宿舍里使用违禁电器的现象较为严重，希望大学生树立牢固的安全防范意识，不要在宿舍内使用违禁大功率电器，不要使用燃气、燃油炉，不要躺在床上吸烟等，这些都是有效防止宿舍火灾的重要前提。

思考讨论

1. 什么是违禁电器？
2. 我们身边经常出现的违禁电器有哪些？
3. 你如何看待在宿舍使用大功率电器的危害？

案例 3

因用火不慎而引发火灾

2016 年 8 月 17 日凌晨 1 点 30 分左右，烟台某高校公寓一楼宿舍留校学生在宿舍点燃了蚊香（据说放在鞋盒子里，且周边堆有杂乱的衣物等可燃物）后外出上网，因蚊香点燃了可燃物导致整个宿舍全部被烧毁，整个宿舍楼 300 多人在浓烟中安全撤离，所幸没有人员受伤。此前 14 日，另一宿舍有两名留校学生在走廊使用液体酒精炉吃火锅，在没有熄灭火焰的情况下添加酒精，引发火灾，致使两人被烧伤，其中一人烧伤面积达 40％。

"怎么着火了？"学生从窗户看到后惊呼。这一场景发生在济南某高校。2017 年 4 月 11 日下午 1 点半左右，济南某高校学生公寓 12 号楼后小树林突然起火。小树林地上堆积了大量干枯树叶和杨絮。火势顺着风向西蔓延，很快地上的树叶、干草、杨絮被烧着，矮一点的树枝也被点着。现场浓烟滚滚，被烧着的地面变成一片黑色灰烬。约一小时后，火被学校保安及附近人员扑灭，所幸无人员伤亡。至于火灾原因，有学生表示："听说好像是有学生吸烟，他们丢掉的没有完全熄灭的烟头点着了地上的枯叶。"

2020年9月，刚开学不久，上海某高校宿舍楼西侧露天临时堆放的分类垃圾桶发生火灾，疑似有人乱丢没有燃尽的烟头所致。

"三点二十左右被室友喊醒说着火了，打开窗帘往外一看直接惊呆，一片火光。害怕火势蔓延所以我们选择下楼逃到安全的地方。对面楼的窗户阳台全在冒烟，住在高层逃不出去的女孩子们在阳台挥舞着手电求助。等我逃到安全区的时候消防员已经把火基本上扑灭了，从滚滚的浓烟中救出了很多人，那些女孩子们身上脸上都被熏黑了。后来就是宿舍人员的清点，能回宿舍的都回了宿舍，折腾到四五点我才入睡。第一次感到离灾难这么近，好不容易睡着后就做了噩梦，七点多惊醒……"其中一个大一女生说道。

🔍 案例简析

用火不慎导致火灾有多方面原因，从高校已发生的火灾来看，主要包括以下几个方面：

（1）吸烟。因烟头引起的火灾在高校发生的火灾中占有很大的比例。因为烟头的表面温度为200℃～300℃，其中心温度高达700℃～800℃，而一般可燃物的燃点大都低于烟头表面温度，如果燃烧着的烟头遇到燃点低于烟头温度的可燃物时，就会引起燃烧，发生火灾。

（2）使用炉具。个别大学生违反学校的管理规定，尤其是在假期，为图方便，在寝室使用酒精炉、煤油炉等炉具做饭，因使用不当而引发火灾事故。

（3）焚烧废旧物品。大学生在室内焚烧废旧纸张、书籍等杂物，尤其是在毕业前夕。如果焚烧物靠近衣被、蚊帐等可燃物或火未完全熄灭人即离开，火星飞到这些可燃物上也能引起火灾。

（4）不当使用手电。因为学校是定时供电，在断电后，有的学生习惯在床上用手电或应急灯看书，虽然目前市面上灯具发光源大都采用LED发光，但依旧有部分老式灯泡，其工作时温度高，尤其在长时间使用后。当大学生因疲劳入睡或看管不当时，这类灯具便有可能引燃可燃物，从而引发火灾。

（5）点蚊香。有的学生寝室为了驱蚊，经常点蚊香，点燃的蚊香温度高达700℃左右，比布匹、纸张的燃点高很多（布匹的燃点为200℃，纸张的燃点为130℃）。若点燃的蚊香靠近这类可燃物，极易引起燃烧，发生火灾。

📖 法规链接

《高等学校消防安全管理规定》

第十八条第三款　学生宿舍、教室和礼堂等人员密集场所，禁止违规使用大功率电器，在门窗、阳台等部位不得设置影响逃生和灭火救援的障碍物。

《中华人民共和国消防法》

第五条　任何单位和个人都有维护消防安全、保护消防设施、预防火灾、报告火警的义务。任何单位和成年人都有参加有组织的灭火工作的义务。

第六十三条　违反本法规定，有下列行为之一的，处警告或者五百元以下罚款；情节严重的，处五日以下拘留：

（一）违反消防安全规定进入生产、储存易燃易爆危险品场所的；

（二）违反规定使用明火作业或者在具有火灾、爆炸危险的场所吸烟、使用明火的。

第六十四条　违反本法规定，有下列行为之一，尚不构成犯罪的，处十日以上十五日以下拘留，可以并处五百元以下罚款；情节较轻的，处警告或者五百元以下罚款：

（一）指使或者强令他人违反消防安全规定，冒险作业的；

（二）过失引起火灾的；

（三）在火灾发生后阻拦报警，或者负有报告职责的人员不及时报警的；

（四）扰乱火灾现场秩序，或者拒不执行火灾现场指挥员指挥，影响灭火救援的；

（五）故意破坏或者伪造火灾现场的；

（六）擅自拆封或者使用被消防救援机构查封的场所、部位的。

《中华人民共和国刑法》

第一百一十五条　放火、决水、爆炸以及投放毒害性、放射性、传染病病原体等物质或者以其他危险方法致人重伤、死亡或者使公私财产遭受重大损失的，处十年以上有期徒刑、无期徒刑或者死刑。

过失犯前款罪的，处三年以上七年以下有期徒刑；情节较轻的，处三年以下有期徒刑或者拘役。

友情提醒

用火不慎引发火灾的主要原因是同学们消防安全意识淡薄，总认为火灾这种事情不会落到自己头上，但这种侥幸心理和生活中不良的习惯恰恰是悲剧发生的源头。大火无情，它吞噬着生命和财产。希望大家引以为戒，安全用火，避免火灾。

思考讨论

1. 你还知道哪些用火不慎引发的火灾事故？
2. 在学校宿舍、教室等公共场所如何避免因用火不慎而引发火灾？
3. 生活中我们如何做到安全用火？

模块二　理论探究　★★★★★

第一节　火灾的预防

火的燃烧必须具备三个条件：一是要有可燃物质，如木料、汽油、酒精以及学生使用的书籍、纸张、蚊帐、衣被等；二是要有助燃物质，如空气等；三是要有火源，如火苗、火花等。以上三个条件必须同时具备并相互作用，燃烧才能发生。

通过防止燃烧条件产生，避免燃烧的三个条件相互结合并发生作用，以及采取限制、削弱燃烧条件发展的办法，来阻止火势蔓延，这些都是防火的基本原理。

一、学生宿舍火灾的预防

（一）学生宿舍引发火灾的原因

1. 违规使用大功率电器

学生宿舍中，大功率电器是引发火灾的主要原因，如电茶壶、电炉、热得快、电炒锅等，它们都是通过电阻值较大的材料发热来获得热量，耗电量高（如热得快的功率就有 800～1 000 瓦）。如果用不配套的电线连接，通电后电线就会发热，橡皮绝缘体软化，时间一长，超负荷运转就会使绝缘体老化甚至燃烧，从而引发火灾。

2. 随意使用明火

学生宿舍里的明火主要是指蜡烛、烟头、焚烧杂物等。学生宿舍里所配置的物品多为学生的衣服、被褥、书籍等易燃物，稍有不慎就有可能引发火灾。

3. 私拉乱接电源线

学生宿舍内的电源线普遍比较乱，电线的绝缘层容易被划破而造成线路短路，或因接触不良、电线发热而引发火灾。

4. 电器长期处于工作状态而无人看管

有的学生宿舍用电器长期不拔电线，尤其是手机或别的充电器不及时拔下，进而引发火灾。

（二）学生宿舍防火安全常识

（1）不乱拉电线，不乱接电源，防止由乱接电源使电流过载而导致的火灾。

（2）严禁使用破损的插头、插座等，不购买和使用质量低劣的电器产品，一定要选用有国家认证标志的合格电器产品。

（3）不使用老化、接头处无绝缘胶布包扎的电线，不使用无插头的接线。

（4）不私自安装床头灯、台灯，不要将台灯靠近枕头、被褥和蚊帐等易燃物，保持安全距离，不要用可燃物直接遮挡白炽灯泡。

（5）自觉遵守学校的规章制度，不违章使用电炉、热得快、电热杯、电炒锅、电饭锅等电热器具。

（6）做到人走灯灭，关闭电源，节约能源，消除隐患。

（7）不在宿舍内点蜡烛看书、使用明火和焚烧物品。

（8）嗅到电线胶皮有焦味，要及时报告，采取措施。

（9）要真正从思想上认识到危险时刻伴随着自己，积极参加学校的安全教育活动，掌握安全防范知识。主动配合学校的安全检查，经常进行自查，积极举报各种违章行为和安全隐患。

（10）宿舍楼内要配备消防栓、灭火器、应急灯等消防器材、设施，学校要派专人管理，定期进行检查、维护、保养。

二、吸烟引发火灾的预防

大学生中有些人有吸烟的不良嗜好，如果吸烟时不注意场合、地点，行为随意，就会引发火灾。据测试，点燃后的香烟温度在700℃左右，一支香烟持续燃烧的时间为15分钟左右，而常见可燃物的自燃点都很低，如纸张、棉、麻及其织物等，未熄火的烟头足以引起固体可燃物和易燃液体、气体燃烧。

翻开全国重特大火灾统计资料，里面记载着许多因酒后吸烟、卧床吸烟、乱扔烟头、违章吸烟而酿成的火灾和伤亡事故，触目惊心。因此，绝不能在禁烟区域内吸烟，也不能躺在床上、沙发上吸烟。如果吸烟时临时有事外出，应将烟头彻底熄灭后再离开。不能用火柴盒、烟盒等当烟灰缸，更不能将吸剩的烟头随处乱丢。若乱丢的烟头接触到可燃物，很容易引起火灾。

三、驱蚊引发火灾的预防

随着酷暑的来临，点蚊香驱蚊者越来越多，但在使用蚊香杀虫的过程中，如不注意消防安全，很容易引发火灾。蚊香主要由粘木粉、木炭粉和药物组成，在引燃时，火点最高温度可达700℃～800℃，火点周围1厘米处可达130℃，足以将着火点低的蚊帐、棉布、海绵、衣服、纸张、柴草等可燃物引燃，引发火灾。在夏季驱蚊时应当注意以下有关事项：

（1）点燃的蚊香要放在金属支架上，并将支架置于不燃烧的盒子里，防止蚊香因燃烧失去平衡或断裂而跌落到地毯等可燃物上，切忌将蚊香直接放在木质楼板上。

（2）放置的蚊香不要靠近蚊帐、被单、衣服等可燃物，应与家具、床铺保持一定的距离，以防止床上或衣柜上悬挂的衣服、床单落到蚊香上。

（3）在使用摇头电风扇时，应注意既要防止火星被风吹散，又要防止衣物等可燃物被风吹落到蚊香上。

（4）在使用电热蚊香器时也须谨慎，注意通电时间，防止因电热器使用时间过长烧毁电热器而引起火灾。

四、日常生活火灾的预防

（一）做饭防火常识

我们在炉灶上煨各种含油食品时，汤不宜太满，应有人看管，发现汤水沸腾时，应降低炉温，或将锅盖揭开，或加入冷汤，防止浮油溢出锅外。油炸食品时，油不能放得太满，油锅搁置要稳当。加热油锅时，人不能离开，油温达到适当温度时应及时放入菜肴、食品。如油温过高而起火，油量较少的可沿锅边投入菜肴或食品，火即熄灭；如油量较大，应迅速盖上锅盖，隔绝空气，即能停止燃烧。同时，应熄灭燃气灶内的火焰，尽可能将油锅平稳地端离炉火，待其充分冷却后，才能打开锅盖继续烹调。应特别注意的是，遇油锅起火时，千万不可向锅内浇水灭火。炉灶排风罩上的油垢要定期清除。

（二）燃气防火常识

闻到屋内有燃气异味时，应立即打开门窗，通风散气，降低燃气浓度，防止发生燃烧和爆炸。因燃气泄漏着火时，应迅速用湿毛巾或湿布盖住燃气瓶及燃气管道的着火点，防止灼烧。发现燃气泄漏，应立即拨打火警电话119，并迅速离开现场。发生燃气泄漏时，立即熄灭一切明火，电气设备一律不得打开，不能开灯、开抽烟机、开排气扇，更不要打电话、打手机，以免碰擦出电火花引爆燃气。

（三）用电防火常识

首先，在电源插口或者插线板附近不要堆放很多杂物，电线不要缠在一起，这样容易积攒热量，万一有漏电或者火花也容易引起燃烧。所有电器不宜长时间一直通电。手机和充电宝这两种东西不要整夜充电。尤其是劣质电池或者充电宝，过充以后容易引起爆炸或燃烧。不要一次性使用所有功率大的电器，这样也容易造成线路或者插线板在超负荷后出现故障，从而引起火灾。千万不要将一个插线板的插头插在另外一个插线板上以增加电线的长度，也不要在一个插线板上插过多的电器。夏天雨多、雷电多，打雷和闪电的时候最好不要开电视，最好能够关闭电视机的电源，降低电击引起火灾的可能。

第二节　火灾的扑救

一、火灾扑救原则

在扑救初起火灾时，必须遵循"先控制后消灭，救人第一，先重点后一般"的原则。

（一）"先控制后消灭"原则

先控制后消灭是指对于不能立即扑救的要先控制火势以防其继续蔓延和扩大，在具备扑灭火灾的条件时，展开全面扑救。对密闭条件较好的室内火灾，在未做好灭火准备之前，必须关闭门窗，以减缓火势蔓延。

（二）"救人第一"原则

救人第一是指火场上如果有人受到火势围困，应急人员或消防人员的首要任务是把受困人员从火场中抢救出来。在运用这一原则时可视情况，救人与救火同时进行，通过灭火从而更好地救人脱险。

（三）"先重点后一般"原则

先重点后一般是指在扑救火灾时，要全面了解并认真分析火场情况，区别重点与一般，对事关全局或生命安全的物资和人员要优先抢救，之后再抢救一般物资。

二、灭火的基本方法

灭火的基本方法科学来讲主要分为四大类，依次为隔离法、窒息法、冷却法、化学制剂法。每种方法都有各自的适用范围，即出现什么样的火情该用什么样的方法。切记不可随便乱用，方法不正确会带来一定的安全隐患。

（一）隔离法

当家中出现火情后，第一时间报火警，并观察起火地点周围有没有易燃物、危险化学品等，及时将这些东西搬离或拿走并放置于安全地带（依情况而定，若易燃物或者危险化学品已经被引燃，应放弃隔离，迅速逃生）。然后将起火地点周围的一般物品进行搬离，必要的情况下进行切断式隔离，防止火势蔓延，在将起火地点周围进行隔离处理的同时，正确使用灭火器灭火。"隔离"从字面上理解有两层意思：一个是隔，一个是离。"隔"当然就是用非易燃物将火隔开，防止火烧到其他易燃物，如家中厨房起火，我们可以借助铁锅、锅盖等金属物品隔离火焰，防止火烧到周围易燃品。这种方法会暂缓火焰的蔓延。"离"就是将火情周边的东西搬离、挪开、切断等。

（二）窒息法

窒息法即窒息空气法。比如在厨房内炒菜，因为油温过高起火，这个时候切记不可慌张，迅速盖上锅盖，关掉炉灶即可。如果油锅内的油流出并使火势蔓延，这时应及时将抹布浸湿并迅速铺盖在火焰上。以上两种方法对小型火情的抑制效果明显，用的就是窒息空气法。另外，在油库等消防重地，出现火情应用沙子迅速覆盖（油库附近按照消防要求都会配置消防沙箱），这种方法的原理也是窒息空气法。

（三）冷却法

冷却法顾名思义就是使温度冷却下来，达到灭火的目的。比如我们在户外烧烤时，不小心将木炭撒到外面，应该及时用水将其浇灭，防止其引起火灾。在一般人的思维中，一旦出现火情，第一反应是用水浇灭它，但是在有些情况下，我们是不能用水灭火的，比如电气设备引发的火灾，如果用水灭火会引发安全事故。

（四）化学制剂法

家庭常用的灭火工具就是灭火器，如二氧化碳灭火器、干粉灭火器等。正确使用灭火器需要把握要点，以干粉灭火器为例，步骤为：1）晃动灭火器；2）拔掉保险销；3）一手提着灭火器，一手握住喷头，站在上风位置；4）保持安全距离，对准火焰根部喷射。

 **实践应用**

初起火灾扑救十招

第一招：发现火情，沉着镇定

发现起火时，首先要保持冷静，理智分析火情。如果是在火灾发生的初期，燃烧面积不大，可考虑自行扑救。如果火情发展较快，要迅速逃离现场，向外界寻求帮助。

第二招：小孩老人，逃生要紧

中小学生身体、心智都没有发育成熟，老人或因为行动不便、反应不灵敏，分析问题和处理问题的能力相对薄弱，自我保护能力不强，在火场上很可能因为对危险情况不能进行正确判断和处理而造成不必要的人身伤亡。因此，老人和小孩在遇到火灾时，应立即离开现场，向外界寻求帮助或即刻报警。

第三招：大声呼救，及时报警

"报警早，损失少"，一旦发现火情，既要积极扑救，又要及时报警。拨打火警电话时，接通后要首先确认是否是消防队，得到肯定回答后，即刻报警。说清火情地点及具体地址；说清起火原因、着火物品和火势大小，是否有人被围困；讲清报警人的姓名、联系电话。

第四招：生命至上，救人第一

火场上如果有人受到火势围困，首要任务就是把受困人员从火场中抢救出来。救人与救火可同时进行，以救火保证救人的展开。

第五招：家庭火灾，巧用工具

家用小型灭火器是扑救家庭火灾的不二之选。此外，也要学会巧用身边的灭火器材。水是家中最简单也是最有效、最方便的灭火剂，但电器、油锅着火，不能用水扑灭。另外，黄沙、用水淋湿的棉被或毛毯、扫帚、拖把、衣服等也可用作扑灭小火的工具。

第六招：灭火器材，分类选择

常用灭火器按内部充装灭火剂的不同可分为清水灭火器、泡沫灭火器、干粉灭火器、二氧化碳灭火器等类型，不同类型的灭火器有其不同的适用场所。清水灭火器可用以扑救木、竹、棉、毛、草、纸等一般固体物质的初起火灾，不宜用于油品、电气设备等引起的火灾。泡沫灭火器用来喷射泡沫扑救油类及一般固体物质的初起火灾。干粉灭火器是目前使用和配置最多的一种灭火器，可扑救易燃液体、可燃气体、带电设备等引发的初起火灾。二氧化碳灭火器适用于扑救电气火灾、可燃液体火灾及具有贵重设备、图书资料、仪器仪表等场所的初起火灾。

第七招：燃气泄漏，小心谨慎

万一家中发生燃气泄漏，千万不要触动家中任何电器开关，更不能用打火机、火柴、手电筒照明检查，也不能在家中打电话报警。正确的做法是：首先迅速关闭气源，然后打开门窗，让自然风吹散泄漏气体，如需打电话报警，应到远离现场的地方进行。

第八招：电气火灾，断电第一

一般电气线路、电气设备引发的火灾，首先必须切断电源，然后考虑扑救行动。只有当确定电路或电器无电时，才可用水扑救。在没有采取断电措施前，千万不能用水、泡沫灭火剂灭火。扑救电气火灾时，建议用干粉或二氧化碳灭火器。因为这两种灭火器的灭火药剂绝缘性能好，不会发生触电伤人事故。对于电视机、微波炉等电器引发的火灾，在断电后可用棉被、毛毯等覆盖住，防止其着火后爆炸伤人，再将水淋在棉被、毛毯上，才能彻底进行灭火。

第九招：房间着火，门窗慎开

如果封闭的房间里着火，看到浓烟和火焰时，应立即盛水浇灭火焰，不要打开门窗。因为门窗一开，房间里的空气就会与室外的空气形成对流，无异于给房间里的大火加添助燃剂，助长火势。

第十招：火势凶猛，撤退求援

如果火势越来越大，灭火人员应迅速撤离火场，等待消防队前来救援。

第三节　火灾的应急处理

遇到火灾时，不要惊慌失措，要保持镇静，记清火警电话，第一时间拨打119。

 小贴士

拨打火警电话的方法和步骤

1. 火警电话打通后，应讲清楚着火地点，所在区、县、街道、门牌或乡村的详细地址。

2. 要讲清是什么东西着火，火势怎样。

3. 要讲清是平房还是楼房，最好能讲清起火部位、燃烧物质和燃烧情况。

4. 报警人要讲清自己的姓名、工作单位和电话号码。

5. 报警后要派专人在街道路口或村口等候消防车到来，指引消防车去火场的道路，以便消防车迅速、准确到达起火地点。

火魔无情，当你被困在火场内生命受到威胁时，在等待消防员救助的时间内，如果能够利用地形和身边的物体采取积极有效的自救措施，就可以让自己的命运由"被动"转化为"主动"，为自己赢得更多的生机。火场逃生不能寄希望于"急中生智"，只有靠平时对消防常识的学习、掌握和储备，危难关头才能应对自如，从容脱离险境。

（1）绳索自救法：家中有绳索的，可直接将其一端拴在门、窗档或重物上沿，然后从另一端爬下。在此过程中，双脚要绞紧绳子，双手交替往下爬，并尽量使用手套、毛巾将手保护好。

（2）被单拧结法：可以把床单、被罩或窗帘等撕成条状或拧成麻花状，按绳索逃生的方式沿外墙爬下。

（3）匍匐前进法：由于火灾发生时，烟气大多聚集在上部空间，因此在逃生过程中应尽量将身体贴近地面，匍匐或弯腰前进。

（4）毛巾捂鼻法：火灾烟气具有温度高、毒性大的特点，一旦吸入后很容易引起呼吸系统烫伤或中毒，因此疏散中应用湿毛巾捂住口鼻，以起到降温及过滤的作用。

（5）棉被护身法：将浸泡过的棉被或毛毯、棉大衣盖在身上，确定逃生路线后以最快的速度钻过火场并冲到安全区域。

（6）毛毯隔火法：将毛毯等织物或钉或夹在门上，并不断往上浇水冷却，以防止外部火焰及烟气侵入，从而达到抑制火势蔓延速度、增加逃生时间的目的。

（7）管线下滑法：低楼层的建筑物如果外墙或阳台边上有落水管、电线杆、避雷针引线等竖直管线，可借助其下滑至地面，同时应注意一次下滑时人数不宜过多，以防止逃生途中因管线损坏而致人坠落。

（8）楼梯转移法：当火势自下而上迅速蔓延而将楼梯封死时，住在上部楼层的居民可通过老虎窗、天窗等迅速爬到屋顶，转移到另一家或另一单元的楼梯进行疏散。

（9）卫生间避难法：当实在无路可逃时，可利用卫生间进行避难，用毛巾紧塞门缝，把水泼在地上降温，也可躺在放满水的浴缸里躲避。但千万不要钻到床底、阁楼、衣橱等处避难，因为这些地方可燃物多，且容易聚集烟气。

（10）逆风疏散法：应根据火灾发生时的风向确定疏散方向，迅速逃到火场上风处躲避火焰和烟气。

📖 **实践应用**

如何在火灾中自救

火灾中人的生存与死亡往往只是一念之差，冷静应对和掌握火场逃生技巧是面对熊熊烈火和滚滚浓烟时成功逃生的关键。从众多火灾案例来看，掌握科学、合理的逃生方法是极其重要的。

一、沉着冷静，临危不乱

根据火势实情选择最佳自救方案，千万不要慌乱。凡火灾幸存者大多临危不乱，根据火势、环境、建筑物结构冷静而又迅速地选择最佳自救方案，争取到了最好的结果。

二、防烟堵火，保证呼吸

这是非常关键的自救方法。当火势尚未蔓延到房间内时，紧闭门窗，堵塞孔隙，防止烟火窜入。若发现门、墙发热，说明大火逼近，这时千万不要开窗、开门，可以用浸湿的棉被等堵封，并不断浇水，同时用折成 8 层的湿毛巾捂住口、鼻，一时找不到湿毛巾可以用其他棉织物替代，除烟率达 $60\%\sim100\%$，可滤去 $10\%\sim40\%$ 的一氧化碳。另外，应低首俯身，贴近地面，设法离开火场，以避开处于空气上方的毒烟。

三、利用通道，莫入电梯

规范标准的建筑都有两条以上的逃生楼梯或通道。发生火灾时，底层人员自然应夺门而出，若楼道火势不大或没有坍塌危险，楼上人员可裹上浸湿了的毯子、非塑制的雨衣等，快速冲下楼梯或逃生通道。若楼道被大火封住而无法通过，可顺着外墙排水管下滑或利用绳子缘阳台逐层跳下。千万记住，高层着火时，不要乘坐电梯。因为电梯的供电系统在火灾时随时可能断电，或因过热致使电梯变形导致人员被困电梯内。

四、发出信号，寻求援助

发生火灾，呼叫往往不易被发现，可以用竹竿撑起鲜明衣物，不断摇晃，红色最好，黄色、白色也可以，或打手电或不断向窗外掷不易伤人的衣服等柔软物品，或敲击面盆、锅、碗等。

五、抓紧时间，切莫贪财

在火灾中，人的生命最重要，身处险境，应尽快撤离，不要把宝贵的时间浪费在寻找、搬离贵重物品上。已经逃离险境的人员，切莫因贪财重返险地。

六、火已及身，切勿惊跑

身上衣物一旦着火，切勿惊跑或用手拍打，应设法尽快脱掉衣物，或就地打滚压灭火苗。

七、科学逃生，切勿跳楼

千万不要盲目跳楼，可利用疏散楼梯、阳台、排水管等逃生，或把床单、被套撕成条状连成绳索，紧拴在窗框、铁栏杆等固定物上顺绳滑下，或下至未着火的楼层脱离险境。

模块三　育人园地
★★★★★

2015年10月20日，第十六届国际消防设备技术交流展览会于北京隆重举行。此次展览会共有来自20多个国家和地区的企业和科研、认证检测机构参展。消防展既是一个国家消防行业发展的白皮书，又是国家之间创新与制造能力比拼的竞技场。消防展上，小到拇指大小的水喷头、感烟探测器，大到重约70余吨的举高消防车，无一不是一国制造能力的体现。而历届消防展上都会推出新型消防产品。那些功能丰富、创意非凡的消防产品无疑会吸引来自世界各地的目光，更体现了一个国家创新能力的高低。

近年来，随着中国综合国力的提升，消防装备的发展也呈现性能化、多样化、成套化、智能化的特点。比如徐工集团展示的登高平台消防车、举高喷射消防车、高层供水消防车、压缩空气泡沫车等，这些消防产品的出现，表明我国对于大型消防装备的制造技术已经趋于成熟，不仅如此，它们对于完善我国灭火救援装备体系更是意义重大。

再比如中联重科推出的消防喷射机械手、苏州捷达公司生产的远程供水系统等一批新型产品。它们紧跟消防装备发展的国际趋势，解决了大型灭火救援现场的一些国际性难题。尤其是远程供水系统，虽然我国企业在这个领域起步较晚，但是在吸收和借鉴国外产品的基础上，大胆创新改进，使产品具有了鲜明的特点，价格上也更有竞争优势。在2012年以前，国内的远程供水系统完全依赖进口，而且价格不菲。为打破国外垄断，打造中国品牌，在国内企业的不断研发和创新下，国产远程供水系统与国外的差距已经逐渐缩小，现如今已能够和国外厂商同台竞争。这无疑是中国奇迹的另一个体现。

2018年以来，随着物联网、大数据、云计算、人工智能等一系列科学技术的发展，火灾科学、消防技术与消防软科学等领域作为消防科学技术研究的主要方向，也进入高速发展阶段。行业技术水平与制造能力不断提高，在消防报警、自动灭火、消防抢险救援等方面都取得了长足进步，智慧消防行业也逐渐向多级启动、智能化、灭火提效、特殊领域应用等方向发展。中国企业用他们的实际行动向世界证明，中国完全有信心也有能力生产出世界领先的消防产品，打造属于自己"Made by China"的消防品牌。

模块四　拓展阅读
★★★★★

消火栓的使用

消火栓分地上、地下两种。地上消火栓适用于气温较高的地方，其供水接口装在高于路面的垂直筒体上。地下消火栓和地上消火栓的构造大致相似，主要由弯管、阀体、阀座、阀瓣、排水阀、法兰接管、阀杆、本体、接口和帽盖等部件组成。消火栓怎么使用呢？下面就来为大家介绍一下。

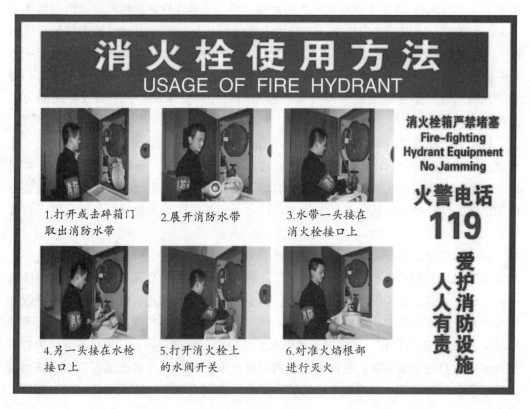

灭火器的使用

不同的火灾应使用不同的灭火器。按照燃烧物质及其特性，火灾分为 A、B、C、D 四类：A 类指可燃固体物质火灾；B 类指液体火灾和熔化的固体物质火灾；C 类指可燃气体火灾；D 类指可燃金属火灾。扑救 A 类火灾应选用水型、泡沫、磷酸铵盐干粉、卤代烷型灭火器；扑救 B 类火灾应选用干粉、泡沫、卤代烷、二氧化碳型灭火器；扑救 C 类火灾应选用干粉、卤代烷、二氧化碳型灭火器；扑救 D 类火灾应选用 7150 灭火器以及沙、土等。

下面我们来介绍两种常见灭火器的使用方法：

1. 泡沫灭火器

泡沫灭火器是一种常见灭火器。泡沫灭火器的原理及适用范围：它通过筒体内酸性溶液与碱性溶液混合发生化学反应，将生成的泡沫通过喷嘴喷射出去。它除了用于扑救一般固体物质火灾外，还能扑救油类等可燃液体火灾，但不能扑救带电设备和醇、酮、酯、醚等有机溶剂引起的火灾。泡沫灭火器的使用方法如下所示：

（1）右手握着压把，左手托着灭火器底部，轻轻地取下灭火器（见图 a）。

（2）用右手提着灭火器筒上面的提手，迅速到达火灾现场（见图 b）。

（3）在距离着火点 5 米处，将灭火器放置在地上，双腿一前一后蹲下，用右手握住灭火器喷嘴（喷嘴朝向着火处），左手执筒底边缘（见图 c）。

（4）站立起身，把灭火器颠倒过来呈垂直状态，用劲上下晃动几下，喷嘴对准着火点，然后放开喷嘴（见图 d）。

（5）右手抓筒耳，左手抓筒底边缘，把喷嘴朝向燃烧区，站在离火源 8 米的地方喷射，并不断前进，兜围着火焰喷射，直至把火扑灭（见图 e）。

（6）灭火后，把灭火器卧放在地上，喷嘴朝下（见图 f）。

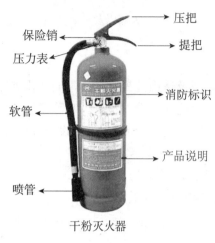

压把

保险销

提把

压力表

消防标识

软管

产品说明

喷管

干粉灭火器

2. 干粉灭火器

干粉灭火器是一种在消防中应用广泛的灭火器，除扑救金属火灾的专用干粉化学灭火剂外，干粉灭火剂一般分为 BC 干粉（碳酸氢钠）灭火剂和 ABC 干粉（磷酸铵盐）灭火剂两大类。一是靠干粉中无机盐的挥发性分解物，与燃烧过程中燃料所产生的自由基或活性基团发生化学抑制和负催化作用，使燃烧的链反应中断而灭火；二是靠干粉的粉末落在可燃物表面外，发生化学反应，并在高温作用下形成一层玻璃状覆盖层，从而隔绝氧，进而窒息灭火。另外，还有部分稀释氧和冷却的作用。干粉灭火器的使用方法如下所示：

（1）右手握着压把，左手托着灭火器底部，轻轻取下灭火器（见图 A）。

（2）右手提着灭火器到现场（见图 B）。

（3）除掉铅封（见图 C）。

（4）拔掉保险销（见图 D）。

（5）左手握着喷管，右手提着压把（见图 E）。

（6）在距离火焰 2 米的地方，右手用力压下压把，左手拿着喷管左右摇动，喷射干粉覆盖整个燃烧区（见图 F）。

实用消防安全知识集锦

火的形成需要 3 个条件——可燃物、空气、火源，三者缺一火就无法形成。预防火灾要明确：

一、"三要"

（1）要熟悉自己住所的环境。

（2）要遇事保持沉着冷静。

（3）要警惕毒烟的侵害。

二、"三救"

（1）选择逃生通道"自救"。

（2）结绳下滑"自救"。

（3）向外界"求救"。

三、"三不"

（1）不乘坐普通电梯。

（2）不轻易跳楼。

（3）不贪恋财物。

四、家庭防火应做到"五要五不要"

（一）"五要"

（1）要养成良好的火源管理习惯，学习防火知识，强化防火意识，宣传防火的重要性，家庭备有小型灭火器。

（2）要教育小孩不要玩火，不要玩弄带电设备。

（3）要及时关闭电源开关及燃气阀门；外出、睡前要熄灭室内火种。

（4）要经常检查家用电器是否接触良好，有无老化、漏电现象，电器周围不放置可燃物，及时更换破损电源线，以免引起电源短路失火。

（5）要确保走道、楼梯的畅通，不要在楼层通道和安全出口处堆物、封堵。

（二）"五不要"

（1）不要乱拉乱接电线，不在同一个插线板上使用多个大功率电器。

（2）不要用明火寻找物品和查漏燃气。

（3）不要把点燃的蜡烛和蚊香放在床沿和靠近窗帘处。

（4）不要在室内焚烧物品。

（5）不要在居民楼内及靠近外墙部位为电动车充电。

五、电动自行车四个"绝不允许"

（1）绝不允许从非法渠道购买电动自行车及电瓶。

（2）绝不允许私自改装电动自行车。

（3）绝不允许在不合规场所停放电动自行车。

（4）绝不允许电动自行车在宿舍或教室等公共空间停放、充电。

■ 遇到火灾时要沉着、冷静，迅速且正确逃生，不乘坐电梯、不盲目跳楼、不贪恋财物，更不能返回火场拿取财物。

遇到火灾时沉着、冷静，　　　不乘坐电梯　　　不贪恋财物　　　不盲目跳楼
迅速且正确逃生

■ 如遇浓烟密布疏散通道时，应返回家中固守待援，不可强行逃生。必须穿过浓烟逃生时，尽量用浸湿的衣物保护头部和身体，捂住口鼻，弯腰低姿前行。

返回家中固守待援　　　用浸湿的衣物　　　捂住口鼻，
保护头部和身体　　　弯腰低姿前行

■ 大火封门无法逃生时，可用浸湿的毛巾、衣物等堵塞门缝，向迎火门窗浇水降温，防止有毒烟气侵入，并通过拨打电话或在阳台、窗口大声呼喊、照射手电等发出求救信号，等待救援。

用浸湿的毛巾、　　　向迎火门窗浇水降温　　　在阳台大声呼喊
衣物等堵塞门缝　　　防止有毒烟气侵入　　　等待救援

■ 如果火已及身，可自行就地打滚或用厚重衣物覆盖，压灭火苗，迅速逃生。

身上着火就地打滚　　　用厚重衣物覆盖压灭火苗

第五章

交通安全

★★★★★

宁让三分，不抢一秒。

平安出行，安全第一。

道路千万条，安全第一条。

导 读

近些年来，大学生违章驾驶机动车造成的事故频发，特别是无证驾驶、驾驶无牌摩托车、骑车不戴头盔已成为交通安全的重大隐患。以山东某地大学科技园9所高校为例，学生无证、无牌、不戴头盔的违章驾驶行为和由此引发的交通事故比比皆是，违章驾驶者轻则被撞伤致残，重则变成植物人，甚至失去宝贵的生命。有一所高校已发生过3起学生在校外马路上遭遇单方交通事故的悲剧。如今，该大学科技园有些高校门口依然能看到一些无牌摩托车停在那里，不时还会看到带人超载的摩托车在马路上飞速行驶。

随着"共享经济"的发展，继"共享单车"后，"共享汽车"卷起了一阵旋风，正在快速进入人们的生活。"共享汽车"商家为盈利最大化，在车型、维护、保险等环节均压缩成本，一定程度上导致车辆故障率高，事故频发。而大学生驾驶员大多数为新手，驾驶不熟练，安全意识淡薄，这大大增加了安全隐患。

要 点

1. 掌握基本的交通安全法规及道路交通标志的含义。

2. 了解造成大学生交通事故的原因；在发生交通事故时，能够运用所学知识维护自己的合法权益。

模块一　案例学习
★★★★★

案例 1

无证超速驾驶无牌机动车引发的事故

2008 年 10 月 30 日 21 时左右，某高校结束了实习晚班的王某、姜某两人，借同班同学的踏板燃油摩托车私自出校兜风。约 22 时 40 分，在经由商业街返回学校瓦特路段由南向西转弯途中，在没有酗酒及其他情况下因超速行驶和驾驶操作技术不当，摩托车撞向路边路灯架杆，两名学生头部均受到严重撞击，当场身亡。后经公安交警部门调查认定，这是一起无证驾驶单方交通事故。

案例简析

事故当事人思想麻痹、不遵守交通规则、缺乏交通安全常识，同时缺乏驾驶经验，自我保护意识薄弱。二人在超速的情况下，由于驾驶摩托车操作不当发生意外。我们在平常生活中必须杜绝侥幸心理，千万不能麻痹大意，拿生命当儿戏。

法规链接

《中华人民共和国道路交通安全法》

第十九条第一款　驾驶机动车，应当依法取得机动车驾驶证。

第九十条　机动车驾驶人违反道路交通安全法律、法规关于道路通行规定的，处警告或者二十元以上二百元以下罚款。本法另有规定的，依照规定处罚。

第九十九条　有下列行为之一的，由公安机关交通管理部门处二百元以上二千元以下罚款：

（一）未取得机动车驾驶证、机动车驾驶证被吊销或者机动车驾驶证被暂扣期间驾驶机动车的；

（二）将机动车交由未取得机动车驾驶证或者机动车驾驶证被吊销、暂扣的人驾驶的；

（三）造成交通事故后逃逸，尚不构成犯罪的；

（四）机动车行驶超过规定时速百分之五十的；

（五）强迫机动车驾驶人违反道路交通安全法律、法规和机动车安全驾驶要求驾驶机动车，造成交通事故，尚不构成犯罪的；

（六）违反交通管制的规定强行通行，不听劝阻的；

（七）故意损毁、移动、涂改交通设施，造成危害后果，尚不构成犯罪的；

（八）非法拦截、扣留机动车辆，不听劝阻，造成交通严重阻塞或者较大财产损失的。

行为人有前款第二项、第四项情形之一的，可以并处吊销机动车驾驶证；有第一项、第三项、第五项至第八项情形之一的，可以并处十五日以下拘留。

友情提醒

严禁学生违法驾驶"无牌、无证、私自改装"的摩托车；严禁无证驾驶机动车辆；严禁违反交通规则，超速行驶；严禁学生驾驶燃油机动车进校园；加强学生交通安全教育，增强安全意识，充分意识到交通事故会给自己及他人带来莫大的伤害。

思考讨论

我们平时驾驶机动车（摩托车）有哪些不规范的地方？该怎样改正？

案例 2

新手驾驶引发交通事故

2015 年 3 月，济南某高校一女教师下班驾驶机动车回家，在学校门口时，操作不当，错将油门当刹车，在强大的惯性作用下撞向了该校同向行走的一名女生，直至将其顶到学校保卫室才停住，被撞女生经抢救无效死亡。后经民警调查，该女教师刚领驾驶证不足一个月，尚处在实习期内。

案例简析

近年来，人们学习驾驶机动车的热情高涨，大多数驾驶员驾车时间短、经验少。遇到紧急情况时，缺乏处理经验，手忙脚乱，极易发生事故。

学生上下学高峰期由于自身疏忽、嬉戏打闹，不注意周边行驶车辆，也极易引发交通事故。我们在正常行走的情况下也要注意周边的交通状况，防止别人因违章操作而对我们的生命安全造成伤害。

法规链接

《中华人民共和国道路交通安全法》

第二十一条 驾驶人驾驶机动车上道路行驶前，应当对机动车的安全技术性能进行认真检查；不得驾驶安全设施不全或者机件不符合技术标准等具有安全隐患的机动车。

第三十五条　机动车、非机动车实行右侧通行。

第三十六条　根据道路条件和通行需要，道路划分为机动车道、非机动车道和人行道的，机动车、非机动车、行人实行分道通行。没有划分机动车道、非机动车道和人行道的，机动车在道路中间通行，非机动车和行人在道路两侧通行。

第四十七条　机动车行经人行横道时，应当减速行驶；遇行人正在通过人行横道，应当停车让行。

机动车行经没有交通信号的道路时，遇行人横过道路，应当避让。

《中华人民共和国道路交通安全法实施条例》

第二十二条　机动车驾驶证的有效期为 6 年，本条例另有规定的除外。

机动车驾驶人初次申领机动车驾驶证后的 12 个月为实习期。在实习期内驾驶机动车的，应当在车身后部粘贴或者悬挂统一式样的实习标志。

第六十七条　在单位院内、居民居住区内，机动车应当低速行驶，避让行人；有限速标志的，按照限速标志行驶。

第八十九条　公安机关交通管理部门或者交通警察接到交通事故报警，应当及时赶赴现场，对未造成人身伤亡，事实清楚，并且机动车可以移动的，应当在记录事故情况后责令当事人撤离现场，恢复交通。对拒不撤离现场的，予以强制撤离。

对属于前款规定情况的道路交通事故，交通警察可以适用简易程序处理，并当场出具事故认定书。当事人共同请求调解的，交通警察可以当场对损害赔偿争议进行调解。

对道路交通事故造成人员伤亡和财产损失需要勘验、检查现场的，公安机关交通管理部门应当按照勘查现场工作规范进行。现场勘查完毕，应当组织清理现场，恢复交通。

友情提醒

有些大学的交通安全设施建设相对滞后，甚至在某些人流高峰路口没有设置减速带。大学生在上下学高峰时段，一定要按照交通规则靠右行走。不准成群结队在马路上并排行走，更不能在马路上打闹、溜旱冰或者进行体育活动。要随时注意周边的交通状况，切勿与车辆抢行。

思考讨论

常见的电动自行车算机动车吗？你所在的学校周边的交通安全设施完善吗？

案例 3

大学校园里的汽车漂移

2015 年 9 月 18 日晚 9 点 40 分，山东某高校操场发生惊魂一幕：一辆白色现代轿车在操场玩漂移失控，撞到台阶上的一名大一女生，导致这位 18 岁的女孩右腿骨折，左腿截肢。事发第二天，该校园内又发生了一起轻微车祸。

案例简析

操场是学生运动休闲的地方，由于学校没有对进入校园的机动车实施有效的管理，同时机动车驾驶人未按相关法律、法规在规定道路文明规范驾驶机动车，进而引发惨案。当校园内禁止机动车驶入的道路上出现机动车辆时，我们要积极联系学校安保处保障自身的人身安全。

法规链接

《中华人民共和国道路交通安全法》

第二十二条第一款　机动车驾驶人应当遵守道路交通安全法律、法规的规定，按照操作规范安全驾驶、文明驾驶。

《中华人民共和国道路交通安全法实施条例》

第六十七条　在单位院内、居民居住区内，机动车应当低速行驶，避让行人；有限速标志的，按照限速标志行驶。

《中华人民共和国刑法》

第一百三十三条（交通肇事罪）　违反交通运输管理法规，因而发生重大事故，致人重伤、死亡或者使公私财产遭受重大损失的，处三年以下有期徒刑或者拘役；交通运输肇事后逃逸或者有其他特别恶劣情节的，处三年以上七年以下有期徒刑；因逃逸致人死亡的，处七年以上有期徒刑。

第一百三十三条之一（危险驾驶罪）　在道路上驾驶机动车，有下列情形之一的，处拘役，并处罚金：

（一）追逐竞驶，情节恶劣的；

（二）醉酒驾驶机动车的；

（三）从事校车业务或者旅客运输，严重超过额定乘员载客，或者严重超过规定时速行驶的；

（四）违反危险化学品安全管理规定运输危险化学品，危及公共安全的。

机动车所有人、管理人对前款第三项、第四项行为负有直接责任的，依照前款的规定处罚。

有前两款行为，同时构成其他犯罪的，依照处罚较重的规定定罪处罚。

友情提醒

维护校园交通安全，保障每个大学生的生命权益不受侵犯，是每所学校义不容辞的责任与义务。当交通安全隐患出现时，要积极向学校或者有关交管部门反映情况并督促其进行改善。

🖊 思考讨论

你所在的学校的机动车管理是否规范？面对活动、生活场所等机动车禁行区域的机动车驾驶行为，你有没有及时制止或者向学校反映？

案例 4

过马路低头玩手机引发事故

2019 年 3 月，山东某高校学生李某在过马路时低头玩手机，未注意交通信号灯的变化，被一辆正常通行的汽车撞倒，导致右腿骨折。交警经过实地调查和查看监控录像得出结论，李某过马路时看手机、闯红灯，是导致事故发生的主要原因。

🔍 案例简析

经调查了解，这位被撞的学生李某边过马路边玩竞技游戏，过于沉浸在游戏中，对道路的观察力骤降为零，不知不觉间路线已偏向了马路中央，而汽车司机通过路口时并未减速，发现李某时已避让不及，这才导致了这起事故的发生。

📖 法规链接

《中华人民共和国道路交通安全法》

第四十二条　机动车上道路行驶，不得超过限速标志标明的最高时速。在没有限速标志的路段，应当保持安全车速。

夜间行驶或者在容易发生危险的路段行驶，以及遇有沙尘、冰雹、雨、雪、雾、结冰等气象条件时，应当降低行驶速度。

第四十四条　机动车通过交叉路口，应当按照交通信号灯、交通标志、交通标线或者交通警察的指挥通过；通过没有交通信号灯、交通标志、交通标线或者交通警察指挥的交叉路口时，应当减速慢行，并让行人和优先通行的车辆先行。

第四十七条　机动车行经人行横道时，应当减速行驶；遇行人正在通过人行横道，应当停车让行。

机动车行经没有交通信号的道路时，遇行人横过道路，应当避让。

第六十一条　行人应当在人行道内行走，没有人行道的靠路边行走。

第六十二条　行人通过路口或者横过道路，应当走人行横道或者过街设施；通过有交通信号灯的人行横道，应当按照交通信号灯指示通行；通过没有交通信号灯、人行横道的路口，或者在没有过街设施的路段横过道路，应当在确认安全后通过。

第八十九条　行人、乘车人、非机动车驾驶人违反道路交通安全法律、法规关于道路通行规定的，处警告或者五元以上五十元以下罚款；非机动车驾驶人拒绝接受罚款处罚的，可以扣留其非机动车。

第九十条　机动车驾驶人违反道路交通安全法律、法规关于道路通行规定的，处警告或者二十元以上二百元以下罚款。本法另有规定的，依照规定处罚。

友情提醒

过马路时应"眼观六路、耳听八方"，为了自己和他人的安全，要将注意力集中在对路面的观察上，低头玩手机、听歌等行为都会分散注意力，容易引发交通事故。请大家对自己的生命负责，在过马路时避免低头玩手机、听歌等行为。

思考讨论

低头玩手机除了容易引发交通事故，还有哪些危害？

案例 5

借同学账号租用"共享汽车"引发的交通事故

2017 年 4 月，成都某高校学生张某由于驾照被扣 12 分，借用同学账号租用了一辆"盼达"共享汽车，在高新区天晖路时代晶科名苑东门行车时发生交通事故。这辆共享汽车将位于车后的二人撞倒，其中一人当场死亡，另外一人膝盖粉碎性骨折。后经公安交警部门认定，张某对该事故负全责，而其同学因未尽到审慎责任，承担连带赔偿责任。

案例简析

本案中张某驾照 12 分早已全部扣完，按照法律规定将不能再驾驶车辆，但其通过借用他人账号却顺利租用了共享汽车，可见，共享汽车平台在对驾驶人的资格审核上还存在漏洞，同时共享汽车企业为了节约成本，车辆往往不能及时保养，配置较低，缺少倒车影像、行车记录仪，商业险保额较低，发生事故时不能很好地保障驾驶人的人身安全和财产安全。

法规链接

《中华人民共和国道路交通安全法》

第十九条　驾驶机动车，应当依法取得机动车驾驶证。

申请机动车驾驶证，应当符合国务院公安部门规定的驾驶许可条件；经考试合格后，由公安机关交通管理部门发给相应类别的机动车驾驶证。

持有境外机动车驾驶证的人，符合国务院公安部门规定的驾驶许可条件，经公安机关交通管理部门考核合格的，可以发给中国的机动车驾驶证。

驾驶人应当按照驾驶证载明的准驾车型驾驶机动车；驾驶机动车时，应当随身携带机动车驾驶证。

公安机关交通管理部门以外的任何单位或者个人，不得收缴、扣留机动车驾驶证。

第二十四条　公安机关交通管理部门对机动车驾驶人违反道路交通安全法律、法规的行为，除依法给予行政处罚外，实行累积记分制度。公安机关交通管理部门对累积记分达到规定分值的机动车驾驶人，扣留机动车驾驶证，对其进行道路交通安全法律、法规教育，重新考试；考试合格的，发还其机动车驾驶证。

对遵守道路交通安全法律、法规，在一年内无累积记分的机动车驾驶人，可以延长机动车驾驶证的审验期。具体办法由国务院公安部门规定。

第七十六条　机动车发生交通事故造成人身伤亡、财产损失的，由保险公司在机动车第三者责任强制保险责任限额范围内予以赔偿；不足的部分，按照下列规定承担赔偿责任：

（一）机动车之间发生交通事故的，由有过错的一方承担赔偿责任；双方都有过错的，按照各自过错的比例分担责任。

（二）机动车与非机动车驾驶人、行人之间发生交通事故，非机动车驾驶人、行人没有过错的，由机动车一方承担赔偿责任；有证据证明非机动车驾驶人、行人有过错的，根据过错程度适当减轻机动车一方的赔偿责任；机动车一方没有过错的，承担不超过百分之十的赔偿责任。

第九十九条　有下列行为之一的，由公安机关交通管理部门处二百元以上二千元以下罚款：

（一）未取得机动车驾驶证、机动车驾驶证被吊销或者机动车驾驶证被暂扣期间驾驶机动车的；

（二）将机动车交由未取得机动车驾驶证或者机动车驾驶证被吊销、暂扣的人驾驶的；

（三）造成交通事故后逃逸，尚不构成犯罪的；

（四）机动车行驶超过规定时速50%的；

（五）强迫机动车驾驶人违反道路交通安全法律、法规和机动车安全驾驶要求驾驶机动车，造成交通事故，尚不构成犯罪的；

（六）违反交通管制的规定强行通行，不听劝阻的；

（七）故意损毁、移动、涂改交通设施，造成危害后果，尚不构成犯罪的；

（八）非法拦截、扣留机动车辆，不听劝阻，造成交通严重阻塞或者较大财产损失的。

行为人有前款第二项、第四项情形之一的，可以并处吊销机动车驾驶证；有第一项、第三项、第五项至第八项情形之一的，可以并处15日以下拘留。

友情提醒

在租用共享汽车时要按照行车规范，对车辆性能进行全面检查，同时要仔细阅读租赁协议，合法保障自己的权益，驾驶车辆时要依法依规文明驾驶。

思考讨论

你学校周边的共享汽车是否有保养记录？共享汽车租赁协议与自身权益相关的条款有哪些？其商业第三者责任险的额度是多少？

案例 6

乘坐"黑出租"引起的事故纠纷

2018 年 3 月，某高校学生孙某等 4 人以每人 2 元的价格乘坐校门口"黑出租"面包车到大学城商业街购物。车辆行驶到大学路附近时，司机闯红灯与其他车辆相撞，4 人不同程度受伤。后来交警调查该车已达到报废标准，保险已脱审一年多。孙某等 4 人的经济赔偿也陷入了困境。

案例简析

在大学城周边有不少"黑出租"出没。买辆私家车，不办任何手续，只要到市场上买个"出租"牌子放到车顶，就开始揽客。许多"黑出租"司机没有经过正规的客运培训，素质普遍较低。"黑出租"司机追求利益，缺乏安全意识，易发生交通事故。其次，有的"黑出租"车况较差，很多车辆没有购买全额保险，一旦发生交通事故，赔偿能力有限，无法保障乘客的合法权益。还有的"黑出租"存在套牌、报废等问题，有严重的安全隐患。若市民乘坐"黑出租"利益受损，维权将无保障。此外，近年来，"黑出租"侵害乘客的犯罪案件也时有发生。

法规链接

《中华人民共和国道路交通安全法》

第一百条　驾驶拼装的机动车或者已达到报废标准的机动车上道路行驶的，公安机关交通管理部门应当予以收缴，强制报废。

对驾驶前款所列机动车上道路行驶的驾驶人，处二百元以上二千元以下罚款，并吊销机动车驾驶证。

出售已达到报废标准机动车的，没收违法所得，处销售金额等额的罚款，对该机动车依照本条第一款的规定处理。

《中华人民共和国道路运输条例》

第三十九条　申请从事道路运输站（场）经营和机动车驾驶员培训业务的，应当在依法向工商行政管理机关办理有关登记手续后，向所在地县级道路运输管理机构提出申请，并分别附送符合本条例第三十六条、第三十八条规定条件的相关材料。县级道路运输管理机构应当自受理申请之日起 15 日内审查完毕，作出许可或者不予许可的决定，并书面通知申请人。

从事机动车维修经营业务的，应当在依法向工商行政管理机关办理有关登记手续后，向所在地县级道路运输管理机构进行备案，并附送符合本条例第三十七条规定条件的相关材料。

第六十三条　违反本条例的规定，未取得道路运输经营许可，擅自从事道路运输经营的，由县级以上道路运输管理机构责令停止经营；有违法所得的，没收违法所得，处违法所得 2 倍以上 10 倍以下的罚款；没有违法所得或者违法所得不足 2 万元的，处 3 万元以上 10 万元以下的罚款；构成犯罪的，依法追究刑事责任。

《中华人民共和国民法典》

第一千一百六十五条　行为人因过错侵害他人民事权益造成损害的，应当承担侵权责任。

依照法律规定推定行为人有过错，其不能证明自己没有过错的，应当承担侵权责任。

第一千一百七十九条　侵害他人造成人身损害的，应当赔偿医疗费、护理费、交通费、营养费、住院伙食补助费等为治疗和康复支出的合理费用，以及因误工减少的收入。造成残疾的，还应当赔偿辅助器具费和残疾赔偿金；造成死亡的，还应当赔偿丧葬费和死亡赔偿金。

第一千二百一十七条　非营运机动车发生交通事故造成无偿搭乘人损害，属于该机动车一方责任的，应当减轻其赔偿责任，但是机动车使用人有故意或者重大过失的除外。

友情提醒

"黑出租"没有从事营运的资格，很多存在超载的现象，与正规出租车相比，存在很大的安全隐患。对于"黑出租"，一旦发生交通事故，保险公司往往也会拒绝赔付，损失只能由乘客自行承担。因此，大家日常出行请勿乘坐"黑出租"，应选择正规营运的车辆。

思考讨论

作为一名大学生，你有没有贪便宜乘坐过学校周边的"黑出租"？学校有没有将正规出租车引入校园，进行统一规范管理？

案例 7

行人横穿马路引发事故

2016 年 1 月 21 日晚 6 时左右，济南晚高峰的经十路车水马龙，市民钟某驾驶车牌为鲁 A385××的轿车，自东往西以大约 40 千米的时速沿着经十路行驶到段店立交桥兴济河桥路段掉头口处，将准备横穿马路到对面公交站台的孟女士撞飞。孟女士头部着地，颅脑损伤，经抢救不治身亡。据悉，事故发生点距离斑马线仅 30 米远。

案例简析

该交通事故位置是事故易发点，因为两侧有公交站台，马路中间恰好有个掉头口，经常发生行人不走斑马线，而从掉头口穿行的现象。事发时天色较暗，恰值下班高峰期。孟女士为了少走几步路而横穿马路，引发了这起本可避免的交通事故。值得注意的是，就在事发前三周，同一个地点发生过同样的夺命车祸。

法规链接

《中华人民共和国道路交通安全法》

第六十一条　行人应当在人行道内行走，没有人行道的靠路边行走。

第六十二条　行人通过路口或者横过道路，应当走人行横道或者过街设施；通过有交通信号灯的人行横道，应当按照交通信号灯指示通行；通过没有交通信号灯、人行横道的路口，或者在没有过街设施的路段横过道路，应当在确认安全后通过。

第八十九条　行人、乘车人、非机动车驾驶人违反道路交通安全法律、法规关于道路通行规定的，处警告或者五元以上五十元以下罚款；非机动车驾驶人拒绝接受罚款处罚的，可以扣留其非机动车。

第一百零七条　对道路交通违法行为人予以警告、二百元以下罚款，交通警察可以当场作出行政处罚决定，并出具行政处罚决定书。

行政处罚决定书应当载明当事人的违法事实、行政处罚的依据、处罚内容、时间、地点以及处罚机关名称，并由执法人员签名或者盖章。

友情提醒

可变车道的设计本是为了利用路口空间提高车辆通行效率，可有些行人为了抄近道，把可变车道掉头口当成过街人行道，存在很大的安全隐患。同时，按照《中华人民共和国道路交通安全法》的规定，可以对不走斑马线过马路的行人处以警告或者罚款 10 元的处罚。

思考讨论

你对案例中这种为了少走几步路反而丢了性命的行为怎么看？

案例 8

共享电动自行车引发的事故纠纷

2020 年 11 月，山东某高校学生李某驾驶校门口共享电动自行车，与一辆轻型普通货车发生了碰撞，造成李某右小腿骨折，头部脑震荡，据悉李某在驾驶该共享电动自行车时未佩戴头盔。在事故责任认定上，货车司机对李某驾驶的车辆提出异议。经检测，李某所骑的涉案电动自行车为非国标电动车且未按规定悬挂临时过渡车牌，李某承担本次事故的部分责任。

案例简析

本案中，涉事共享电动自行车经鉴定属于机动车范畴，李某在驾驶该车辆时未佩戴头盔并且没有获得准驾车型的相关驾驶资格，依据《中华人民共和国道路交通安全法》的相关规定，李某承担事故的部分责任。

法规链接

2019 年 4 月 15 日，国家市场监督管理总局、国家标准化管理委员会新修订的《电动自行车安全技术规范》正式实施，新国标规定驾驶电动自行车需具备脚踏骑行能力，整车质量禁止超过 55 千克，最高时速不超过 25 千米/小时。此外，新国标还对电动自行车的电动功率、蓄电池电压、防篡改、防火阻燃性能、充电器保护等方面做出了具体的技术要求。

2020 年 6 月，济南市发布《关于实施驾乘电动自行车佩戴安全头盔管理措施的通告》，积极鼓励电动自行车驾乘人员佩戴安全头盔（电动自行车只准搭载一名十二周岁以下的人员），对未佩戴安全头盔的电动自行车驾乘人员，公安机关交通管理部门将对其进行交通安全教育。

《中华人民共和国道路交通安全法》第一百一十九条中解释了下列用语的含义：

（一）"道路"，是指公路、城市道路和虽在单位管辖范围但允许社会机动车通行的地方，包括广场、公共停车场等用于公众通行的场所。

（二）"车辆"，是指机动车和非机动车。

（三）"机动车"，是指以动力装置驱动或者牵引，上道路行驶的供人员乘用或者用于运送物品以及进行工程专项作业的轮式车辆。

（四）"非机动车"，是指以人力或者畜力驱动，上道路行驶的交通工具，以及虽有动力装置驱动但设计最高时速、空车质量、外形尺寸符合有关国家标准的残疾人机动轮椅车、电动自行车等交通工具。

（五）"交通事故"，是指车辆在道路上因过错或者意外造成的人身伤亡或者财产损失的事件。

《机动车类型 术语和定义》（GA 802—2014）中，机动车（motor vehicle）是以动力装置驱动或者牵引，上道路行驶的供人员乘用或者用于运送物品以及进行工程专项作业的轮式车辆，包括汽车及汽车列车、摩托车、轮式专用机械车、挂车、有轨电车、特型机动车和上道路行驶的拖拉机，但不包括虽有动力装置但最大设计车速、整备质量、外廓尺寸符合有关国家标准的残疾人机动轮椅车、电动自行车。

结合《电动自行车通用技术条件》以及《机动车运行安全技术条件》对于电动自行车以及摩托车的规定，时速 25 km/h 以下且车重不大于 55 kg 的判定为非机动车，而最高设计时速在 25～50 km/h 之间且车重大于 55 kg 的判定为轻便摩托车，最高设计时速大于 50 km/h 的统统判定为摩托车。

友情提醒

根据电动自行车的最新质量标准，全国 90% 以上的电动车都属于机动车范畴，而高校附近的共享电动车更是都属于机动车范畴且未悬挂号牌和配备头盔，大学生在使用共享电动车时要依法依规正确使用。

思考讨论

学校附近的共享电动车是否按照规定悬挂车牌？使用共享电动车需要车辆和驾驶员具备哪些条件？非新国标的电动自行车什么时候不允许上路行驶？

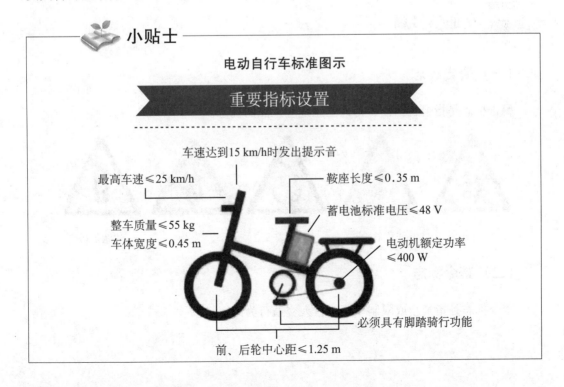

小贴士

电动自行车标准图示

重要指标设置

车速达到15 km/h时发出提示音

最高车速≤25 km/h

鞍座长度≤0.35 m

蓄电池标准电压≤48 V

整车质量≤55 kg
车体宽度≤0.45 m

电动机额定功率≤400 W

必须具有脚踏骑行功能

前、后轮中心距≤1.25 m

国内的电动两轮车标准将形成由电动自行车、电动轻便摩托车、电动摩托车构成的技术体系。要知道，摩托车是机动车属性，而电动车却是非机动车属性，而新国标就是要将电动车拉回到非机动车属性的轨道上来。

模块二　理论探究
★★★★★

第一节　大学生交通安全常识

在各个大学中普遍存在这样一种情况，许多大学生只重视文化课程的学习，很少主动学习和关心交通安全知识，尤其对交通标志的了解也只是停留在"红灯停、绿灯行"的基础上。大学生在闲暇时因购物、观光、访友等到市区活动，这些地方往往车流量大、行人多，各种交通标志令人眼花缭乱。与校园相比，交通状况要复杂很多。若缺乏通行经验，发生交通事故的概率就比较大。

大学生作为道路交通的参与者普遍缺乏安全意识，需要掌握一些基本的交通安全常识。

一、交通信号篇

（一）警告标志

警告标志是指警告车辆、行人注意危险地点的标志。

　注意儿童　　　注意危险　　　环形交叉　　　慢行　　　注意信号灯

（二）禁令标志

禁令标志是指禁止或限制车辆、行人交通行为的标志。

| 禁止驶入 | 禁止非机动车通行 | 禁止二轮摩托车通行 | 限制速度 | 减速让行 |

（三）指示标志

指示标志是指指示车辆、行人行进的标志。

| 步行 | 人行横道 | 非机动车车道 | 靠右侧道路行驶 |

（四）指路标志

指路标志是指传递道路方向、距离信息的标志。

| 残疾人专用设施 | 事故易发点 | 连续下坡 |

（五）其他标志

除了上述几类标志以外，还有如下常见标志。

| 徒步 | 事故 | 前方施工 | 停车场 |

二、行走篇

（1）行人行走必须在人行道内，没有人行道的要靠道路右边行走，严禁横穿马路、翻越护栏。

（2）必须遵守指挥信号、人行横道灯信号的规定，即"红灯停、绿灯行、黄灯闪烁等一等"。

（3）严禁在行车道上追逐打闹、玩耍嬉戏，在车辆临近时切忌猛拐抢道、突然横穿。

（4）不准在道路上扒车、追车、强行拦车、抛物击车，或在道路上躺卧、纳凉、聚众围观等。

（5）严禁在高速路上行走，学龄前儿童在街道或者公路上行走要有成年人带领。

（6）不准迫使、纵容他人违反交通法规，同时对任何人违反交通法规都有劝阻和控告的权利。

三、乘车篇

（1）不准在道路中间招呼车辆，机动车在行驶中不准将身体的任何部位伸出窗外。

（2）不强行上下车，做到先下后上，候车要排队，按秩序上车；下车后要等车辆开走后再行走，如要穿越马路，一定要确保在安全的情况下穿行。

（3）乘车时严禁携带易燃、易爆物品。

（4）不乘坐超载车辆，不乘坐无载客许可证、运营证的车辆。

四、驾车篇

（1）骑自行车拐弯前须减速慢行，向后张望，伸手示意，不准突然拐弯；不准双手离把，不准攀扶其他车辆或手中持物。

（2）骑自行车不准撑伞骑车，不准骑车带人，不准在公路上学骑车，尤其在骑车时不要双手离把。

（3）骑自行车不准在机动车道上停车或与机动车争道抢行。

（4）驾驶机动车须持有机动车驾驶证，且与准驾车型相符，严禁酒驾、毒驾、疲劳驾驶。

 **案例警醒**

机车特技酿成的悲剧

济南长清大学科技园某高校学生李某放假期间驾驶摩托车在公路上高速行驶过程中，试图为同学表演"飞车绝技"。由于操作不当，车辆失控，自己倒向了马路路牙，身受重伤。据了解，李某是一名摩托车爱好者，经常在网上观看摩托车特技，事故当天驾驶摩托车时并没有穿戴相关护具（头盔、护膝等），且本人并没有取得机动车驾驶证。李某淡薄的安全意识造成了一起重大的交通事故。

━━━ 🔍📖 **特别提醒** ━━━━━━━━━━━━━━━━━━━━━━

　　大学生在驾驶摩托车的时候，一定要持有符合准驾车型的驾驶证并做好防护措施。在行驶过程中要保持专注，不接打手机，注意行人及各种交通标志，不开"逞强车""斗气车"，时刻把生命安全放在第一位。

第二节　大学生常见交通事故类型

　　随着高校改革的不断深入，尤其是大学城的建立，高校与社会的交流越来越频繁，校园内外车流、人流剧增，校园内私家车、摩托车、自行车比比皆是，但是高校交通设施的建设与管理远远滞后于高校的发展。一般校园内道路狭窄、弯道较多，交叉口没有信号灯，校园安保疏于交通管理，上下课和放学极易形成人流高峰，使得校园交通环境更加复杂，大学生交通事故发生率不断上升。常见的交通事故类型主要有以下四种。

一、与机动车发生交通事故

　　这类交通事故中发生意外的大学生有的是在马路上骑自行车，有的是在步行过马路或者在人行道上行走，有的是在车站候车。这些发生意外的大学生，有的要承担一部分责任，如骑车违章带人、闯红灯、逆行、过马路不走人行横道、在校园道路上嬉戏打闹、在马路上玩手机低头行走等。有些事故则是机动车驾驶员违章造成的，如学生在绿灯放行的情况下被闯红灯的车辆碰撞，在校园道路上被不按限速要求行驶的车辆碰撞，在车站站台候车被酒后驾车的车辆碰撞等。

二、与非机动车发生交通事故

　　这类事故一般发生在校园内，随着高校扩建，大学生一般都选择骑自行车或电动自行车往来于宿舍楼与教学楼之间。有的大学生认为校园内没有红绿灯，可以不分左右车道，骑车较快或随意骑行，而大部分学生的车辆都是高年级淘汰下来的二手自行车，车况较差，有的甚至没有刹车，在上学、放学高峰期极易发生交通事故。

三、乘坐汽车发生交通事故

　　大学生因乘坐汽车发生交通事故并不鲜见，甚至造成群死、群伤事件，教训惨痛。

这类交通事故的发生主要与大学生集体外出旅游有关。有的大学生出行疏于安全考虑，贪图便宜乘坐校外"黑出租"，这类车辆往往不按时年审，车况较差且驾驶员往往不按规定行驶，超载现象严重，极易发生交通事故。

四、驾驶机动车发生交通事故

大学生拥有驾驶证的不在少数，有车的大学生也大有人在。持有驾驶证的大学生大多是取得驾驶证不久，驾车时间短、经验少，遇到紧急情况，缺乏处理经验，手忙脚乱，容易发生事故。最近几年甚至发生了大学生酒后驾驶机动车，致使翻车，造成驾驶人和乘车人死亡的事故。有的大学生无证驾驶无牌照摩托车，并在后座上带人，因驾驶技术不过关，导致交通伤亡事故。

第三节 大学生交通安全事故原因分析

交通事故是人、车、路、环境、管理、法制等多种因素共同作用的结果。大学生发生交通事故的原因，可以归纳为主观因素和客观因素两个方面：主观因素主要包括交通法律知识匮乏、交通安全意识淡薄、交通规则自觉性差、驾驶员操控不当等；客观因素主要包括交通设施条件落后、车辆机械性能差、法律法规处罚力度轻等。

一、安全意识薄弱

（1）手机低头族：随着生活节奏的加快，手机在人们的生活中扮演着不可或缺的角色，大学生在校园道路乃至地铁站台经常低头玩手机，不注意来往车辆。

（2）摩托车特技：大学生处在青春躁动期，崇尚自由，追求刺激。有些高校开设了摩托车社团，成员们经常在一起切磋技艺，在没有安全防护的情况下玩一些高难度危险动作，而他们大多没有摩托车驾驶证，漠视道路交通安全法规。

（3）在马路上嬉戏：大学生精力旺盛，活泼好动，即使在路上行走也是蹦蹦跳跳、嬉戏打闹，甚至有时还在路上滑轮滑、玩滑板或进行球类活动，更增加了发生事故的风险。

（4）违章过马路：有些大学生在日常生活中没有养成良好的交通安全习惯，在过马路时，往往图一时方便经常做出不走斑马线、人行道和翻越护栏等违反交通规则的事情。甚至在红灯的情况下，一群人浩浩荡荡穿越马路，过往车辆纷纷避让，殊不知一旦发生交通事故，自己必须承担主要责任。

> **特别提醒**
>
> 2017年，济南交警正式启用"智能行人闯红灯取证系统"，对行人闯红灯行为进行整治。如果有行人闯红灯，监控摄像头会自动抓拍，实时在路边电子显示屏上显示并滚动播放，严重者将通报其所在学校或单位。

二、驾驶员操控不当

近年来，私家车数量猛增，大量初考驾照者上路，成为交通事故高发的又一大因素，这些缺少驾驶经验的驾驶者被称为"马路杀手"。新手由于驾驶经验明显不足，遇到紧急情况时往往惊慌失措，因操控不当而引发交通事故。

三、车辆机械性能差

大学生经济能力有限，为了方便出行，往往低价购买毕业生淘汰下来的自行车、电动车、摩托车，这部分车辆大多车况较差，制动效果不良，遇到紧急情况往往刹车不灵；校门口的三轮摩的、"黑出租"大部分不按时年审、保养，甚至没有牌照，驾驶员没有驾驶证，这种情况更增加了交通事故发生率。

四、法律不健全、处罚力度不够

近几年随着对酒驾、毒驾查处力度的加大，交通安全事故的发生率有所抑制。但我们也能看到对电动车的监管和行人违章的处罚力度不够或者过于温和，让他们抱着侥幸心理一犯再犯。如此一来，不但不能引起他们对交通安全的重视，道路安全也难以保障。

第四节　大学生常见交通事故的预防

鉴于大学生交通事故频发，学校应及时开展道路交通安全法律、法规的宣传与教育活动，从源头上提升大学生的交通安全意识。

一、严格遵守交通法规

交通安全法规是交通出行的行为规范，更是交通安全的基本保障。只有自觉遵守交通法规，才能保障交通安全。相反，如果不遵守交通规则，心存侥幸，明知故犯，如违章驾驶、骑车带人、闯红灯、逆行、行人过马路不走人行道等，就可能引发交通事故。

二、掌握交通安全知识

了解道路通行中的各种交通标志、信号灯、交警指挥手势的含义；了解道路通行中的机动车、非机动车、行人和乘车人的通行规定以及高速公路的特别规定；了解交通事故处理中的现场保护、抢救受伤人员的注意事项；了解报警、交通事故的调解和诉讼以及向保险公司进行理赔等方面的知识。

三、增强自我保护意识

由于他人特别是机动车驾驶员违章行驶，造成大学生无辜被撞伤、撞死，这样的教训十分惨痛。我们必须增强自我保护意识，警惕和防止由于他人的过失对自己造成的伤害。出行时要眼观六路、耳听八方，既要瞻前，又要顾后；发现违章车辆向自己驶来，要主动避让，防止其伤到自己；不开车况不好的车上路，开车不超速，与前车保持安全距离；路况复杂或天气不好时，要处处小心，及时避让，以免受到意外伤害。

四、广泛开展交通安全知识的宣传和教育

高校应充分利用校园广播、网络传播普及交通安全知识，广泛开展交通安全宣传教育活动，并会同当地交警部门安排一定学时的交通法律知识和安全知识讲座，倡导大学生知法守法。要动员全体教职员工进一步增强工作责任感和自觉性，加强与交警的联动，完善对大学生的教育和宣传工作，进一步加强大学生安全出行的交通意识。

五、完善校内外的交通安全设施

进一步完善校园内外的交通安全设施，加强学校周边道路的交通管理秩序。交警部门要结合师生出行的特点，全面排查学校内外的交通安全隐患点，及时联合有关部门，制定整改方案，认真加以解决。一是针对师生出行规律，特别是对校园周边路段的拥堵点和人流、车流高峰时段采取定点、定岗措施，加强交通管控力度；二是联合相关职能部门从严查处学校周边的非法营运车辆；三是通过组织大学生志愿者上路维护交通秩序、劝导交通违法行为等形式，落实长效管理机制。

 实践应用

交通事故发生后该如何应对

交通事故的发生往往伴随着生命安全和财产损失，交通事故发生时如果能第一时间救治与报案，往往能在很大程度上挽救伤员生命和减少财产损失。交通事故发生时，不要慌乱，要冷静做好以下几点：

（1）及时报案。无论在校外还是在校内，一旦发生交通事故，首先要做的就是及时报案，这样做有利于事故的公正处理，尽量不要与肇事者私了。在校园内，小的交通事故要报告学校保卫处。若在校外发生交通事故，除及时报案外，还应该及时与学校取得联系，由学校出面处理有关事宜。

（2）合理医疗救护。在道路上发生人身伤亡的交通事故时，车辆驾驶人应立即抢救受伤人员，在伤员伤势比较严重的情况下（骨折、大面积流血），切记不要随便移动伤者，要等待专业医护人员前来处理，以免对伤者造成二次伤害。

（3）保护第一现场。事故现场的勘查结论是划分事故责任的依据之一，若没有保护好现场，会给交通事故的处理带来困难，造成"有理说不清"的局面。切记，发生交通事故后要保护好事故现场。在条件允许的情况下，可以用手机拍下事故现场的照片。

（4）控制肇事者。若肇事者想逃脱，一定要设法控制；若实在无法控制，也要记住肇事车辆的车牌号。驾驶人逃逸的，要注意第一时间配合交警部门做好现场勘查和周边监控设备的取证工作。

 小贴士

常用交通事故报警电话

A. 报警服务中心：110

B. 火警报警电话：119

C. 医疗急救中心电话：120

D. 交通事故报警电话：122

模块三　育人园地
★★★★★

2012年12月2日是国务院批准设立的首个"全国交通安全日"。时任公安部副部长黄明在京参加"全国交通安全日"主题活动时强调，要认真学习贯彻党的十八大精

神，积极顺应人民过上美好生活的新期待，在全社会大力倡导法治意识、文明意识和公德意识，养成与汽车社会相适应的交通行为规范和交通文明习惯，共同创造安全畅通、文明和谐的道路交通环境。

将"122"定为"全国交通安全日"，主要是考虑到数字"122"作为我国道路交通事故报警电话，群众对此认知度高，方便记忆和宣传；同时，12月份我国大部分地区已经进入冬季，道路安全受雨、雪、雾等天气因素影响，同时随着元旦、春节等节日的临近，客货运输出行量增加，交通事故进入相对多发的时段。将12月2日定为"全国交通安全日"，希望引起全社会和社会各界的普遍关注，通过开展集中主题宣传活动，倡导文明交通理念，传播交通安全常识，旨在提醒广大交通参与者关注自己和他人的安全，进而有效地预防和避免道路交通事故。

 小贴士

历年"全国交通安全日"主题

2012年　遵守交通信号，安全文明出行

2013年　摒弃交通陋习，安全文明出行

2014年　抵制七类违法，安全文明出行

2015年　拒绝危险驾驶，安全文明出行

2016年　社会协同治理，安全文明出行

2017年　尊法守规明礼，安全文明出行

2018年　细节关乎生命，安全文明出行

2019年　守规则除隐患，安全文明出行

2020年　知危险会避险，安全文明出行

2021年　守法规知礼让，安全文明出行

模块四　拓展阅读
★★★★★

机动车盲区

一、前行车辆的 A 柱盲区

小型机动车左转时，其左前方区域会出现 A 柱盲区。如果驾驶人不改变视线观察，就可能造成左前方途经区域的交通事故。由于驾驶人所处位置的原因，一般右转时不会出现这种情况。

二、机动车的"内轮差"造成的盲区

　　小型车辆一般不存在这种盲区，大型车辆由于车辆高、座椅高，对于贴近自己车辆的行人、非机动车、摩托车、小型车辆无法提前观察，右转过程中易发生事故。

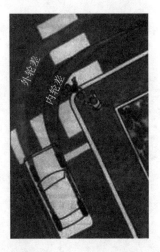

　　综上所述，我们在过马路时，必须遵守交通信号灯或交警的指挥。没有交通信号灯或交警指挥时，就要注意观察这些视觉盲区，确保自身的安全。

第六章

实验实习与择业安全

★★★★★

安全第一，预防为主。

择业虽心切，应聘当谨慎。

导　读

　　高校实验实习教学，不但有助于培养大学生的学习兴趣，激发其探求真理的欲望，也有助于提高大学生的动手操作能力和研究能力。在实验实习的过程中，理论和实践不断相互检验。若出现不规范的操作，则会导致触电、爆炸等一系列事故的发生。在这些已经发生的事故中，有几起不是因为我们实训安全意识淡薄而酿成的恶果？有几起不是因为我们漠视生命、追求一时利益而受到的惩罚呢？很多安全隐患并不是我们没有看到，而是我们没有及时处理好。究其原因还是我们在内心深处缺乏对实验实习的足够重视。希望大家能够端正态度，认真学习实训知识，增强防护意识，学会并掌握相关操作知识，减少安全事故的发生，做到安全第一，预防为主。

　　对每一位即将走出校园步入社会、即将开始新的生活的大学生来讲，择业是他们人生中的一次重大选择。因为在自己的职业生涯中，他们要用卓越的技能来书写精彩的人生。大学生在择业过程中难免会遇到各种各样的安全问题，如何防范就业过程中遇到的各式各样的陷阱尤为重要。

要　点

　　1. 了解实验实习安全事故的主要类型和引发事故的主要因素。

　　2. 了解怎样预防事故的发生及发生问题后应如何解决。

　　3. 树立正确的择业观，调整择业心态，学习相关法律法规和文件，维护自身的合法权益。

　　4. 尊法、学法、懂法、守法、用法。

模块一　案例学习

★★★★★

案例 1

电工触电伤亡的惨剧屡见不鲜

事故一：2018 年 6 月 20 日 19 时许，深圳市宝安区新桥街道新二社区发生一起疑似触电事故，宝安供电局沙井分局电力施工业务中标单位宝供供电服务公司员工在 0236 公变电房二楼电柜接电线时疑似触电，21 时 20 分许经医院抢救无效死亡。

事故二：2020 年 4 月 25 日，在江西上饶广信区石狮乡丁家仑村附近发生一起悲剧，一名 20 多岁的男电工在作业时，不慎触电当场身亡。

事故三：2020 年 1 月 2 日 8 时许，南京龙超金属制造公司 1 号厂房内铸造车间熔炼区重力浇铸机两名操作工邰×春和邰×高进入岗位对浇铸机进行浇铸作业前的准备工作。8 时 10 分许，操作工邰×春在进行重力浇铸机模具清理时，发现重力浇铸机左侧电气控制柜引出置于地面的两根模具导热棒中的一根导热棒电源接线从接头处包扎的绝缘胶带中断开，便告知在身边的操作工邰×高，于是邰×高立即前往车间南侧机修班组通知机修人员来维修。到达机修班组，邰×高发现只有机修辅助工朱×成在场。邰×高与朱×成交代重力浇铸机模具导热棒电源接线断开问题后，朱×成便跟随邰×高返回重力浇铸区岗位。两人来到重力浇铸区左侧电气控制柜后，朱×成在对重力浇铸机左侧电气控制柜两根模具导热棒电源接线进行检查时，左手直接触碰到模具导热棒从电气控制柜（电气柜动力电源为 380V）引出的电源接线带电裸露接头部位，随即触电倒地致电击伤。

案例简析

分析各类事故发生的原因，主要有以下几点：

（1）单凭经验：电工由于受过电气安全知识与技能训练，因此往往会麻痹大意，单凭经验去工作。在操作或检修电气设备时，不严格按照规程办事，以致酿成事故。

（2）违章作业：违章作业常常是造成电工触电的重要原因。在实际工作中，由操作者本人过失所引发的触电事故较多。

（3）缺乏多方面的电气知识：电气设备多而繁杂，有变配电、继电保护、电机拖动装置等，它们都各有其结构特性和安全要求。每个电工很难对所有方面都熟悉，对新工人来说更是如此。

法规链接

《中华人民共和国安全生产法》

第四条　生产经营单位必须遵守本法和其他有关安全生产的法律、法规，加强安全生产管理，建立健全全员安全生产责任制和安全生产规章制度，加大对安全生产资金、物资、技术、人员的投入保障力度，改善安全生产条件，加强安全生产标准化、信息化建设，构建安全风险分级管控和隐患排查治理双重预防机制，健全风险防范化解机制，提高安全生产水平，确保安全生产。

平台经济等新兴行业、领域的生产经营单位应当根据本行业、领域的特点，建立健全并落实全员安全生产责任制，加强从业人员安全生产教育和培训，履行本法和其他法律、法规规定的有关安全生产义务。

根据《安全生产法》第二十八条的规定，生产经营单位应当对从业人员进行安全生产教育和培训，保证从业人员具备必要的安全生产知识，熟悉有关的安全生产规章制度和安全操作规程，掌握本岗位的安全操作技能，了解事故应急处理措施，知悉自身在安全生产方面的权利和义务。未经安全生产教育和培训合格的从业人员，不得上岗作业。

《施工现场临时用电电工及用电人员规定》

一、施工现场临时用电设备的安装、维修或拆除必须由电工完成，其他用电人员严禁擅自装接用电设备。

二、每台临时用电设备应有各自专用的配电箱，必须实行"一机一闸"制，严禁用同一个开关直接控制两台及以上的用电设备（包括插座），并且配电箱中必须装设漏电保护器。

三、施工现场各类人员必须做到：

（一）掌握安全用电的基本知识和所用设备的性能。

（二）使用设备前必须按规定穿戴和配备好相应的劳保防护用品，并检查电气装置和保护设施是否完好，严禁其带"病"运转。

（三）停电设备必须拉闸断电，锁好开关箱。

（四）搬迁或移动用电设备时必须经电工停电，并做好妥善处理后再进行。

友情提醒

（1）维修和作业人员必须认真学习《安全生产法》，严格遵守《安全生产法》和各项规章制度，克服图省事、怕麻烦及松懈麻痹思想，增强自我保护意识。

（2）各施工和维护单位在台架或与其他带电线路相邻、交叉的线路上工作时，必须严格执行《安全生产法》的各项规定，做好危险点的预防和控制，采取可靠的安全措施，加强监护，集中精力，注意与带电体保持一定的安全距离。

（3）因现在配电箱内大多安装有电容器，因此，进行配电变压器台（架、室）作业时，按规定顺序断开各侧开关，跌落熔断器、刀闸，挂接地线后，还应断开电容器电源，将电容器放电接地后才能进行工作。

🖊 思考讨论

结合所学知识，谈谈哪些工作需要规范操作流程和持证上岗。

案例 2

中山大学药学院实验室爆炸事故

2021 年 7 月 27 日上午 10 点 40 分左右，中山大学药学院 505 实验室在清理通风柜时发现之前毕业生遗留在烧瓶内的未知白色固体，一名博士研究生用水冲洗时发生炸裂，炸裂产生的玻璃碎片刺破该生手臂动脉血管。在场的同学和老师及时施救，120 救护车将受伤学生送至广东省中医院大学城医院进行处理后经医院协调转至广州和平骨科医院（原广州和平手外科医院），经治疗后该生伤情得到控制，无生命危险。经与 505 实验室负责老师沟通，得知导致炸裂的未知白色固体中可能含有氢化钠或氢化钙，遇水发生剧烈反应而炸裂。

🔍 案例简析

分析事故发生的原因，主要有以下几点：
（1）毕业生未将经手的化学品标记清楚，未交接清楚。
（2）博士研究生私自处置不明化学试剂。
（3）对实验室和科研项目安全管理不到位。

📖 法规链接

《中华人民共和国安全生产法》

第三条　安全生产工作坚持中国共产党的领导。

安全生产工作应当以人为本，坚持人民至上、生命至上，把保护人民生命安全摆在首位，树牢安全发展理念，坚持安全第一、预防为主、综合治理的方针，从源头上防范化解重大安全风险。

安全生产工作实行管行业必须管安全、管业务必须管安全、管生产经营必须管安全，强化和落实生产经营单位主体责任与政府监管责任，建立生产经营单位负责、职工参与、政府监管、行业自律和社会监督的机制。

第二十八条　生产经营单位应当对从业人员进行安全生产教育和培训，保证从业人员具备必要的安全生产知识，熟悉有关的安全生产规章制度和安全操作规程，掌握本岗位的安全操作技能，了解事故应急处理措施，知悉自身在安全生产方面的权利和义务。

未经安全生产教育和培训合格的从业人员，不得上岗作业。

生产经营单位使用被派遣劳动者的，应当将被派遣劳动者纳入本单位从业人员统一管理，对被派遣劳动者进行岗位安全操作规程和安全操作技能的教育和培训。劳务派遣单位应当对被派遣劳动者进行必要的安全生产教育和培训。

生产经营单位接收中等职业学校、高等学校学生实习的，应当对实习学生进行相应的安全生产教育和培训，提供必要的劳动防护用品。学校应当协助生产经营单位对实习学生进行安全生产教育和培训。

生产经营单位应当建立安全生产教育和培训档案，如实记录安全生产教育和培训的时间、内容、参加人员以及考核结果等情况。

友情提醒

严格遵守实训和生产的相关规定，不大意、不马虎，牢记生命无返程！

思考讨论

我们应该怎样避免此类事故的发生？

案例 3

帮助信息网络犯罪活动案

涂某通，1998 年 8 月出生，系某大学在校学生。万某玲，1998 年 9 月出生，作案时系某职业技术学校在校学生，案发时系某医院员工。

2018 年起，涂某通明知他人利用信息网络实施犯罪，为牟取非法利益，他长期收购银行卡提供给他人使用。2018 年，涂某通与万某玲通过兼职认识后，涂某通先后收购了万某玲的 3 套银行卡（含银行卡、U 盾/K 宝、身份证照片、手机卡），并让万某玲帮助其收购银行卡。2019 年 3 月至 2020 年 1 月，万某玲为牟利，在明知银行卡被用于信息网络犯罪的情况下，以亲属开淘宝店需要用卡等理由，从 4 名同学处收购了 8 套新注册的银行卡提供给涂某通，涂某通将银行卡出售给他人，被用于实施电信网络诈骗等违法犯罪活动。经查，共有 21 名电信网络诈骗被害人向万某玲出售的上述银行卡内转入人民币共计 207 万余元。

案例简析

2020 年 11 月 3 日，四川省江油市公安局以涂某通、万某玲涉嫌帮助信息网络犯罪活动罪移送起诉。同年 12 月 3 日，江油市人民检察院以帮助信息网络犯罪活动罪对涂某通、万某玲提起公诉。鉴于万某玲犯罪时系在校大学生，因找兼职误入歧途而收购、贩卖银行卡，主动认罪认罚，江油市人民检察院对其提出从轻处罚的量刑建议。涂某通在审查起诉阶段不认罪，也不供述银行卡销售去向、获利数额等情况。2020年12月31日，江油市人民法院做出一审判决，以帮助信息网络犯罪活动罪判处涂某通有期徒刑一年四个月，并处罚金一万元；判处万某玲有期徒刑十个月，并处罚金五千元。涂某通、万某玲未上诉，判决已生效。

法规链接

一、什么是帮助信息网络犯罪

明知他人利用信息网络实施犯罪，为其犯罪提供互联网接入、服务器托管、网络存储、通讯传输等技术支持，或者提供广告推广、支付结算等帮助的行为。

二、帮助信息网络犯罪的构成要件

第一是犯罪主体方面。本罪的主体为一般主体，包括年满16周岁，具有刑事责任能力的自然人，单位也可成为本罪的主体。

第二是犯罪主观方面。本罪的主观方面为故意，即明知自己为他人实施的信息网络犯罪提供帮助的行为，会给国家的信息网络管理秩序造成损害，仍然希望或放任这种危害结果发生的心理态度。此外，本罪还要求行为人必须明知他人在利用信息网络实施犯罪，既包括行为人明确知道，也应包括行为人应当知道。

第三是犯罪客体方面。本罪所侵犯的客体为国家对正常信息网络环境的管理秩序。利用信息网络实施犯罪的行为当然破坏了稳定、健康、有序的信息网络环境，严重侵害了国家对正常信息网络环境的管理秩序，而为这些信息网络犯罪活动提供帮助的行为，同样也破坏了国家对正常信息网络环境的管理秩序。

第四是犯罪客观方面。本罪的客观方面表现为：为信息网络犯罪提供互联网接入、服务器托管、网络存储、通讯传输等技术支持，或者提供广告推广、支付结算等帮助，情节严重的行为。

友情提醒

1. 买卖、出租、出借对公账户、银行卡、电话卡等是违法行为，违法违规行为会记录到个人征信档案，影响贷款、办理支付业务，还可能涉嫌犯罪。

2. 妥善保管好自己的身份证、银行卡、网银U盾等账户存取工具，保护好登录账号和密码等个人信息，对于废弃不用的银行卡应及时办理销户业务，并将卡片磁条毁损，不随意丢弃。

3. 如发现上述违法行为，及时拨打110向公安机关举报。

思考讨论

谈一谈怎样避免落入网络诈骗陷阱。

案例 4

试用期仅一次，避免上当

王某进入某公司担任总经理助理，双方签有三年期劳动合同，并约定了三个月的试用期。王某于试用期届满时提出辞职，并办理了离职手续，双方解除劳动合同。后王某再次入职，双方签订的内容与之前的书面劳动合同基本相同，只是变更为副总经理。然而试用期满后，公司以王某在试用期内未达到公司岗位考核要求，不符合录用条件为由解除劳动关系。王某向法院提起诉讼，主张根据《中华人民共和国劳动合同法》的有关规定，第二次入职根本不存在试用期问题，公司行为属于违法解除劳动合同的行为。

案例简析

《中华人民共和国劳动合同法》规定，同一用人单位与同一劳动者只能约定一次试用期。这一法律规定的立法原意在于保护劳动者与用人单位之间建立稳定的劳动合同关系，避免用人单位以多次约定试用期的形式侵犯劳动者权益。因此，无论是劳动合同的续订，劳动者离职后的再次招用，还是劳动者岗位发生变更，均不能成为用人单位与劳动者再次约定试用期的理由。

公司举证王某不适合担任副总经理一职，应该将王某调整到原来的岗位，而不是简单地辞退。

法规链接

《中华人民共和国劳动法》

第二十一条　劳动合同可以约定试用期。试用期最长不得超过六个月。

《中华人民共和国劳动合同法》

第七条　用人单位自用工之日起即与劳动者建立劳动关系。用人单位应当建立职工名册备查。

第十条　建立劳动关系，应当订立书面劳动合同。

已建立劳动关系，未同时订立书面劳动合同的，应当自用工之日起一个月内订立书面劳动合同。

用人单位与劳动者在用工前订立劳动合同的，劳动关系自用工之日起建立。

第十九条　劳动合同期限三个月以上不满一年的，试用期不得超过一个月；劳动合同期限一年以上不满三年的，试用期不得超过二个月；三年以上固定期限和无固定期限的劳动合同，试用期不得超过六个月。

同一用人单位与同一劳动者只能约定一次试用期。

以完成一定工作任务为期限的劳动合同或者劳动合同期限不满三个月的，不得约定试用期。

试用期包含在劳动合同期限内。劳动合同仅约定试用期的，试用期不成立，该期限为劳动合同期限。

第七十七条　劳动者合法权益受到侵害的，有权要求有关部门依法处理，或者依法申请仲裁、提起诉讼。

友情提醒

大学生平时要涉猎有关《中华人民共和国劳动法》《中华人民共和国劳动合同法》《企业劳动争议和处理条例》等与就业密切相关的法律法规和文件，在签合同的时候一定要认认真真看清相关条款，了解自己的权利和义务。

思考讨论

我们应该怎样做，才能避免此类事件的发生？

案例 5

创业被骗子卷走血本

2009 年 5 月，正在忙着找工作的小姚在网上发现一条转让消息，某快餐配送商家声称有店面及客户等各项资源，欲低价转让。小姚对这个"商机"非常动心。他很快和商家王老板谈妥了转让事宜，又向亲朋好友借来 1.5 万元支付了转让费，准备进军快餐业大干一场。因为从没做过生意，小姚还是有一些疑虑，但王老板却一再表示会对他进行培训直到其上手，并信誓旦旦保证自己手上有几百名客户，会全部交给他。这时，小姚才完全放下心。双方签订了转让协议，协议上清楚地写明，出让方除了店里已有的炊具等设施，还要给小姚增补一台冰柜以及运输工具，更重要的是提供 45 天的培训以帮小姚上手，同时将所有客户业务量交出，保证每天有 200 盒以上的快餐配送销量。

可就在双方约好来办理租房手续以及正式开始培训的日子，王老板却"失踪"了，两部手机一关一停。而房东也找到小姚，称对他与王老板之间的转让事宜毫不知情，并且王老板已拖欠了一个月房租，房东要收房。小姚一时手足无措，只好到派出所报案，一位接待民警在看过转让协议后称，初步就合同来看，对方虽有违约的地方，但不构成合同诈骗的要件，属于经济纠纷，建议小姚尽快向法院起诉。

一脸青涩的小姚说自己这次栽了个大跟头，工作没着落却先背上一身债，"都怪我太轻信别人了！"

案例简析

大学生创业近年来已成风潮，有媒体做过调查，80％的被调查大学生有自主创业的意向。如今，艰难的就业形势使越来越多的大学生还没出校门就未雨绸缪，急着想抓住各种机会为创业打下基础，殊不知，一些不正规的中介、销售公司，乃至骗子抓住了大学生这种急切的心理，给他们设置了"温柔的陷阱"。

法规链接

《中华人民共和国民法典》

第四百六十九条　当事人订立合同，可以采用书面形式、口头形式或者其他形式。

书面形式是合同书、信件、电报、电传、传真等可以有形地表现所载内容的形式。

以电子数据交换、电子邮件等方式能够有形地表现所载内容，并可以随时调取查用的数据电文，视为书面形式。

第五百条　当事人在订立合同过程中有下列情形之一，造成对方损失的，应当承担赔偿责任：

（一）假借订立合同，恶意进行磋商；

（二）故意隐瞒与订立合同有关的重要事实或者提供虚假情况；

（三）有其他违背诚信原则的行为。

第五百零九条　当事人应当按照约定全面履行自己的义务。

当事人应当遵循诚信原则，根据合同的性质、目的和交易习惯履行通知、协助、保密等义务。

当事人在履行合同过程中，应当避免浪费资源、污染环境和破坏生态。

第五百七十七条　当事人一方不履行合同义务或者履行合同义务不符合约定的，应当承担继续履行、采取补救措施或者赔偿损失等违约责任。

友情提醒

大学生涉世未深，缺乏经验，很容易成为骗子的目标，因此创业前了解一下防骗招数很有必要。专家建议，可以从以下方面考察对方是否是骗子：

（1）看资质证书。各类资质证书是企业发展水平的标志，绝大多数骗子没有或者不全，当然也有骗子的证书是全的，但有真有假，如果有必要应该去有关部门了解一下。

（2）看身份证。注意识别真假身份证件，绝大多数骗子不敢出示真的身份证等有效证件。

（3）看产品。是不是和合同上订的样品一样，价值和价格是不是一致。

（4）查金融机构和汇款的真假。查金融机构的真假，主要是通过对方的银行监管局、人民银行来查。有骗子用伪造的银行名称去电信部门登记电话号码，如果你通过电信部门直接查该银行和汇款情况，那么你就上当了。

（5）防调包。最好自己运输，收货后人不能离开货物，防止骗子瞬间用相同或者相近的运输工具调包。

（6）异地交货。骗子往往不在双方所在地交货，因此对选择异地交货的生意要少做或者不做。

（7）试探。不妨用语言试探对方，如告知对方与你同行的朋友是公安部门的经济警察或者是某方面的行家，骗子听后自然会害怕。

思考讨论

创业之前，我们应该考虑些什么？

案例 6

22 份简历骗 47 万余元　数名诈骗犯落入法网

沈某是江苏人，无业，一直在上海游荡。此前他因盗窃罪、诈骗罪先后被判处 2 年及 2 年 6 个月有期徒刑。2003 年，沈某结识了石某、吴某等人，预谋冒用他人身份进行信用卡诈骗。他们冒用上海置地集团有限公司、上海工业商务展览有限公司等数家公司的名义，向外发布虚假招聘广告，引得应聘人员投简历。然后使用伪造的身份证及公司印章，冒用应聘人员的名字填写虚假的信用卡申请表，在本市多家银行申请个人信用卡。拿到信用卡后，他们又通过提现、透支消费等方式进行诈骗活动。9 个月的时间里，共骗得 22 名应聘者的个人简历，申请了 48 张信用卡，诈骗金额累计达到 47 万余元。

2004 年年中，上海卢湾公安分局接到举报后，经调查发现，银行提供的办卡人员都不是真正的消费者，但他们都在近期投寄过求职简历，并在简历中提供了个人身份证复印件、户口本复印件等个人信息。警方断定：他们的个人信息极有可能被人盗用。经过侦察，民警抓获了 4 名嫌疑人，同时查获了 30 余张信用卡和 50 余份完备的个人资料。经查，犯罪嫌疑人沈某等人假借某公司的名义刊登招聘启事，要求求职者提供一系列应聘资料复印件。沈某等人根据这些资料伪造在职证明和收入证明，向多家银行办理信用卡，然后恶意透支，从中牟利 100 余万元。

案例简析

上述案件已于 2005 年初由卢湾法院开庭审理。法律专家提醒求职者，应聘时要谨防自身信息泄露。"随着社会信息化的发展，获取他人资料的方式变得非常容易"。一位熟知招聘内幕的业内人士说，由于目前人才市场供大于求，一个招聘广告便可引来无数简历。

法规链接

《中华人民共和国居民身份证法》

第三条　居民身份证登记的项目包括：姓名、性别、民族、出生日期、常住户口所在地住址、公民身份证号码、本人相片、指纹信息、证件的有效期和签发机关。

公民身份证号码是每个公民唯一的、终身不变的身份代码，由公安机关按照公民身份号码国家标准编制。

公民申请领取、换领、补领居民身份证，应当登记指纹信息。

第十七条　有下列行为之一的，由公安机关处二百元以上一千元以下罚款，或者处十日以下拘留，有违法所得的，没收违法所得：

（一）冒用他人居民身份证或者使用骗领的居民身份证的；

（二）购买、出售、使用伪造、变造的居民身份证的。

伪造、变造的居民身份证和骗领的居民身份证，由公安机关予以收缴。

第十八条　伪造、变造居民身份证的，依法追究刑事责任。

有本法第十六条、第十七条所列行为之一，从事犯罪活动的，依法追究刑事责任。

友情提醒

针对自身信息容易泄露的情况，专家提醒求职者，四种证件须谨慎保管：

（1）身份证。身份证是用于证明持有人身份的一种法定证件，多由各国或地区政府发行予公民。

（2）社会保障卡。社会保障卡作为身份的另一种识别证明，其使用范围正逐渐扩大，除了医疗还将包括就业服务、职业资格、养老保险、失业保险、医疗保险、工伤保险和生育保险等。

（3）护照。护照也是一种重要的身份证件，目前其不仅可以在国外作为国籍身份的证明，在国内的使用也日益频繁。

（4）户口簿。户口簿和身份证一样，都是公安机关颁发的法律证件。户口簿除具备证明户内所有成员的基本身份状况外，还具有证明成员间相互关系的作用。

案例 7

多名大学生被套路后维权难

2020 年 12 月中旬，大学生刘磊通过某招聘网站投简历，希望寻找一份游戏建模师的工作。之后，他应聘了济南一家网络科技公司，对方以入职培训为由要求他与济南市历下区好学教育培训学校（以下简称"好学教育"）签署培训协议，还推荐他从网贷平台分期贷款 23 800 元作为培训费用。

在这家网络科技公司的引导下，刘磊稀里糊涂就借了网贷。察觉不对后，他要求终止培训、解除贷款，没想到不仅遭到好学教育的拒绝，甚至还被对方以"违反学校管理制度"为由索赔 23 800 元。

案例简析

上述提到的就是典型的"培训贷"案例。一些无良的培训机构在网络上发布所谓的"高薪招聘"信息，以此为幌子吸引求职者，在"面试"后引诱求职者贷款培训。而实际上，"培训贷"就是"校园贷"的一个变种。

📗 法规链接

2017 年 6 月，中国银监会、教育部、人力资源社会保障部三部门联合印发《关于进一步加强校园贷规范管理工作的通知》，要求一律暂停网贷机构开展校园贷业务，同时杜绝公共就业人才服务机构以培训、求职、职业指导等名义，捆绑推荐信贷服务。

2018 年 2 月，一种专门面向求职大学生的贷款——"培训贷"，正成为新的乱象，四部门联合发文要求专项整治以"招聘、介绍工作"为名的传销活动。

2021 年 1 月 28 日，北京和山东省金融稳定发展领导小组办公室专门针对培训贷进行风险提示，并明确如教育培训机构不具备履行培训合同义务能力，出于集资目的，以欺诈、胁迫等方式强制捆绑培训贷款的，可能涉嫌诈骗、非法集资等刑事犯罪。这是第一次将培训贷的违法行为列入刑事犯罪的范畴，从而有利于进一步规范培训贷风险。

🪄 友情提醒

想要识别培训贷的骗局，大学生应了解以下法律常识：

（1）正常的用人单位招聘员工，是不会收取员工岗前培训费及技能培训费的。用人单位对劳动者进行培训是法律规定的义务，收取劳动者培训费是违法行为。《中华人民共和国劳动法》第六十八条规定："用人单位应当建立职业培训制度，按照国家规定提取和使用职业培训经费，根据本单位实际，有计划地对劳动者进行职业培训。从事技术工种的劳动者，上岗前必须经过培训。"《中华人民共和国职业教育法》第二十条规定："企业应当根据本单位的实际，有计划地对本单位的职工和准备录用的人员实施职业教育。"可见，用人单位为劳动者进行岗前培训等一般培训，是用人单位应尽的法定义务，同时也是劳动者享有的法定权利。

（2）举办实施以职业资格培训、职业技能培训的培训机构需要取得县级以上人民政府人力资源社会保障行政部门审批、颁发办学许可证。培训机构对外发布招生简章和广告需要到审批机关备案，相关收费、教学等行为要接受国家机关监管。目前在网络平台上打着招聘员工，面试又忽悠应聘者接受"岗前技能培训"收取培训费用的公司大多是不具备职业技能培训办学许可证资格的"黑培训机构"。求职者和学员应该擦亮眼睛，缴纳培训费用前应该查看培训公司办学许可证及收费许可证，不要盲目缴款或接受培训贷款。

📄 思考讨论

对大学生来说，毕业后将面临就业，应当如何择业？

模块二　理论探究
★★★★★

第一节　实验室安全事故及预防

实验室安全事故的表现形式主要有火灾、爆炸、设备损坏、毒害、机电伤人及电磁辐射事故等。火灾性事故的发生具有普遍性，几乎所有的实验室和机房都可能发生火灾。爆炸性事故多发生在有易燃、易爆物品和压力容器的实验室。设备损坏性事故多发生在用电加热的实验室。毒害性事故多发生在有化学药品和剧毒物质的化学化工实验室和有毒气排放的实验室。机电伤人事故多发生在有高速旋转或冲击运动的机械实验室，或需要带电作业的电气实验室和一些有高温气体产生的实验室。

一、火灾性事故的原因

（1）忘记关闭电源，或在实验过程中，人离开实验室的时间较长，致使设备或用电器具通电时间过长，温度过高，引发火灾。

（2）操作不规范或使用不当，使火源接触易燃物质，引发火灾。

（3）供电线路老化，超负荷运行，导致线路发热，引发火灾。

二、爆炸性事故的原因

（1）违反操作规程，引燃易燃、易爆物品，进而导致爆炸。

（2）设备老化，存在故障或缺陷，造成易燃、易爆物品泄漏，遇火花而引起爆炸。

（3）实验器材通气管阻塞，设备无法正常运转而导致爆炸，易燃、易爆物品储存不合规定而引起爆炸。

三、设备损坏性事故的原因

设备损坏性事故多发生在用电加热的实验室，由于线路故障或雷击造成突然停电，致使被加热的介质不能按要求恢复原来的状态而造成设备损坏。

四、毒害性事故的原因

（1）违反操作规程，将食物带进存有有毒物品的实验室，造成食物中毒。

（2）设备、设施老化，存在故障或缺陷，造成有毒物质泄漏或有毒气体排放不出，酿成中毒事件。

（3）管理不善，造成有毒物质散落流失，引起环境污染。

（4）废水排放管路受阻或失修，造成有毒废水未经处理而流出，污染环境。

五、机电伤人事故的原因

（1）操作不当或缺少防护，造成挤压、甩脱和碰撞伤人。

（2）违反操作规程或因设备、设施老化而存在故障或缺陷，造成触电、漏电或电火花伤人。

（3）使用不当，造成高温气体、液体伤人。

六、电磁辐射事故的原因

电磁辐射事故是指以电磁波形式的能量辐射造成的事故。实验室人员在做放射性物质实验时，因操作不当而长时间、过量照射，或者因防护不当而长期处于高电辐射的环境中，存在致病、致癌，甚至死亡的风险。

 实践应用

实验室事故的预防

做好实验室事故预防，首先要树立安全第一的意识，预防为主，综合治理，确保实验室人身、财产的安全；其次要加大实验设备和安全设施的投入；最后要严格按照操作规定进行实验。大学生在做实验时一定要有安全预防思想，严格按照操作流程进行操作。以实验室安全用电为例，用电一般有固定的基本要求，并且用电也有规定的一套操作要求。

一、实验室用电安全基本要求

（1）用电安全的基本要素有电气绝缘良好、保证安全距离、线路与插座容量与设备功率相适宜、不使用三无产品。

（2）实验室内电气设备及线路设施必须严格按照安全用电规程和设备的要求实施，不许乱接、乱拉电线，墙上电源未经允许，不得拆装、改线。

（3）在实验室同时使用多种电气设备时，其总用电量和分线用电量均应小于设计容量。连接在接线板上的用电总负荷不能超过接线板的最大容量。

（4）实验室内应使用空气开关并配备必要的漏电保护器；电气设备和大型仪器须接地良好，对电线老化等隐患要定期检查并及时排除。

（5）不得使用闸刀开关和木质配电板。

（6）接线板不能直接放在地面上，不能多个接线板串联。

（7）电源插座需固定，不使用损坏的电源插座；空调应有专门的插座。

（8）实验室用电的注意事项。

1）实验前先检查用电设备，再接通电源；实验结束后，先关仪器设备，再关闭电源。

2）工作人员离开实验室或遇突然断电，应关闭电源，尤其要关闭加热电器的电源开关。

3）不得将供电线任意放在通道上，以免因绝缘体破损而造成短路。

二、实验室用电安全措施

（1）电炉、烘箱等用电设备在使用过程中，使用人员不得离开。

（2）实验室禁止使用电热水壶、热得快。

（3）电脑、空调、饮水机不得在无人的情况下开机过夜。

（4）每天离开时都要关闭实验室的电源总闸。

（5）配电箱、开关、变压器等各种电气设备附近不得堆放易燃、易爆、潮湿和其他影响操作的物件。

（6）为了预防电击（触电），电气设备的金属外壳必须接地。

（7）预防电气火灾的基本措施。

1）禁止非电工改接电气线路，禁止乱拉临时用电线路。

2）做电气类实验时应该有两个及以上的人员在场。

3）从工作现场清除易燃、易爆材料。

第二节　实习安全事故防范知识与措施

大学生顶岗实习前，学校会进行安全教育，强调实习纪律，要求大学生签订实习承诺书。到岗后，顶岗实习单位也会对大学生进行安全生产教育。但有时候顶岗实习期间还是会突发安全事故。大学生发生安全事故和违法事件不仅会影响正常的顶岗实习秩序，对大学生本人也造成无法挽回的影响，给实习单位造成一定的经济损失，严重的还会影响个人与学校的发展和社会稳定。

顶岗实习期间的大学生安全事故主要有两种情况：

第一，大学生上班期间出现安全事故。顶岗实习大学生在工作时间发生的安全事故包括：实习单位设施不健全引发的安全事故；生产过程中违规操作，造成的工伤事故；工作压力大或某些过激行为引发的安全问题；不能正确对待工作中企业主管的批评教育而产生逆反心理，或者大学生与实习单位员工或其他实习生发生冲突，进而引发的安全事故。

第二，大学生在工作时间外在厂区或在社会上发生安全事故。顶岗实习大学生上班以外时间可能发生的安全事故有交通安全事故以及学生在业余时间购物、上网、娱乐、恋爱时发生的人身安全事故。

一、顶岗实习中安全事故的预防

（1）实习前树立"安全第一"的意识，要高度重视，并且相信学校。学校为学生联系介绍顶岗实习单位是本着对学生、对学校负责的态度，选择企业时非常谨慎，一般要查看企业的营业执照，还会去企业实地考察，就人身安全、待遇等问题和企业签订协议，力求为大学生争取最大的利益。大学生不可轻信网络上的招聘信息，即便是同学、熟人介绍，也要提高警惕，毕业生中被同学或熟人诱入传销魔窟的事时有发生。

（2）顶岗实习中认真学习企业的安全规程和技术操作规范。重点学习安全实习的相关内容，如安全用电制度、安全生产制度、产品的安全包装制度等。提高劳动纪律观念，操作过程中要步调一致，不得随便拆卸机械零件或点按不熟悉的按键，以防引发事故。

（3）调整心态，善于化解顶岗实习中工作上、人际关系上的压力。把顶岗实习当成学习、改进的良机，服从管理并正确对待工作中的压力，学会调节情绪，把压力变成动力，对照挫折找不足，及时改正求发展。

（4）在顶岗实习过程中，要服从企业领导、学校实习指导老师的管理，遇到突发情况应主动与实习指导老师联系。

二、顶岗实习中安全事故的法律责任问题

大学生在外顶岗实习，与校内学习相比，受到意外伤害的概率增大，学校的风险成本也大大提高。正是顶岗实习阶段的特殊性、主体身份的双重性带来了相关法律责任划分和承担的复杂性。当顶岗实习大学生受到外来侵害时，在个人、学校与企业三方各自具体责任的划分、承担比例等问题上往往有较大分歧，而且此类案件的普遍性、复杂性、可预见性等已经引起社会各界的广泛关注。

三、几种常见的预防机械伤害的措施

（1）穿紧身防护服，袖口不要敞开。留长发的，要戴防护帽。操作时不能使用手套，以防高速运转的部件绞缠手套而把手带入机械，造成伤害。

（2）应该停车后进行工作，不准开车进行，在没有确认机器完全停稳前，不准打开防护罩或用手触动危险部位。在机床主轴上装卸卡盘时，应在停机后进行，不可用电动机的力量切下卡盘。

（3）停机进行清扫、加油、检查和维修保养等作业时，必须挂停车牌或绝缘插，检修电气设备时必须挂"有人工作，禁止合闸"的标识牌，谁挂谁摘。

（4）开动机器必须先检查，确认无人在机器上工作时，才能开车。两人同在一台车上工作时，必须先发出开车信号，确认无危险的情况下方可开车。

（5）开车时禁止用手、脚帮助启动，关车时禁止用手、脚帮助制动。

（6）允许不停车进行的工作，在工作时要严防手、衣服、工具、抹布等接触机器的危险部位。

（7）交接班应检查交接机器的安全防护装置，检修机器应检修机器的安全防护装置，并进行交接验收。

（8）切削形状不规则的工件时，应装平衡块，并在试转平衡后再切削。

（9）刀具装夹要牢靠，刀头伸出部分不要超出刀体高度的 1.5 倍，垫片的形状、尺寸应与刀体形状、尺寸相一致，垫片应尽可能少而平。

（10）除了装有运转中自动测量装置的车床外，其他车床均应停车测量工件，并将刀架移动到安全位置。

（11）对切削下来的带状或螺旋状的切屑，应用钩子及时清除，不准用手拉。

四、登高作业十不准

（1）患有高血压、心脏病、贫血、癫痫、深度近视眼等疾病者不准登高。

（2）无人监护不准登高。

（3）没有戴安全帽、未系安全带、未扎紧裤管时不准登高作业。

（4）作业现场有六级以上大风及暴雨、大雪、大雾时不准登高。

（5）脚手架、跳板不牢时不准登高。

（6）梯子无防滑措施、未穿防滑鞋时不准登高。

（7）不能攀爬井架、龙门架、脚手架，不能乘坐非载人的垂直运输设备登高。

（8）携带笨重物件时不准登高。

（9）高压线旁无遮拦时不准登高。

（10）光线不足时不准登高。

五、事故现场急救常识

（一）急救原则

先救命，后治伤。

（二）急救步骤

止血、包扎、固定、搬运。

（三）常用急救方法

（1）碰伤：轻微的碰伤，将冷湿布敷在伤处。较重的碰伤，应小心把伤员安置在担架上，等待医生处理。

（2）包扎：包扎伤口的绷带必须清洁，伤口不要用水冲洗。如伤口大量出血，要用折叠多层的绷带盖住，并用手帕或毛巾（必要时撕下衣服）扎紧，直到流血减少或停止。

（3）骨折：手骨或腿骨折断，应将伤员安放在担架上或地上，用两块长度超过上下两个关节、宽度为10～20厘米的木板或竹片绑缚在肢体的外侧，夹住骨折处并扎紧，以减轻伤员的痛苦和伤势。

（4）碎屑入目：当眼睛为碎屑所伤时，要立即去医院治疗，不要用手、手帕、毛巾及别的东西揩擦眼睛。

（5）煤气中毒：立即将中毒者移到空气清新的地方，让其仰卧，解开衣服，但勿使其受凉。如果中毒者呼吸停止，则施行人工呼吸进行抢救。

（6）灼烫伤：烫伤刚发生的几分钟内要处理得当。小面积烫伤、轻度烧伤，立即冷水冲洗15～30分钟。已起水疱、皮肤已破，不可用水冲或将水疱弄破。衣服粘连应剪去伤口周围衣服，及时用冰袋降温。大面积或重度烫伤，不可擅自涂抹任何东西，应保持创面清洁完整，用清洁衣物或毛巾盖住伤口，避免创面感染，立即送医院请医生处理。伤员口渴时可适量饮水或含盐饮料。

六、触电急救

触电急救的基本原则是动作迅速、方法正确。

（一）迅速脱离电源

人体触电以后，可能因为痉挛等而紧抓带电体，不能自己摆脱电源。抢救触电者的首要步骤就是使触电者尽快脱离电源。

（二）现场急救方法

（1）当触电者脱离电源后，应根据触电者的具体情况迅速对症救护。超过15分钟再开始救治的，基本无救活的可能。

（2）现场应用的急救方法主要是口对口人工呼吸法和胸外心脏按压法，严禁打强心针。根据触电病人的各种症状对症施救，重症病人除现场施救外应迅速请医生诊治或送医院，在送医过程中也不能中止急救。

第三节　求职择业安全示范

一、常规性的就业陷阱

就业陷阱一般指以提供就业机会给求职者为诱饵，进而骗取求职者的财物或无偿占有其劳动及劳动成果，使求职者的人身、财产以及利益受到侵害的不法行为。求职应通过正规、可靠的渠道，打电话询问当地工商行政管理部门、劳动管理部门，证实该中介机构是否真实存在；在信息未核实前，不可贸然只身前往，必须提高自我保护意识和维权意识，防范就业陷阱。

当你遇到以下情况时，要警惕是否为就业陷阱：

（1）用人单位试用期不签订劳动合同，只是口头约定；用人单位违反国家劳动部门的规定，巧立名目向求职者收取报名费、押金、保证金等费用；用人单位以管理为名，向毕业生收取押金、扣押身份证和毕业证书等证件。

（2）用人单位采用只签试用期合同、试用期超过法定期限或以种种理由续签试用期合同等方式，达到支付较低工资或要求求职者在试用期内承担违约责任来廉价使用求职者的劳动力的目的，或随意解除合同，侵害求职者的合法权益。

（3）以知名企业的名义进行招聘，以要求面试或到单位实习为由，将求职者骗至外地或收缴有效证件，控制其人身自由，诱骗、胁迫其加入非法传销组织。

（4）有人主动提出为你找工作或邀请你到某地游玩。

（5）有事没事给你打电话，向你炫耀他的工作如何轻松、快乐且赚钱。

（6）披着合法的外衣来掩护违法劳动合同的签订，如格式合同、霸王合同、生死合同、"两张皮"合同、保证合同。

二、就业陷阱的"防身术"

（1）求职者应树立正确的求职心态和就业观念，相信通过自己的努力和学校的帮助，一定能找到工作。

（2）求职者应主动学习一些有关就业和创业的法律法规和文件，了解自己的权利和义务，明辨是非；避免轻信，降低风险，不要过分相信他人的甜言蜜语和夸大的不实之词，坚信工作是干出来的，只有通过诚实劳动才能致富。

（3）求职者应要通过正规渠道和正当途径获取就业信息，拒绝道听途说和网络上不实的帖子。

三、择业安全的几点提示

（1）毕业生要增强就业安全意识。择业时要正确判断，冷静思考，不要被招聘广告中的诱人条件迷惑，不走捷径，不贪图小便宜，防止陷入诈骗或掉入传销组织的陷阱。

（2）增强国家安全意识，提高自我保护能力。不听、不信、不传、不参与封建迷信活动，坚决抵制一切危害社会的邪教活动，树立正确的人生观。

（3）增强网络安全意识，合理利用网络，不沉迷于游戏，远离"校园贷"。不传播和下载带有反动、影响社会安定团结或淫秽内容的信息，注意网络安全、提高网络道德。

（4）外出求职面试时注意交通安全，妥善保管好个人证件、财物等；务必保持电话畅通，及时告知家人、导师、同学个人去向。

（5）学会判断就业信息和岗位的真实性，增强个人鉴别能力。

 实践应用

试用期毕业生如何维权

一、试用期不签订劳动合同

根据《劳动合同法》的相关规定，建立劳动关系，应当订立书面劳动合同。劳动合同期限三个月以上不满一年的，试用期不得超过一个月；劳动合同期限一年以上不满三年的，试用期不得超过两个月；三年以上固定期限和无固定期限的劳动合同，试用期不得超过六个月。同一用人单位与同一劳动者只能约定一次试用期。

二、试用期内随意解除劳动合同

根据《劳动合同法》的相关规定，劳动者在试用期间被证明不符合录用条件的，用人单位可以解除劳动合同，但这并不意味着用人单位可以在试用期内随意辞退劳动者。用人单位可解除劳动合同的条件是必须举证劳动者在试用期间不符合录用条件。否则，需承担因违法解除劳动合同所带来的一切法律后果。

三、"试用期"等于"白用期"？

根据《劳动合同法》的相关规定，劳动者在试用期的工资不得低于本单位相同岗位最低档工资或者劳动合同约定工资的百分之八十，并不得低于用人单位所在地的最低工资标准。

四、合同陷阱

（一）格式合同

一些用人单位按国家有关法律和劳动部门规定的合同示范文本事先印好聘用合同。从表面来看，这种合同无可挑剔，可是具体条款却表达含糊，甚至可能有几种解释。一旦发生纠纷，招聘方总会振振有词地拿出这种所谓规范式合同来为自己辩护，最后吃亏的还是应聘者。

（二）单方合同

单方合同即合同中只约定应聘方义务，如遵守企业的各项规章制度，若有违反要承担怎样的责任，违约要缴纳违约金，而合同上关于招聘者的义务几乎只字不提。这是最典型的不平等合同。如果接受这样的合同，无疑是将自己送上砧板，任人宰割。

（三）生死合同

一些危险性行业的用人单位为逃避责任，常常在签订合同时，要求应聘方接受合同的"生死协议"，妄图以与劳动者约定"工伤概不负责"的条款来逃避责任。签订这类合同的主要是建筑、采石等高危作业单位。这类企业劳动保护条件差、隐患多、设施不全，生产中极易发生伤亡事故。

（四）"两张皮"合同

一些用人单位与劳动者签订合同时，准备了至少两份合同：一份是假合同，内容按照劳动部门的要求签订，以应付有关部门的检查，但在劳动过程中并不实际执行；一份为真合同，是用人单位从自身利益出发拟订的违法合同，合同规定的权利和义务极不平等，用以约束劳动者。

（五）保证合同

有些用人单位违反法律规定，把一些不合理的要求以保证书的格式附于合同上，以此来约束求职者。

对于以上就业陷阱，我们应该了解相关法律法规和文件，观看相关法律访谈类节目，做到懂法用法，保护切身合法权益，防止上当受骗。

第一，单独的试用期合同是无效的。根据《劳动部关于贯彻执行〈中华人民共和国劳动法〉若干问题的意见》的规定："劳动者被用人单位录用后，双方可以在劳动合同中约定试用期，试用期应包括在劳动合同期限内。"也就是说，试用期不是劳动合同中的法定条款，可以约定也可以不约定。而如果约定试用期，则只能在劳动合同中约定，劳动合同是试用期存在的前提条件。不允许只签订试用期合同，而不签订劳动合同，这样签订的试用期合同是无效的。但试用期合同的无效，并不导致《劳动法》对劳动者的保护失效。

第二，劳动期限应和劳动合同期限挂钩，最长不得超过六个月。我国《劳动法》第二十一条规定："劳动合同可以约定试用期。试用期最长不得超过六个月。"具体来说就是劳动合同期限在六个月（半年）以下的，试用期不得超过 15 天；劳动合同期限在六个月到一年的，试用期最长不超过 30 天；劳动合同期限在一年以上三年以下的，试用期最长不得超过 60 天；劳动合同期限在三年以上的，试用期不得超过六个月。

第三，资金担保违法，可酌情提供担保人。用人单位要求新入职员工试用期提供担保，可能有两种形式，一种是以收取保证金（物）的形式，一种是以提供担保人要求其承担担保责任的形式。第一种是我国《劳动法》明令禁止的；第二种是要求提供担保人来承担连带责任，在我国没有法条做出过明文允许或禁止，劳动者可以本着自愿原则提供。

第四，试用期企业须有理由退工，员工可无理由走人。我国《劳动法》规定在试用期内，用人单位必须有证据证明劳动者不符合录用条件，才能将其辞退。而员工只要"通知"单位就可以解除劳动合同，无须提供任何理由。

模块三　育人园地
★★★★★

当代大学生应当志存高远、脚踏实地，转变择业观念，坚持从实际出发，勇于到基层一线和艰苦的地方去，把人生的路一步步走稳走实，善于在平凡的岗位上创造不平凡的业绩。

——2013年5月16日习近平在天津考察时的讲话

青年有着大好机遇，关键是要迈稳步子、夯实根基、久久为功。心浮气躁，朝三暮四，学一门丢一门，干一行弃一行，无论为学还是创业，都是最忌讳的。

——2014年5月4日习近平在北京大学师生座谈会上的讲话

广大青年要牢记"空谈误国、实干兴邦"，立足本职、埋头苦干，从自身做起，从点滴做起，用勤劳的双手、一流的业绩成就属于自己的人生精彩。要不怕困难、攻坚克难，勇于到条件艰苦的基层、国家建设的一线、项目攻关的前沿，经受锻炼，增长才干。要勇于创业、敢闯敢干，努力在改革开放中闯新路、创新业，不断开辟事业发展新天地。

——2013年5月4日习近平同各界优秀青年代表座谈时的讲话

模块四　拓展阅读
★★★★★

验电器的使用

验电器是用来判断电气设备或线路上有无电荷存在的器具。低压验电笔的使用方法如下：

（1）正确握住低压验电笔，必须按照下图所示方法握妥笔身，并使氖管小窗背光朝向自己以便于观察。

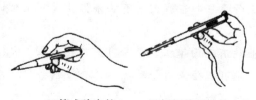

(a)笔式验电笔　　(b)螺钉旋具式验电笔

（2）为防止笔尖金属体触及人手，在螺钉旋具式验电笔的金属杆上，必须套上绝缘套管，仅留出刀口部分供测试需要。

（3）验电笔不能受潮，不能随意拆装或受到严重震动。

（4）应经常在带电体上试测，以检查其是否完好。不可靠的验电笔不准使用。

（5）检查时如果氖管内的金属丝单根发光，则是直流电；如果是两根都发光，则是交流电。

毕业生角色转换

大学毕业生走向工作岗位，面临的第一个问题就是角色的转换和过渡。此时的大学生面对激烈的角色冲突，容易出现心理危机，对工作和社会环境的认识不太全面，应尽快调整心态，做好本职工作，顺利完成角色转换，适应新的工作节奏和职业环境。

（1）培养团队合作意识，增强集体荣誉感。

（2）要从情感导向转向职业导向，修炼职业化的思维、意识和习惯。

（3）在有担当和重责任的前提下学会成长，要有由"要我干"变成"我要干"的意识。

（4）要从思维导向转向行为导向，不仅要想为什么，更要考虑如何做。

（5）注重个人的意志和品行的修炼。

（6）要有时间和纪律观念，遵守单位制度，尽快适应新工作的要求。

（7）充分了解和熟悉工作环境以及工作对象的特点和规律。

（8）全身心地投入新工作，了解自己的工作岗位，包括企业文化氛围以及企业内部人际环境、领导及同事的工作作风和自己与他人的业务关系等。

小测试

职业评估测验

完成下列问卷，圈出最能描述你感觉的答案，根据下列标准选择：SA＝很赞同；A＝赞同；D＝不赞同；SD＝很不赞同。

1. 我宁愿离开公司，也不愿在我的专业领域之外获得升迁。

2. 在某个专业技术领域成为一个杰出的专业人员，对我来说很重要。

3. 对我来说，不受组织限制的职业很重要。

4. 我总是在寻找那种能够给我提供为别人服务机会的职业。

5. 对我来说，能提供各种各样的工作任务和工作项目的职业很重要。

6. 升迁到总经理的位置上对我来说很重要。

7. 我愿意认同一个组织和这个组织所拥有的尊严。

8. 我宁愿待在现在的位置，也不愿意调动到别的地方去。

9. 在创立新的企业时，能运用我的技能对我而言非常重要。

10. 我希望能晋升到组织的一定层次，那样我的决策就可以发挥作用了。

11. 我认为自己更像一个全才，而不是献身于某个领域的专才。

12. 我认为职业生涯中永无止境的挑战很重要。

13. 认同一个有权威的或有尊严的雇主对我来说很重要。

14. 参与多个领域的工作活动很刺激，这是我的职业生涯的基本动机。

15. 不管处于哪个层次，监督、影响、领导、控制别人，对我来说都很重要。

16. 为了使我的整体生活环境很稳定，我宁愿牺牲自主性。

17. 组织是否能通过有保障的工作、福利和良好的退休待遇来提供安全和稳定的工作，对我来说很重要。

18. 在我的职业生涯中，我主要关心自由和自主性。

19. 只要我直接参与创造的产品很多，我的事业积极性就很高。

20. 我希望别人通过了解我所在的组织和我的工作而认同我的价值。

21. 在重要的活动中，能否利用我的能力和才智，这对我来说很重要。

22. 被别人认出头衔和地位对我来说很重要。

23. 允许我有最大的自由度来选择工作内容和工作时间的职业对我来说很重要。

24. 能够给我提供大量灵活性的职业对我来说很重要。

25. 我愿意处于总经理的位置。

26. 我希望别人通过我的职业认可我。

27. 只有当管理职位在我的专长领域之内时，我才接受它。

28. 我现在宁愿待在这个地方，也不愿因为晋升或新的工作任务而搬家。

29. 我想赚取大笔钱财，以向自己和别人证明我很能干。

30. 我希望能处于这样一个职位，它既可以让我施展自己的分析才能，又可以监督别人。

31. 在我的职业生涯中，我一直因在各种不同的工作领域施展自己的才华而骄傲。

32. 我在自己的职业中真正需要的是永无止境的挑战。

33. 长期稳定的组织对我来说很重要。

34. 能够创造或建立一些东西，而它们完全是我的产品或主意，这对我来说太重要了。

35. 保持在自己的专业领域中，而不是升迁到一个自己不熟悉的领域中，这对我来说很重要。

36. 我不想被限制在一个组织内或商业世界里。

37. 看到别人由于我的努力而有了变化，对我来说很重要。

38. 我生活中最大的愿望莫过于胜任自己的专业工作。

39. 有机会追求我自己的生活方式，而不是被组织制度限制，这对我来说很重要。

40. 我发现大多数组织是限制性的和强制性的。

41. 保持在自己的专长领域内，而不是升迁到总经理的位置，这对我来说很重要。

42. 我渴望通过一种职业在帮助别人的同时能够满足自己的基本需要。

43. 在为别人服务的过程中，运用我的人际技能和助人技巧，这对我来说很重要。
44. 我乐意看到别人因为我的努力而有所变化。

答案说明：

根据你在每个题号后的空白处所写下的字母计算得分（SA＝4，A＝3，D＝2，SD＝1）。

1 ＿＿ 2 ＿＿ 3 ＿＿ 4 ＿＿ 5 ＿＿ 6 ＿＿ 7 ＿＿ 8 ＿＿ 9 ＿＿ 10 ＿＿
11 ＿＿ 12 ＿＿ 13 ＿＿ 14 ＿＿ 15 ＿＿ 16 ＿＿ 17 ＿＿ 18 ＿＿ 19 ＿＿ 20 ＿＿
21 ＿＿ 22 ＿＿ 23 ＿＿ 24 ＿＿ 25 ＿＿ 26 ＿＿ 27 ＿＿ 28 ＿＿ 29 ＿＿ 30 ＿＿
31 ＿＿ 32 ＿＿ 33 ＿＿ 34 ＿＿ 35 ＿＿ 36 ＿＿ 37 ＿＿ 38 ＿＿ 39 ＿＿ 40 ＿＿
41 ＿＿ 42 ＿＿ 43 ＿＿ 44 ＿＿

现在把各项得分加起来得出各分量表的分数，再用分量表分数除以项目数，如下所示。

- 技术能力 第1、2、27、35、38、41题总分 /6＝＿＿＿＿＿
- 自主性 第3、18、23、36、39、40题总分 /6＝＿＿＿＿＿
- 服务性 第4、21、37、42、43、44题总分 /6＝＿＿＿＿＿
- 身份性 第7、13、20、22、26题总分 /5＝＿＿＿＿＿
- 多样性 第5、12、14、24、31、32题总分 /6＝＿＿＿＿＿
- 管理能力 第6、10、11、15、25、30题总分 /6＝＿＿＿＿＿
- 安全感 第8、16、17、28、33题总分 /5＝＿＿＿＿＿
- 创造力 第9、19、29、34题总分 /4＝＿＿＿＿＿

上述8个职业定位的含义如下：

- 技术能力：你是围绕正从事的工作的挑战而组织自己的职业的。
- 自主性：你看重自由和独立。
- 服务性：你乐于助人，为了重要的原因而工作。
- 身份性：你在工作中关心地位、声誉和头衔。
- 多样性：你不断寻求新的和不同的挑战。
- 管理能力：你喜欢解决问题，希望能够领导和控制别人。
- 安全感：你偏爱稳定和安全的职业。
- 创造力：你具有创造一些自己感兴趣东西的强烈需求。

在每一项给定的定位中，得分越高，表明你越看重它。当你的工作最适合你的职业定位时，你的发挥就更好。定位和实际工作不匹配会使你离开组织或承受巨大的压力。你可以利用自己的分析帮助自己选择正确的工作和职业。

第七章

网络安全

★ ★ ★ ★ ★

网络是把双刃剑，随心所欲难实现；
虚拟规则须遵守，现实虚拟共自由。

导 读

　　网络是一把双刃剑，它在给我们带来诸多方便的同时，也给我们带来了不少诱惑和陷阱。共青团中央维护青少年权益部、中国互联网络信息中心（CNNIC）、中国青少年新媒体协会在京联合举办的"网络保护·守护成长"主题研讨会发布了《2020年全国未成年人互联网使用情况研究报告》。2020年，我国未成年网民达到1.83亿人，互联网普及率为94.9%，比2019年提升了1.8个百分点，高于全国互联网普及率（70.4%）。超过三分之一的小学生在学龄前就开始使用互联网，而且呈逐年上升趋势。随着数字时代发展，孩子们首次触网的年龄越来越小。手机已经成为我国青少年上网的主要工具。然而，青少年网络安全问题也日益凸显。在网络带来海量信息的同时，不良内容成为影响未成年人网络安全的主要隐患。研究报告显示，有15.6%的未成年人表示曾遭遇网络暴力，最常见的是网上讽刺或谩骂、自己或亲友在网上被恶意骚扰、个人信息在网上被公开。30.3%的未成年人曾在上网过程中接触到暴力、赌博、吸毒、色情等不良信息。作为大学生，要提高对网络不良信息的鉴别能力，保护好自己，谨防上当受骗；要从自身做起，倡导文明健康的网络环境，不做不良信息的制造者和传播者，预防网络犯罪；要合理安排上网时间，正确看待网络游戏，严防网络成瘾。

要 点

1. 了解网络不良信息，提高对网络不良信息的辨别力和免疫力。
2. 增强网络规范意识，预防大学生网络犯罪。
3. 合理安排上网时间，预防大学生网络成瘾。

模块一　案例学习
★★★★★

案例 1

网络游戏害人不浅

2021 年 2 月 19 日傍晚，河南省南阳市镇平县高丘镇孙湾村农妇张玉清，走进离家约一千米的干涸水渠内，蹲在一团灰烬旁点燃草纸，声泪俱下。她在祭奠她卒年 13 岁的儿子晓晨。灰烬是电动车和晓晨尸体燃烧后残留的。

2020 年 12 月 15 日下午，王宇、张京、晓晨三人围坐在水渠护坡上的树下饮酒。晓晨最先起身，欲骑电动车离去，但体内酒精含量超 300mg/100ml 的他，骑出 10 余米后摔倒在地。王宇和张京上前，持利器伤害晓晨，致其失血性休克后，点燃了电动车。行凶者王宇认为，晓晨是个"告密者"，告发他从生活老师手中拿了别人的手机，遂和张京约定：教训晓晨一顿，让其长点记性。两人作完案后，面对晓晨父母多次追问，坚称不知晓晨下落。直到当年 12 月 22 日晓晨尸体被人发现，他俩才向民警供述了杀人事实。

行凶者王宇和张京有着相似的标签：留守少年、辍学少年、网瘾少年。手机对于晓晨、王宇、张京来说，很重要的一项功能是可以玩一款对战游戏。这款游戏中，玩家组队后可用刀、燃烧弹、枪等虚拟武器互相 PK，获胜一方可"吃鸡"。晓晨家人说，晓晨爱玩这款游戏。吊诡的是，2 月 20 日，晓晨的同学向上游新闻记者介绍，晓晨失踪后，他的游戏账号还曾上线过。王宇家人介绍，王宇经常和晓晨、张京组队玩这款游戏，有时玩得顾不上吃饭。每当"杀"死对手后，他们都兴奋不已。张京家人称，有时候，张京一玩就是 8 小时。其父发现后，收走了手机。张京又在其母跟前"软磨硬泡"，要回手机。上游新闻记者查看张京游戏账号发现，其所操控的虚拟角色获得过两次"超级王牌"称号，装备价值不菲。此外，21 天内，该账号有过多次登录记录。

16 岁初中生持刀杀人抢走 85 元　只为筹钱购买网络游戏皮肤

2018 年 3 月 25 日 19 时许，如往常一样准备出门的安徽省滁州市全椒县 16 岁少年阿力（化名），在家门口被警方抓获。谁也没想到，这位年纪轻轻的少年，竟然在前一天带刀前往当地一出租屋，试图抢劫无业女子小美（化名），遭到激烈反抗后竟然将小美杀死，只为了凑 150 元钱购买一款网游里的"人物皮肤"（即游戏角色的装扮）……

据悉，阿力的家乡在全椒县附近的乡村，他在县城一所中学上初三，父亲在家务农，母亲在学校附近的棉麻公司宿舍区以低廉的价格租了一套平房，母子俩就居住在这里。在周围居民不多的印象中，阿力"个子快一米八，身材很壮，但是看起来很忠厚老实，不像个不良少年。她的母亲我们见得也不多，听说是一边打工一边陪读"。

从棉麻公司宿舍区往北走十几分钟，就可以到奎光商城，这是当地政府在十几年前盖的一个商业区，虽然地处繁华的旧城区，但一年多后商户就纷纷搬走，这里变得空空荡荡，成了废品的收集地，到了晚上就人迹罕至。在奎光商城里，案发的门面房卷闸门紧锁，上面贴着"转让"的字样，纸张和胶带都十分陈旧，看上去有一段时间了，边上的居民说，遇害的小美就住在里面。

案例简析

以上两个案例中的 4 名未成年人因缺少父母的关爱和引导，整日沉溺于网络游戏，面对网络游戏中的暴力场面和暴力行为习以为常，觉得打人杀人如家常便饭，把虚拟世界和现实世界混为一谈。一旦他们在现实生活中遇到某些需要解决的棘手问题，就会诉诸暴力。因此，学会识别并自觉抵制网络不良信息的影响尤为重要。

2020 年 12 月 26 日之前，未满 14 周岁的人不用负刑事责任。2020 年 12 月 26 日，全国人大常委会会议表决通过刑法修正案（十一），其中规定：已满 12 周岁不满 14 周岁的人，犯故意杀人、故意伤害罪，致人死亡或者以特别残忍手段致人重伤造成严重残疾，情节恶劣，经最高人民检察院核准追诉的，应当负刑事责任。

在上述案例中，镇平县公安局相关负责人称，王宇和张京两人是刑法修正前作案。释放两人前，该局向上级机关汇报，想将两人送往少管所，但未获批复，只好释放。该局和其他相关部门，会帮助家长，共同教育王宇和张京。

在学校，老师首先要引导学生自觉接受良好的网络文化教育，其次要注重树立和培养学生正确的网络道德观。

法规链接

《中华人民共和国刑法》

第十四条　明知自己的行为会发生危害社会的结果，并且希望或者放任这种结果发生，因而构成犯罪的，是故意犯罪。

故意犯罪，应当负刑事责任。

第十七条　已满十六周岁的人犯罪，应当负刑事责任。

已满十四周岁不满十六周岁的人，犯故意杀人、故意伤害致人重伤或者死亡、强奸、抢劫、贩卖毒品、放火、爆炸、投放危险物质罪的，应当负刑事责任。

已满十二周岁不满十四周岁的人，犯故意杀人、故意伤害罪，致人死亡或者以特别残忍手段致人重伤造成严重残疾，情节恶劣，经最高人民检察院核准追诉的，应当负刑事责任。

对依照前三款规定追究刑事责任的不满十八周岁的人，应当从轻或者减轻处罚。

因不满十六周岁不予刑事处罚的，责令其父母或者其他监护人加以管教；在必要的时候，依法进行专门矫治教育。

第二十五条　共同犯罪是指二人以上共同故意犯罪。

二人以上共同过失犯罪，不以共同犯罪论处；应当负刑事责任的，按照他们所犯的罪分别处罚。

第二百六十三条　以暴力、胁迫或者其他方法抢劫公私财物的，处三年以上十年以下有期徒刑，并处罚金；有下列情形之一的，处十年以上有期徒刑、无期徒刑或者死刑，并处罚金或者没收财产：

（一）入户抢劫的；

（二）在公共交通工具上抢劫的；

（三）抢劫银行或者其他金融机构的；

（四）多次抢劫或者抢劫数额巨大的；

（五）抢劫致人重伤、死亡的；

（六）冒充军警人员抢劫的；

（七）持枪抢劫的；

（八）抢劫军用物资或者抢险、救灾、救济物资的。

最高人民法院《关于抢劫过程中故意杀人案件如何定罪问题的批复》

行为人为劫取财物而预谋故意杀人，或者在劫取财物过程中，为制服被害人反抗而故意杀人的，以抢劫罪定罪处罚。

行为人实施抢劫后，为灭口而故意杀人的，以抢劫罪和故意杀人罪定罪，实行数罪并罚。

友情提醒

网络信息良莠不齐，作为大学生，应自觉抵制网络游戏中和相关网站上的暴力内容带来的不良影响。

思考讨论

你是如何看待网络暴力的？大学生应当如何抵制网络暴力带来的恶劣影响？

案例 2

发布辱国言论，被取消学籍

湖南城市学院党委取消王栋入学资格。王栋，男，汉族，2000 年 8 月 13 日出生，湖南省祁东县人，为该校 2018 级土木工程学院土木工程专业大一新生。

2018 年 9 月 19 日凌晨，该生在网络微博以"贵州省省草王英俊"网名，发布"爱国是不可能爱国的，我一辈子都不可能爱国""都是大学生了还爱国，我看你就是蠢货"等辱国言论，遭网友举报。益阳市有关部门和学校进行核查，查实了网名"贵州省省草王英俊"为湖南城市学院土木专业新生王栋。王栋对所发错误微博言论供认不讳。又查，2018年9月9日入学以来，王栋多次在学生宿舍发表辱国言论，且不听同学劝阻，并对同室同学的爱国言论冷嘲热讽。

鉴于王栋散布辱国等极其错误言论，影响极坏，湖南城市学院根据《国家招生考试规定》及《湖南省2018年普通高等学校招生工作实施办法》有关条款，《普通高等学校学生管理规定》第三章第九条和《湖南城市学院学籍管理规定》（湘城院发〔2017〕91号）第一章第二条之规定，经学校校长办公会研究，决定取消王栋入学资格。

案例简析

习近平总书记在全国宣传思想工作会议上的深刻论述，鲜明揭示了意识形态工作的极端重要性。面对日趋复杂的国际国内环境，能不能保持党的思想宣传优势，能不能守住意识形态领域阵地，能不能巩固壮大主流思想舆论，事关党的前途命运，事关国家长治久安，事关民族凝聚力和向心力，确实是亟须高度关注的重大课题。作为大学生，应增强法律意识，切勿利用网络平台传播不良信息或实施犯罪，不要做出有违网络文明要求的网络失范行为。

法规链接

《中华人民共和国网络安全法》

第十二条 国家保护公民、法人和其他组织依法使用网络的权利，促进网络接入普及，提升网络服务水平，为社会提供安全、便利的网络服务，保障网络信息依法有序自由流动。

任何个人和组织使用网络应当遵守宪法法律，遵守公共秩序，尊重社会公德，不得危害网络安全，不得利用网络从事危害国家安全、荣誉和利益，煽动颠覆国家政权、推翻社会主义制度，煽动分裂国家、破坏国家统一，宣扬恐怖主义、极端主义，宣扬民族仇恨、民族歧视，传播暴力、淫秽色情信息，编造、传播虚假信息扰乱经济秩序和社会秩序，以及侵害他人名誉、隐私、知识产权和其他合法权益等活动。

第七十条 发布或者传输本法第十二条第二款和其他法律、行政法规禁止发布或者传输的信息的，依照有关法律、行政法规的规定处罚。

友情提醒

一些大学生自以为是，利用自己的小聪明和所掌握的知识，在网络上实施网络犯罪，因自己的法律意识淡薄，未认清其中利害，一失足成千古恨。大学生应提高防范网络诈骗的基本能力，遇到实际问题，忌盲目，多思考，不要被假象迷惑。

📖 **思考讨论**

1. 结合本案例，分别从道德层面和法律层面分析杨某的行为。
2. 从本案中，你得到了什么启发？

案例 3

<h3 align="center">优等生的堕落</h3>

小A，男，曾以优异的成绩考入西安某985院校。在大一刚入学时，小A以开朗的性格、负责任的态度赢得了老师和同学的一致好评，以压倒性的优势当选为班长。在大一一年里，小A不负众望，对老师交代的班级工作总能认真圆满地完成，甚至老师没有想到的问题，他也能提前想到并做好。班级在小A的管理下，各项工作得以有条不紊地进行，同时，他在老师和同学之间也起到了很好的纽带作用。小A不仅工作做得好，在学习方面也没有落下，在大一的两次期末考试中都获得了奖学金；在学校组织的各项活动中，也能积极努力参加，并在多次活动中取得了名次，起到了表率作用和模范带头作用。

就是这么优秀的一名大学生，在大二期间，因为接触到网络游戏，他的行为逐渐开始发生变化。某天，在舍友小B的怂恿下，小A进入网吧开始和别人玩起了联机游戏。有别于单机版游戏的封闭性和有限性，联机游戏给了他身临其境的感觉，让他不断想升级，不断想通关。起初，小A还尽量限制自己玩游戏的时间，慢慢地就放任自流，不加控制。

小A花费在网络游戏上的时间越来越多，相应地，花费在工作和学习上的时间越来越少。作为班长，班级工作几乎完全撂了挑子，学习成绩一落千丈，甚至好几门课不及格。小A再也不是同学们心目中那个热情开朗，总能给大家带来正能量的班长了。他通宵上网，白天睡觉，过着日夜颠倒的生活，总是一副萎靡不振的样子。这样的状况持续了三年，在毕业补考时，本该在考场补考的他，依然在他的网络世界里奋战。在本该毕业的时间，小A没能毕业，他留级了，女朋友在苦劝无果后也离开了他。按理说，已经留级了，就应该醒悟了吧，可是，小A没有，他依然沉迷在网络世界里。为了避免他再次留级，在周围的老师和同学的帮助下，他勉强拿到了毕业证。拿到毕业证的小A并没有因为留级耽误了一年的时间而尽快找工作，依然在他的网络世界里过得浑浑噩噩、昏昏沉沉。

🔍 **案例简析**

案例中，小A没能正确合理地使用网络，而是沉溺于网络世界，难以自拔，影响了自己的学习和生活，毁弃了自己的大好前程，导致明显的社会和心理功能损害。由此，可判断小A患上了网络游戏成瘾症。

　　小 A 只有戒掉网络游戏成瘾症，才能过上正常的生活，重新实现自己的价值。预防与防治网络成瘾，可以参照以下几条措施。

　　（1）正确认识网络成瘾的危害。长时间上网会导致身体各项机能下降，导致成绩大幅度下降，甚至不能毕业，导致性格越来越孤僻，影响和别人的正常交往。

　　（2）理性对待网络成瘾。客观分析自己上网时间过长的原因，找出根源，自我救助。

　　（3）学会自我控制。提高自我控制力，包括控制上网时间、内容等。

　　（4）及时求救。可向老师和同学诉说自己的这种状况，在老师和同学的帮助下，改变网络成瘾的现状。

　　（5）注重亲情和友情。好好思考网络成瘾这种状态是否会伤害到爱护你的父母、老师以及关心你的同学。

法规链接

中华人民共和国教育部令第 41 号《普通高等学校学生管理规定》

　　第七条　学生在校期间依法履行下列义务：

　　（一）遵守宪法和法律、法规；

　　（二）遵守学校章程和规章制度；

　　（三）恪守学术道德，完成规定学业；

　　（四）按规定缴纳学费及有关费用，履行获得贷学金及助学金的相应义务；

　　（五）遵守学生行为规范，尊敬师长，养成良好的思想品德和行为习惯；

　　（六）法律、法规及学校章程规定的其他义务。

　　第四十一条　学生应当自觉遵守公民道德规范，自觉遵守学校管理制度，创造和维护文明、整洁、优美、安全的学习和生活环境，树立安全风险防范和自我保护意识，保障自身合法权益。

　　第四十二条　学生不得有酗酒、打架斗殴、赌博、吸毒，传播、复制、贩卖非法书刊和音像制品等违法行为；不得参与非法传销和进行邪教、封建迷信活动；不得从事或者参与有损大学生形象、有悖社会公序良俗的活动。

　　学校发现学生在校内有违法行为或者严重精神疾病可能对他人造成伤害的，可以依法采取或者协助有关部门采取必要措施。

　　第四十七条　学生应当遵守国家和学校关于网络使用的有关规定，不得登录非法网站和传播非法文字、音频、视频资料等，不得编造或者传播虚假、有害信息；不得攻击、侵入他人计算机和移动通信网络系统。

某高校《关于禁止学生酗酒、通宵上网的暂行规定》

　　第一条　禁止学生个人或聚众酗酒，禁止学生通宵上网和夜不归宿。

　　第二条　学校将不定期地进行检查，对检查出的酗酒、无请假手续夜不归宿、通宵上网者给予警告处分，对于第二次违反者给予记过处分，第三次违反者给予勒令退学处分。

友情提醒

作为大学生，一定要抵制来自网络的诱惑，处理好学习、生活和网络之间的关系，切勿放任自流、自甘堕落。

思考讨论

1. 网络是把双刃剑，结合本案例，试说明网络的危害性。
2. 如何处理好网络和学习及生活的关系？

模块二　理论探究

第一节　提防网络不良信息

一、网络不良信息的分类

网络已经渗透到人们生活的方方面面，尤其是智能手机快速发展，各种 App 层出不穷，为我们的生活提供了各种便利，让我们随时随地都能获取最新资讯。如微博、微信等，每天都会及时推送当天发生的新闻，覆盖面广，时效性好。我们和网络已密不可分，可以通过它接触到大量的网络信息。可是这些信息纷纷杂杂、真真假假，令我们难辨真伪。不法分子利用网络这个大平台对单纯的大学生施骗，上至煽动三观，下至骗取钱财。因此，在这里要提醒大学生擦亮眼睛，学会识别网络上的不良信息，避免上当受骗。同时，不要在网上制作、传播不良信息，做一名合格的网民。此外，还要防止反动信息的腐蚀。

网络不良信息按内容可分为三种：诈骗信息、暴力信息、色情信息。

（一）诈骗信息

网络诈骗是指以非法占有为目的，利用互联网，采用虚构事实或者隐瞒真相的方法，骗取数额较大的公私财物的行为。虽然在校园内和课堂上多有网络防骗的宣传和警示，但是大学生由于缺乏社会经验，容易轻信、偏信犯罪分子的一面之词，因此大学生网络受骗案件时有发生。

网络骗局花样层出不穷，让人防不胜防。目前，网络诈骗的形式有以下几种。

1. 网络交流诈骗

骗子通过各种方法盗取 QQ 账号、微信账号等，向用户的好友、联系人发布信息，编造各种理由借钱，请对方汇款到其指定账户；或者通过网站等交友平台以"恋爱"为噱头精心设局，单纯的女大学生往往会为他们的"深情""多金""绅士""暖男""特殊身份"等一系列标签所蒙蔽，深陷"爱情"不能自拔，最后被骗财骗色，招致难以治愈的伤害。

防范措施：假若遇到此类情况，头脑务必保持清醒，及时通过电话等通信方式联系到本人，确认消息是否源自好友或联系人，避免上当受骗；女大学生切记，在网络上遇到的所谓"某公司老板"等干大事业的网友中，十之八九是假的，事业有成的男人是没有时间和陌生人在网络上聊天的，而且，他要是如此优秀，怎么还会是单身呢？

2. 网络钓鱼诈骗

网络钓鱼是当前最为常见也较为隐蔽的网络诈骗形式。所谓网络钓鱼，是指犯罪分子通过使用"盗号木马""网络监听"以及伪造的假网站或网页等手法，盗取用户的银行账号、证券账号、密码信息和其他个人资料，然后以转账盗款、网上购物或制作假卡等方式获取利益。

网络钓鱼主要可分为以下两种方式：

(1) 发送电子邮件，以虚假信息引诱用户。诈骗分子以垃圾邮件的形式大量发送欺诈性邮件，这些邮件多以中奖、顾问、对账等内容引诱用户在邮件中填入银行卡卡号和密码，或是以各种紧迫的理由要求收件人登录某网页提交用户名、密码、身份证号、信用卡卡号等信息，继而盗窃用户资金。

(2) 建立假冒网上银行、网上证券网站，骗取用户账号和密码实施盗窃。犯罪分子建立的域名、网页内容都与真正的网上银行系统、网上证券交易平台极为相似，引诱用户输入账号和密码等信息，进而通过真正的网上银行、网上证券系统或者伪造银行储蓄卡、证券交易卡盗窃资金。还有的利用合法网站服务器程序上的漏洞，在站点的某些网页中插入恶意代码，屏蔽一些可以用来辨别网站真假的重要信息，以窃取用户信息。

如今，大学生网购现象较为普遍，因网购而受骗的不在少数。骗子多以"付的钱被冻结""要把钱退还"等为借口，发一个和网银页面相似的链接让受害者重新登录，再套取发到手机上的验证码，把受害者银行账户里的钱全部转走。

下面为某职业院校大学生网购受骗经历。

某日晚，小云在淘宝上的一家上海网店购买了东西。大约一个小时后，一个上海的号码打过来电话，声称他们的系统出现了问题，小云购物没有成功，付款也被冻结了。为了帮助小云申请退款，骗子先让小云加了一个名为"订单处理中心"的 QQ 号，将小云详细的订单信息发给她，还给小云打了电话耐心告知退款步骤，由此，骗子获得了小云的信任。骗子告诉小云千万不要登录淘宝账户，会影响退款，另外发给她一个链接，称登录此链接按照步骤即可申请退款，其间会有验证码发到手机上，需要她将验证码输入网页。对方每次都打电话说验证码错误，需重新输入，三次过后，对方称已经处理好了。事后，小云越想越不对劲，赶紧回拨电话，发现电话已关机，QQ 也下线了，然后查询了银行卡，里面的钱分三次被转走。她登录淘宝账户，发现订单已经发货。至此，小云才知道自己遇到了骗子。

防范措施：无论是从手机上还是网络账户中接收到不明信息，务必拨打官方热线去确认，不要盲目跟从别人给你的步骤操作；网购时，一定要通过官方购物网站去购物，切记不要登录网络上不明身份的人发过来的链接。

3. 网络软文

网络软文与一般大型企业的公关/市场部门所发布的软文有所不同，可以说是一种更隐蔽的软性广告。例如：某知名汽车专业论坛上，经常会出现这样一些帖子。先罗列一些市场上比较烂的汽车牌子，弄个噱头，譬如"2018 年十大烂车排行榜"等，逐个对名单里面的汽车进行批评，而且出言毫不留情，仿佛很为广大车友着想。然后会有一堆人跟帖顶起，附和楼主观点，等帖子的热度一上来，就会有人忽然问：××牌子的汽车怎么样？有人开过吗？接下来又有一大堆人出来介绍该牌子的好处、使用心得等。看到上面这样一个帖子，很多不明就里的人就可能上当。其实，帖子里面的大部分人都是托儿，先贬低一部分汽车牌子，引起读者的注意，然后借机宣传自己的牌子。

防范措施：提高对网络信息的辨别能力和免疫力，对于网络上的言论不要偏听偏信。若想在网络上了解商品情况，除网络搜索调查外，应再结合实际进行市场调查。

4. 网络水军

网络水军（别名：水军），是指在论坛大量灌水的人员，即受雇于网络公关公司、以发帖和回帖为主要手段、为雇主进行网络造势的网络人员。版主把主帖发出去后，获得最大范围的网民的注意，进而营造出一个话题事件，雇用大批水军来为客户发帖和回帖造势。网络水军的出现，容易混淆视听，通过人为制造的网络热点事件，扭曲网络舆论，让网民在不知不觉中充当其炒作的托儿或者打手，愚弄广大网民的同情心、正义感；为了"吸引眼球""搏出位"，故意采用反社会、反主流、谩骂侮辱、黄色低俗等方式来制作和传播信息，严重误导网民的价值观和审美观；破坏社会诚信，使人们对网络信息难辨真伪，降低网络信息可信度。

防范措施：要客观对待网络上的热点事件，不要随大流，或恶意攻击他人，以免为居心不良的人所利用。

5. 网络升级诈骗

网络飞速发展，我们所用软件的性能不断更新，几乎一两个月的时间软件就得升级，骗子把这一"商机"又对准了网银诈骗。目前比较多的电信诈骗犯罪是利用网银升级、信用卡升级、网银密码升级等虚假信息实施诈骗。犯罪分子利用××银行网上转账时只需输入常规静态密码及 E 令（××银行网银客户持有的动态密码显示设备）的动态口令而无需 USB Key（硬件数字证书载体）的特点，通过发送"××银行 E 令过期"等虚假短信息，诱骗受害人登录所谓的××银行官方网址，即类似的"钓鱼网站"，从而窃取受害人的登录账户和密码口令。一旦得手，犯罪分子迅速通过网上转账转走受害人账户内的资金。

防范措施：无论对方怎么反复索要，保证不对任何陌生人提供密码、动态口令，这是底线；记住正确的银行网址。

（二）暴力信息

网络暴力一方面是指某些网友对某些事件发表的网络言论已经超越了正常理性，不仅由此完成了虚拟空间里对当事人的道德审判，更严重的是，当事人甚至受到了现实生活的处罚；另一方面是指网络游戏中和相关网站上的暴力内容会给青少年的成长造成不良影响。

由于网民可以匿名发表评论，部分心理阴暗的网民对未经证实或已经证实的网络事件，在网上发表具有攻击性、煽动性或侮辱性的失实言论，造成当事人名誉受损，甚至自杀的严重恶果。比如，台湾网模杨又颖因不堪网络负面流言而自杀。

很多大型网络游戏及相关网站存在暴力内容，这对大学生的影响极为不利。在游戏中，假如你杀了对方，作为一种奖励，你就可以占有他的财产。如果大学生大量接触这类游戏，会对游戏中的暴力场面和暴力行为习以为常，觉得打人杀人如家常便饭，不必大惊小怪。而一旦他们在现实生活中遇到某些需要解决的棘手问题，也有可能诉诸暴力。

每个人都可能成为网络暴力受害者，网络暴力的肆无忌惮，正在以其独有的方式破坏公共规则，触碰道德底线。窥探网络事件、网络人物的背后细节、隐私、背景，也成为互联网上一些群体最热衷的活动。作为大学生，我们不能随波逐流，不能蓄意攻击他人，应保持清醒的大脑，提高明辨是非的能力。

（三）色情信息

网络色情是指互联网上以不同形式传播的色情图片、色情文学、色情游戏、淫秽影片、淫秽音频和视频、色情行为等。在互联网兴起以后，任何人只需点击几下鼠标，就能轻而易举地浏览大量色情图片与视频。由于大学生的生理和心理特点，他们极易沦为受网络色情伤害最严重的群体。网络色情对于生理和心理刚趋于成熟、自制力差、猎奇心理强的大学生而言，容易诱发其不健康欲望，扭曲其心理，耽误其学习，导致其成绩下降、学业荒废；网络色情甚至直接侵害大学生的道德心理，抑制其健全道德人格的形成，导致部分大学生个体道德的下降。

有些不法分子会利用大众对色情信息的好奇心进行诈骗。2014 年，警方破获了一起利用色情网站传播淫秽色情物品的案件。该网站通过大量淫秽色情内容吸引用户点击，而制售木马病毒的不法分子则向该网站提供木马病毒，并支付费用。犯罪嫌疑人在网站中隐藏好木马病毒，用户一旦点击该网站，电脑就会中招，这种木马病毒会将用户个人信息通过网络偷偷传给制售木马病毒的不法分子。

古人云："入鲍鱼之肆，久闻而不知其臭。"色情网站是精神鸦片的贩卖者，一个人受色情网站的影响，轻则可能辨不清是非，失去进取心，影响家庭和谐；重则危害社会，致使其走上犯罪的道路。而且大多数色情网站包含木马病毒，一旦中招，将严重危害个人电脑安全。

美国国会曾专门组织学者进行研究，结论是浏览淫秽色情类网站也和吸食毒品一样能使人上瘾并且难以自拔。宾夕法尼亚大学教授玛丽·安的研究报告指出，淫秽色情类网站和图片对大脑的刺激与吸食毒品相同。成年人一旦沉溺其中，必将对其工作效率和家庭稳定造成威胁。

二、网络不良信息的危害

网络不良信息将会对大学生造成负面影响，甚至影响他们正常的生活、学习和人际关系。

（一）个别大学生出现网络成瘾症

网络成瘾症是一种因过度使用互联网而产生的心理疾病，患者年龄介于 15～45 岁，青少年患病比例远远高于成年人。网络不良信息往往具有诱惑性，自控能力差的大学生会对网络操作欲罢不能。网络成瘾症会严重影响大学生的正常学习、生活和交往。

（二）妨碍大学生个体的社会化进程

一些人对网络的依赖，已经不仅仅限于网上的人际交流，玩网络游戏以及在网络上听音乐、观看电影乃至浏览色情网站等，使他们在网络中越陷越深，负面影响也越来越明显：有些大学生越来越不喜欢出门，成为宅男宅女，性格变得孤僻、内向，不爱与人交流，不能很好地处理现实中的人际关系与矛盾，只满足于虚拟世界中的人际交往；有些大学生习惯了网络交流的方式与语言，回到现实世界来，难免会有不适应的感觉，这也会影响他们在现实中的人际交往。

（三）导致大学生社会责任感缺失

调查得知，76.4%的青少年不会在网上公布自己的真实信息。同时，有86.8%的青少年不相信别人公布的信息，对网络媒体缺乏信任感。当他们被问到"如果在网上被骗，会怎样去做"时，有36.1%的人承认会报复或再骗别人。不诚实、撒谎会造成人与人之间的信任危机，同时使人们对社会缺乏责任感。对不良现象的沉默就是纵容，应该对这种现象大力讨伐并力图消灭。

（四）引发大学生犯罪心理倾向和犯罪行为

虽然互联网带给人们的是虚拟的世界，但虚拟的互联网却带给大学生实实在在的伤害。法律专家指出，继父母离异、毒品、电子游戏等成为引发大学生犯罪的主要原因后，互联网上的不良信息也是诱发大学生犯罪的重要因素。初步统计显示，网吧周边已成为大学生犯罪的多发区域，且呈现逐渐上涨的趋势。

(五) 使大学生失去学习兴趣

对于大学生来说，长时间沉溺于网络世界，会使他们对学习产生不同的看法，认为学习是辛苦的，是枯燥的。现在一部分大学生沉迷在网络游戏中，感官受到某一特定内容的刺激，兴趣集中于此，其注意力也从专注的学习转向对不良信息的关注，极大地影响了学习效率。

 实践应用

预防网络不良信息的对策

大学生是祖国的栋梁之材，是祖国未来的希望。为了让大学生免受网络不良信息的影响，可以采取以下对策。

一、提高大学生网络信息处理能力

大学生要学会对信息进行归纳、分类、存储记忆和鉴别，进而在丰富的网络信息中根据自己的学习目标去选择和鉴别所需要的网络信息，充分运用网络信息工具进行学科知识的学习和研究。

二、学校建立主流文化阵地

学校可以在网络上建立主流文化阵地，就一些社会热点问题，在一些BBS上展开讨论，引导大学生用科学的观点进行分析，纠正大学生的错误思想。也可以通过双向交流方式进行思想交流和讨论研究，使网络信息更好地为大学生服务。

学校还可以聘请一些具有较高理论水平和较强政治敏锐性的教师，及时发现大学生关注的带有倾向性或群体性的热点问题，并采取相应措施，有针对性地做好学生的思想工作。还要在日常生活中与大学生打成一片，建立良好的师生关系，深入学生，了解学生，增进师生情感交流，更好地为大学生提供咨询服务，及时纠正大学生的错误思想，防止有害信息对大学生产生影响。

三、加强媒介素养教育，提升大学生识别和抵制不良信息的能力

在日常生活中，大学生要不断构建获得正确媒介信息和判断信息价值的知识结构，提高对是非、正误、美丑的判断能力，培养对信息的辨别与选择能力，掌握在网上获取有效健康信息的能力，使自身成为媒介的主动参与者，而不只是媒介信息的被动接受者。帮助大学生树立正确的人生观、世界观、价值观，强化思想道德意识和民族意识，培养他们健全的人格和高尚的道德情操，同时要科学地进行法制教育和性教育，提升大学生遵守网络规则的法制意识和选择性接收网络信息的能力，增强其免疫力。

第二节　预防大学生网络犯罪

一、网络犯罪的分类及特点

目前，我国学术界对网络犯罪有广义说和狭义说两种观点。广义说认为，网络犯罪是指以计算机为工具或者以计算机信息系统为分割对象而实施的危害社会、应受刑罚处罚的行为。狭义说认为，网络犯罪是指利用计算机所实施的危害计算机信息系统安全的犯罪行为。

（一）网络犯罪的分类

网络犯罪是针对和利用网络进行的犯罪，网络犯罪的本质特征是危害网络及其信息的安全与秩序。

1. 侵犯计算机信息系统安全的网络犯罪

此类犯罪包括非法侵入计算机信息系统罪、破坏计算机信息系统罪、非法获取计算机信息系统数据罪、非法控制计算机信息系统罪，以及提供侵入、非法控制计算机信息系统程序、工具罪。

以上五种犯罪侵犯的对象都可以归于计算机信息系统安全，这也是最典型的一类网络犯罪行为。此类犯罪是行为人明知自己的行为会引发非法侵入计算机信息系统的结果而故意为之，其行为在客观上违反了国家相关法律的规定，严重侵犯了信息系统的安全性和保密性，有可能产生极为严重的社会影响。对此类犯罪的认定由于有明确的法律依据，因此按照相关法律规定的构成要件对号入座即可。

2. 网络传播淫秽电子信息犯罪

网络传播淫秽电子信息犯罪，俗称"网络贩黄""网络黄毒"等。一些不法分子出于各种目的，在互联网上建立淫秽网站、网页，提供淫秽站点链接服务，在网上提供淫秽色情信息、淫秽色情行业中介服务、发布淫秽色情广告或者在互联网上刊载淫秽小说、书刊、影片、音像制品、图片等。所触犯的刑法罪名主要有以下几项：制作、复制、出版、贩卖、传播淫秽物品牟利罪，传播淫秽物品罪，组织淫秽表演罪，组织、引诱、介绍卖淫罪等。

上述犯罪行为与传统的涉黄犯罪构成没有本质区别，只是犯罪行为的实施借助了网络这一新兴媒介，使得此类犯罪以计算机信息系统和互联网为犯罪工具，犯罪手段大同小异，侵害客体完全一致，对此类犯罪的处罚完全可以比照传统的涉黄犯罪定罪量刑。

3. 网络诈骗犯罪

和传统犯罪一样，网络犯罪中，诈欺也是造成损失较大、表现形式较为丰富的一种类型。我国目前较常见的网络诈骗主要有以下几种：网络购物诈骗、假冒各种名义"中奖"陷阱、假冒银行网站"网络钓鱼"、虚拟游戏装备诈骗、"股神"网上传授炒股经验和"彩票预测"陷阱及海外网络私募基金骗局。

4. 网络盗窃犯罪

网络盗窃是指利用计算机技术，通过盗窃密码、控制账号、修改程序等方式，将有形或无形的财物和货币据为己有的行为。这类犯罪最典型的代表便是盗取网络游戏中的虚拟财产的行为。网络游戏中的虚拟财产是游戏玩家通过支付现金（即真实货币）取得的，存在定价且可以交易、拍卖和转换。因此，虚拟财产在本质上与传统财产并无区别，具有《刑法》保护的"公私财物"的特性，被列入盗窃罪的犯罪对象。

5. 网络赌博犯罪

网络赌博犯罪是指以营利为目的，在计算机网络上建立赌博网站，通过银行转账等方式进行交易的犯罪，具有犯罪成本低、风险小、利润丰厚、方便、快捷等特点。如某省的一起网络赌博案，几名被告以某公司的名义，在一年之间，以互联网为渠道，通过经营"中奖王"等数个网站，借用国家公开发行的彩票种类、玩法和开奖结果，自行设定较高中奖额度，牟取暴利。该案涉案金额高达 7 900 多万元，非法获利 1 000 多万元，涉案金额之大，堪称该省罕见。

6. 网络黑客犯罪

网络黑客犯罪是指未经授权进入一个计算机存储系统，进行各种不合法操作的行为。目前，网络黑客犯罪正呈上升发展趋势，对此，我国法律也做了相应补充。

（二）网络犯罪的特点

1. 犯罪手段的隐蔽性

在互联网构成的虚拟空间中，参与者的身份是虚拟的，任何人都可以戴着假面具将自己推上网络。其犯罪的隐蔽性主要表现在作案范围一般不受时间、地点限制，可以在任何时间、任何地点；犯罪人对犯罪结果发生的时间可以随心所欲地控制；作案时间长则几分钟，短则几秒钟；犯罪不留痕迹，没有特定的表现场所和客观表现形态，不易识别，不易被人发现，不易侦破，犯罪系数高。

2. 犯罪人员的高智能性

现代网络系统比较注重网络安全问题，为网络提供了一些安全防范措施，要破解安全系统和侵入计算机系统，行为人必须具有较高的专业水平。因此，网络犯罪者主要是一些掌握了电脑技术，特别是网络技术的专业人士。他们洞悉网络的缺陷和漏洞，运用丰富的电脑及网络技术，借助四通八达的网络对网络系统及各种电子数据资料等信息发动攻击，进行破坏。

3. 犯罪危害的严重性

传统犯罪一般只局限于一时一地，针对特定的犯罪或者一定范围内的不特定多数，网络犯罪则可能造成全世界的网络受到破坏，甚至有可能连行为人自身都无法预计或控制。网络上任何有意或无意的攻击，都可能造成网络上成千上万台计算机瘫痪。尤其是在网络空间中实施的涉及经济利益的犯罪，造成的损害通常较大。

4. 犯罪本身的虚幻性

网络犯罪不同于传统的犯罪，网络犯罪披上了一层文雅的面纱，使得人们并不将其视为一般的、真实的犯罪。网络犯罪通常不附加暴力，坐在计算机前敲打几下键盘就可以实施犯罪。网络犯罪一般不直接针对公众，使得其社会危害性在一定程度上被屏蔽。网络犯罪的这一特征，极易导致人们特别是青少年判断上的偏差，很多青少年对网络犯罪投以"崇敬"的目光。网络犯罪的温柔面纱模糊了许多人的眼睛，人们非但看不清网络犯罪极其严重的危害性，做不到坚决与之做斗争，反而对它报以"崇敬"的心理，崇拜网络犯罪分子。

二、网络犯罪的预防及对策

网络犯罪给大学生带来了极坏的影响，轻则影响学业和生活，重则影响自己的前途。为避免大学生实施网络犯罪，可以采纳以下对策。

（一）积极开展良好的网络文化教育

众所周知，计算机网络是高科技发展的产物，青少年一代是计算机网络的主要学习者、应用者乃至创造者。网络不仅在丰富和改变着人们的生活方式，而且在社会文化观念中渗透新的内容，这对蓬勃成长、涉世不深的大学生是一个巨大的冲击，如果把握不好，他们的身心将会受到极大的影响。因此，适时改革教育体制，增加新的教学内容，树立与时代合拍的价值观、人生观以适应网络时代的需要，对于防范大学生实施网络犯罪至关重要。

（二）注重树立和培养正确的网络道德观

当今社会，几乎人们的所有行为都或多或少地接受着道德规范的调整，网络行为自然也包含其中。由于网络犯罪者往往都精通计算机及网络技术，因此防范网络犯罪在很大程度上表现为技术上的较量。怎样才能使计算机网络在现有技术条件下建立起较为有效的防御体系呢？到目前为止，所采用的措施主要有以下几种：一是运用预防与杀毒相结合的办法对抗传播计算机病毒的犯罪；二是通过设置防火墙和采用主体识别及验证技术对付网上金融犯罪；三是设置具有能够记录各种犯罪证据并能保存完整证据以备事后查询的软件系统对抗网络犯罪的反侦查行为。

网络交往的虚拟性，淡化了人们的道德观念，削弱了人们的道德意识，导致人格异化。加强网络伦理道德教育，提倡网络文明，培养人们明辨是非的能力，使其形成正确的道德观，是预防网络犯罪的重要手段之一。当前，开展网络行为道德宣传教育活动，就是要把公民道德建设纲要的内容作为网上道德宣传教育的主要内容，利用声、光、电等多种现代化手段，把"爱国守法、明礼诚信、团结友善、勤俭自强、敬业奉献"的基本道德规范灌输给广大网民，从而提高他们的道德素质，使网民能识别和抵制网上的黑色、黄色和灰色信息，主动选择有积极意义的信息，形成良好的上网习惯，坚决抵制淫秽色情等不良信息的诱惑，自觉遵守网络安全规则，不做违法犯罪的事情，不断推动网民的道德自律。

（三）大力完善防治网络犯罪的法制措施

虽然针对计算机及网络犯罪的立法在很多国家已有许多，但这些规定相对于不断扩大和翻新的网络犯罪已显得力不从心，难以很好地适应网络犯罪发展变化的需要。为了打击日益严重的网络犯罪，进一步加强网络安全立法势在必行。

在健全法制的同时，要大力宣传有关互联网方面的法律法规，使广大网民依法依规上网。在对人们进行法制教育的同时，重点培养人们的法制观念。网络犯罪的高发率在很大程度上恰恰反映了人们法制意识的欠缺。虽然网络犯罪的手段和方式与普通犯罪有所不同，但其危害是相同的，都造成了对公共安全、他人人身财产权的侵害，都是违反法律的，且其造成的危害并不因网络的虚拟性而消失或减轻。因此，我们在向人们普及法律知识的同时，更要注重培养人们的法制意识、法律观念，这样，人们不仅在现实世界而且在网络世界中也会成为真正自觉守法的高素质群体。正如马克思所说，努力向公众传播新的权利义务观念和法律的基本原理与精神，比向他们灌输大量的法律条文更容易收到预期的效果。

第三节　预防网络成瘾

20世纪是信息时代，而21世纪将是网络的时代，网络以它特有的优势快速渗入社会的每个角落。我国互联网络信息中心发布的调查数据显示，在我国约2 650万网民中，18～24岁的网民占36.8%，而这恰好是大学生所处的年龄段。如同影响其他社会群体一样，网络正在改变大学生的学习、生活和思维方式。然而，网络是一把双刃剑：一方面，它给大学生带来许多便利；另一方面，它又像毒品一样使一些大学生陷入其中无法自拔，即"网络成瘾"。我们要遏制这一问题在大学校园里的进一步恶化，就必须了解大学生网络成瘾的各方面原因，并提出相应的解决对策。某高校对本校近3 000名学生的抽样调查显示：大学生网络成瘾比例为10.6%（轻度者7.9%，中度者1.8%，重度者0.9%）。事实证明，长期通宵上网、玩游戏等不正常的生活习惯会对大学生的学业造成严重影响。互联网络信息中心调查显示：近几年高校在对学生退学警告、退学试读、退学等学籍处理中，有近86%的大学生因过于迷恋网络而导致学习下降，有1/3的大学生因无节制上网导致课程不及格，有3.6%的大学生因网络成瘾导致学业荒废而退学。

一、网络成瘾的定义

网络成瘾是指上网者由于长时间地和习惯性地沉浸在网络时空当中，对互联网产生强烈的依赖，以至于达到了痴迷的程度而难以自我解脱的行为状态和心理状态。

二、网络综合征的定义

网络综合征是指在网上持续操作的时间过长，随着乐趣的不断增强而欲罢不能，难以自控，有关网络上的情景反复出现于脑际，从而漠视了现实生活的存在。

三、网络综合征的症状

网络综合征表现为情绪低落、头昏眼花、双手颤抖、疲乏无力、食欲不振等。网络综合征对人的健康危害很大，尤其会使人体的自主神经功能严重紊乱，导致失眠、紧张性头痛等，甚至还会出现幻觉、痴迷和妄想，造成人体免疫机能严重下降。大学生是网络综合征的易感人群，因为大学生正值青春期，心理发育还不成熟，自制能力差，容易产生逆反心理，特别容易出现心理和行为的偏差。虚拟网络的理想化为他们提供了一定的平台，导致其从最初的随意浏览，到不能自拔的精神依赖，最后发展为躯体依赖。大学生具有"双重人格"，网络中的他们往往和现实中的自己判若两人，而且他们多数性格孤僻，不善于与人沟通，导致与家人、朋友的关系紧张，面对挫折与失败习惯于逃避。

四、大学生网络成瘾的危害

网络成瘾对大学生的危害主要可以归结为三个方面：第一是微观层面，泛指对学生个人的危害；第二是中观层面，泛指对家庭和学校的危害；第三是宏观层面，泛指对社会和国家人才培养的危害。

（一）微观层面——对学生个人的危害

1. 对自身身体健康的危害

网络成瘾对大学生自身身体的危害包括心理和生理两个方面。生理方面主要是由于长时间面对电脑，日常生活的规律变得紊乱。从实际调查结果来看，绝大部分大学生把上网的时间安排在晚上或凌晨，上网持续时间较长，饮食不正常，睡眠不足，生物钟失调，身体虚弱。心理方面主要是由于在现实生活中的人际交往和正常的娱乐活动时间被上网占用，造成"面对面"真实的社会交往能力下降，社会圈子缩小，角色错位，从而更多地把现实的感觉寄托在虚拟世界中，导致感情淡漠，情绪低落，注意力分散，道德感弱化，严重的甚至心理扭曲和畸形，更有甚者走上自杀的道路。

2. 对个人成长发展的影响

网络成瘾会削弱大学生的学习动机，影响其学业成绩。许多大学生痴迷网络，一门心思扎在里面，致使学习时注意力不能集中，学习积极性不高，学业成绩下降，出现逃课、逃学等现象，有的甚至厌学、辍学。

（二）中观层面——对家庭和学校的危害

1. 对家庭的影响

首先，网络成瘾者每天沉溺于网络，费用较大，尤其是网络游戏成瘾者，费用更高；其次，一个家庭培养出一名大学生，需要花费 20 年左右的时间，这在物质上和精神上的投入成本是非常高昂的。大学生在网络成瘾后，势必会分散精力，对学习丧失兴趣，致使学业受到严重影响，甚至不能完成学业。这对于当下以独生子女居多的家庭来讲，在培养孩子的机会成本上损失很大，尤其在精神上给家长带来了巨大的痛苦。

2. 对学校的影响

首先，网络成瘾具有"传染性"。由于现在大学生私人电脑的拥有率比较高，他们的上网行为会互相影响，甚至相互攀比。因此，大学生上网聊天、玩网络游戏、网上购物、网上看电影和电视剧等行为会在同学圈子里产生强烈的示范效应，这种群体性网瘾最容易在班集体、宿舍集体、好友集体中爆发，这对高校的日常管理乃至稳定发展都会造成极其恶劣的影响。其次，网络成瘾会造成师生间的交流障碍。一些沉溺于网络的大学生结交网上未曾谋面的朋友，渐渐远离现实中的老师和同学，对老师和同学表现得越来越冷漠，忽视人际交往的真正情感需要，无法有效融入现实人群，加剧自我封闭和人际淡化，致使人与人之间的信任感下降，师生间的交流更加困难。最后，网络成瘾致使高校管理难度加大，网瘾大学生昼伏夜出、逃课上网的恶劣行为严重影响高校正常的教学管理秩序，影响高校的良好学习风气和浓郁校园文化的培育与存续，甚至影响高校办学质量的维持与提升。

（三）宏观层面——对社会和国家人才培养的危害

1. 对传统文化及道德观的冲击

一方面，网络语言夹杂着大量的英语单词、拼音、符号、代码、不规范的自创"缩略语"等，这种思维跳跃、语意断裂的异化了的语言往往成为聊天室中辨认同类和异端的"暗号"。在互联网上，作为中国传统文化载体的中文在网络文化中是一种弱势语言，必将影响中文和我国传统文化的传承。另一方面，由于网络游戏具有新奇性和强烈的感官刺激性，许多网络游戏都包含"攻击、战斗、竞争"等内容，为了吸引大众参与，网络游戏突出其新奇、刺激的特点，甚至不择手段，将攻击、欺诈等不良行为方式作为取胜的法宝。这就对大学生的价值观和道德观起到了反面的诱导作用，一些大学生不能区分游戏与现实的差异，道德认知模糊，将网络上惯用的不道德行为方式当作合理的行为在现实生活中加以应用。

2. 对思想政治教育的冲击

网络在开拓学生的视野、拓宽学生的知识面、促进学生的全面发展等方面发挥了积极的作用，同时对大学生的世界观、人生观和价值观造成了巨大的冲击。由于目前网络中的强势语言是英语，网上的信息大多来自西方，在这些信息的背后隐藏着西方国家的价值观念。大学生接触到大量西方国家的文化思想，这些思想往往与中国传统的文化思想相冲突，使不少大学生的价值观念产生倾斜，甚至产生崇洋媚外的思想和反社会意识。

3. 诱发恶性犯罪，严重危害社会

在网络空间中，大学生网络成瘾者由于不必与其他人面对面打交道，从而缺少现实社会中以教师、家长为核心的人际关系对其行为的监督，他们可以在网上肆意妄为，而充斥在网络里的暴力和色情不断冲击他们的道德底线，诱使其犯罪。网络成瘾者也容易在窃取机密信息以及制造和传播网络病毒等方面做出违规、违法行为。据有关专家的调查，网上非学术信息中有47%的内容与色情有关，而接触过黄色信息的大学生90%以上有性犯罪行为或动机。这些不良信息容易污染大学生的思想，导致大学生社会责任感缺失、道德感弱化，甚至扭曲大学生的心理，诱发大学生实施网络犯罪。随着互联网的迅速发展，网络谣言也乘机滋生蔓延。造谣生事者置道德、法纪于不顾，或无中生有，或恶意中伤，或为泄私愤，造成恶劣的社会影响，严重污染网络舆论环境。大学生由于自身法律意识淡薄，欠缺辨别是非的能力，很容易掉进网络谣言的陷阱，被造谣者利用。

五、大学生网络成瘾的原因

与其他青少年群体相比，大学生群体具有较强的主观能动性和思维敏感性，因此，对网络成瘾问题成因的探讨应从大学生的主观因素和外部的客观因素这两个角度去分析。导致大学生网络成瘾的主观因素是青春期大学生身心发展的特殊性，而外在客观因素则是网吧、学校和家庭本身存在的一些问题。

（一）主观因素

1. 从高中到大学的角色转变过程中的不适应

在大学中，无论是学习方式还是授课技巧，都和高中有着显著的区别。从高中到大学的转变是学习方式和思维方式的转变，从以前的被动"获取式"学习到大学的主动"攫取式"学习，在这个转变过程中，由于缺少学习的监督者，初入大学校门的学

生思想松散，不适应学习和生活方式的转变，加之电脑网络对其诱惑力较强，因此一些大学生逐渐踏上网络成瘾的道路。

2. 大学生心理需求与现实之间的矛盾

造成大学生网络成瘾的主观因素之一是大学生在校期间的自我心理需求和现实之间的矛盾。刚进入校门的新生和临近毕业的大学生在这一方面表现明显。这两个群体反映出的共同特征都是自身的心理需求偏离了实际情况。对刚进校门的大学生而言，师生之间、同学之间的关系没有中学时期亲密，其在环境与人际关系适应上存在困难，从而产生焦虑心理；而面临就业压力的毕业生在就业、择业观上的不成熟使其在就业过程中容易遭遇挫折、打击，不能正确面对现实。而网络提供的虚拟空间，能弥补现实的不足。大学生随着对网络依赖的加剧，逃课日益频繁，学业荒废，不思进取，性格孤僻，几乎不关心校园内的一切，对现实中所有的事情不感兴趣，由此形成恶性循环，导致网络成瘾。

3. 大学生认知水平偏低

在校大学生表现出来的共性是精力旺盛，自我意识强，有实现自我的欲望，富于挑战性、冒险性，容易接受新的事物但相对缺乏辨别真伪的能力，性意识觉醒但处理相关问题的知识、能力却较为欠缺，意志水平明显提高但表现不平衡、不稳定。由于大学生在校期间正处于心理、行为上的变动期，价值观和行为方式尚未定型，加之校内生活相对封闭，与社会生活存在一定的距离，因此大学生对事物的认知能力较差，极易受到网上新奇、刺激的信息的诱惑，很少考虑到网络对其自身生理和心理的伤害。

（二）客观因素

1. 学校管理不够严格，网络限制建设不够健全

随着信息化时代的飞速发展，高校在网络信息建设上加快了步伐，网络快速发展给高校教育信息化带来了极大的便利，同时给高校学生网络成瘾提供了成长的温床。由于网络安全管理难度较大，虚拟世界良莠不齐的信息资源不时冲击校园文化，给大学生的学习、生活带来一些负面影响。

2. 思想政治教育工作不够深入

思想政治教育是帮助大学生树立正确的"三观"以及良好的道德观所采用的最广泛的教育方式，对大学生的成长成才发挥着重要的导向作用。但在网络时代，思想政治教育方式却面临着新情况、新问题，大学生通过网络了解信息，接触面广阔、接触观点纷繁，东西方价值观念在大学生头脑中的碰撞和冲突更加直接、更加激烈，部分大学生的世界观、人生观、价值观开始发生动摇，甚至极少数大学生对社会主义意识形态、中国特色社会主义建设产生了怀疑。如果不注意利用互联网加强思想政治工作，就无法最大限度地减轻互联网所造成的一系列负面效应。对高校思想政治工作者而言，如何建立形式上多种多样、内容上丰富多彩、格调上健康向上的校园网站，也是当前

的紧迫任务之一。

3. 校园周边环境复杂

在校大学生是一个庞大的消费群体，校园附近的店铺变为商家盈利的宝地。网吧作为一种快捷的盈利手段，在校园周边遍地开花。一些网吧为了招揽生意，不断推出各种便利条件吸引大学生，比如提供包月优惠以及吃、玩、住"一条龙"服务等，对大学生的各种需求提供物质保障，为大学生超时消费、通宵达旦玩网游提供了充足条件。有些大学生难以抵抗这种诱惑力，将大量宝贵的时光消耗在网吧中。另外，我国对网吧缺乏有效的监控管理。有些网吧在经营中疏于管理，管理人员缺乏必要的专业技术，法律意识和网络安全意识非常淡薄，进入网吧的大学生有更多的机会接触到淫秽色情网站和网络游戏。

4. 缺少家庭沟通与监督

大学生中独生子女较多。一方面，电脑和网络已进入大多数家庭，由于许多家长对网络一无所知或知之甚少，因此错误地认为不管孩子在网上做什么，都比浪费时间看电视要好，于是父母对孩子上网并不干涉，更不限制他们的上网时间。另一方面，许多大学生都是远离父母到异地求学的，离开家庭后，脱离了原来那种严管严教的约束环境，来到没有家庭监督的无拘无束的新环境，拥有更多的自由时间。还有一部分大学生生活在不健全的家庭环境中，他们的心理、性格存在一定的缺陷，特别是单亲家庭的子女，由于缺乏父爱或母爱，往往比较内向、孤僻。这一部分缺少家庭关爱与监督的大学生更倾向于寻找自己可以倾诉和交往的对象，而网络正好提供了一个无拘无束的虚拟环境，他们更倾向于在网络中寻找可归依的群体，沉醉在网上的虚拟生活中。

5. 未能树立正确的价值观

大学生在入学前都很明确地以升学为目标努力学习，然而一旦进入大学后，他们中的一部分人便在思想上放松自己，不再像原来那么努力，心里所想的是如何在大学里好好玩四年，去弥补中学时失去的自由。也有一部分人在进入大学后发现用自己以前的学习、生活及人际交往方式无法适应新的环境，于是在心态上发生了复杂的变化，难以处理好来自各方面的矛盾，陷入迷茫之中。大学的学习与生活完全靠大学生的自主性，在没有人施加压力的情况下，有些大学生变得懒散，丧失斗志，未能树立正确的价值观、人生观，在无所适从和无限的彷徨中，将网络作为消磨时间的工具，久而久之便陷入其中不能自拔。

6. 无法正确面对失败或挫折

大学里的竞争其实是很激烈、很残酷的，大学生在学习、恋爱、就业等各方面都面临着很多挑战。有些大学生根本就不去面对这些问题，认为"船到桥头自然直"，在无所事事的情况下，他们往往会选择网络。大学是成就梦想的地方，有很多在中学阶段非常优秀的学生在进入大学后渴望成就自己的学业，一旦在某些竞争中失利，特别是在刚进校时的各类活动的竞选问题上受挫，就受不了，无法正确面对，转而求助于虚拟的网络空间，在网络世界中实现所谓的"自我目标"，获得"成功"，使受挫心理得到安慰。

7. 网络能够满足大学生在现实生活中难以实现的各种心理需要

网络能够满足大学生在现实生活中难以实现的各种心理需要，如好奇心、猎奇心等。

现在的大学生具有强烈的冒险精神，但由于大学校园的局限性，他们的这些心理无法得到满足，而网络为他们提供了"实现梦想"的"各种条件"。在网络世界中，他们不需要为自己的行为承担任何责任，他们大胆尝试昔日所有顾忌之事；同时，网络世界以其特有的虚拟性、匿名性、互动性，使大学生在其中找到无限的乐趣。对于网络成瘾者而言，他们也只有在网络中才能按自己的意愿轻易地塑造一个完美的"自我"，可以使"自我"的个性在网络空间得到无限的释放。网络的这些"优势"对满足大学生个人心理需求具有较大的诱惑力，如果一个人缺乏自控能力，便很容易陷入网络中而无法回到现实社会。

对于已经成年的大学生来说，其在生理上已经发育成熟，也像其他成年人一样有性的需求。由于中国传统文化保守的特点，中国人对"性"一向讳莫如深，大学生在这方面的知识基本上属于空白，于是，有些大学生带着好奇心，借助网络工具来填补这一空白；而另一些大学生即使懂一些"性"方面的知识，但如果不能正确看待它，同样会陷入迷茫。在这一点上，男生表现得尤为突出。在网吧玩通宵的男生，大部分都会光顾色情网站；而那些已经配了电脑的男生，自己的电脑上基本都藏有色情电影。不可否认，出于好奇心，女生中也会有类似现象。

实践应用

预防网络成瘾的措施

网络是时代的产物，现代社会的每个人几乎都已经离不开网络。如今的孩子从出生开始就已经与网络联系在一起，他们从小学就已经开始接触网络，对待他们网络成瘾的问题，我们只能正确引导。

一、学校加强制度管理，使大学生养成良好的学习、生活习惯

刚进大学校门的大一新生，高中时家长管得都比较严，加上学业紧张，也没有太多属于自己的时间，但到了大学后，有了大量自己可以自由支配的时间。学校应及时引导他们树立正确的人生观、价值观，使大学生形成正确对待网络、使用网络的意识；正确引导大学生在网络中的求知欲，有效利用互联网的优势，让大学生在网络中获取的是知识，做到"取其精华，去其糟粕"，而不是毫无目的地利用网络消磨时间、浪费青春。

二、学校可以适当开展课外活动，鼓励大学生参与其中

在正确引导与管理大学生的同时，可以有效利用法律手段，加强对网络的法制化

管理，净化网络环境。因此，相关部门都应高度重视对网吧的管理和规范。对于在学校上网的大学生来说，管理起来更加方便，学校可以派相关部门加强管理并经常性开展检查，对沉迷于游戏与光顾色情网站者进行严肃的批评教育。

三、重视对网络成瘾者的心理健康教育

网瘾是过度使用网络而产生的一种心理依赖和行为习惯，反映的是心理上的不正常而不是生理上的。网瘾必须通过心理治疗和教育等多种手段来戒除。为了戒除和防范网络成瘾，学校和教育工作者应加强培育大学生的个性品质，加强与大学生的沟通和交流，开展有针对性的心理咨询工作。与此同时，社会、学校及家庭应各自从不同的角度对大学生进行多方面的教育，提高大学生对网络的科学认识，引导其树立正确的网络观。

四、加强对大学生性心理的指导

一直以来，中国人都是羞于谈性的，事实证明，也正是因为此类知识的欠缺催生了一批少年犯罪分子，这比网络成瘾问题严重得多。社会、学校及家庭应改变传统观念，采取一定的措施加强大学生对性的认识，弥补其这方面知识的空白，建议大学阶段将"性心理学"等课程设为必修课。只有在对性有正确的认识后，大学生才不会借助网络来搜索错误的性知识。

模块三　育人园地
★★★★★

2019年9月16日，中共中央总书记、国家主席、中央军委主席习近平对国家网络安全宣传周做出重要指示强调，举办网络安全宣传周、提升全民网络安全意识和技能，是国家网络安全工作的重要内容。国家网络安全工作要坚持网络安全为人民、网络安全靠人民，保障个人信息安全，维护公民在网络空间的合法权益。要坚持网络安全教育、技术、产业融合发展，形成人才培养、技术创新、产业发展的良性生态。要坚持促进发展和依法管理相统一，既大力培育人工智能、物联网、下一代通信网络等新技术、新应用，又积极利用法律法规和标准规范引导新技术应用。要坚持安全可控和开放创新并重，立足于开放环境维护网络安全，加强国际交流合作，提升广大人民群众在网络空间的获得感、幸福感、安全感。

2020年9月14日至20日，2020年国家网络安全宣传周在全国31个省（区、市）统一开展，高峰论坛等重要活动在河南省郑州市举行。

9月14日，2020年国家网络安全宣传周正式开幕，虽然只有7天时间，但是网安周的各项活动安排可是"满满当当"。2020年的网络安全宣传周以"网络安全为人民，网络安全靠人民"为主题，结合疫情防控需要，以线上宣传为重点，线上、线下相结合，深入开展宣传教育活动。一方面，这是疫情防控的现实需要；另一方面，主要活动放在线上，可以不受场地和时间的限制，如数字化展会，通过文字、图片、音频、视频、H5、VR 等多种形式，为网民提供直观生动的线上参观体验。数字化展会通过虚拟展馆方式，为网民提供直观生动的线上参观体验，是网络安全领域重大成就、最新产品和技术成果的展示体验平台，2020 年有 100 多家互联网和网络安全知名企业参展。每一年的网安周，备受关注就是主论坛。2020 年的网络安全高峰论坛将在郑州市举办，此次论坛邀请了十余名网络安全领域院士专家、互联网和网络安全企业大咖。此外，郑州市投入近 5 亿元，建成国内首个网络安全科技馆。首先，这个科技馆科技感十足，从外观到内涵，都很炫，几乎应用了当前我们在国内、国际科技领域最新的技术。在科技馆里突出了教育技术和产业融合的特色，它既是我们的科普教育基地，又是一个产业推介的平台。

2019 年以来，中央网信办、工信部、公安部、市场监管总局在全国范围持续开展 App 违法违规收集使用个人信息专项治理，对存在问题的 App 采取约谈、公开曝光、下架等处罚措施。通过专项治理，App 超范围收集使用个人信息问题得到明显改善。2020 年网络安全周通过多种方式、多种渠道宣传普及个人信息保护常识。在论坛环节，专门举办 App 个人信息保护论坛；另外，打造个人信息保护知识库，在线上平台的对话访谈、线上课堂和微课等版块都汇聚了大量的个人信息保护内容。

我们看到，国家对网络安全与信息安全的监管和考核越发严格，针对网络安全建设、数据安全治理、个人信息安全保护等方向发布的多项政策也不断加码，仅仅 2020 年就发了《信息安全技术　路由器安全技术要求》等近 100 个文件。随着多项政策、法规的密集发布和落地实施，国家关于网络安全、信息安全相关法律法规及配套制度不断完善，逐渐形成了包括法律法规、监管制度、标准规范在内的综合性政策体系。

模块四　拓展阅读
★★★★★

上网过多导致疾病缠身

长期沉迷网络，除了会对人的心理造成严重的损害外，还会对生理造成负面影响。由于长时间操作电脑，不少人缺少必要的运动和休息，进而影响了身体健康。专家在此提醒：上网过多会导致疾病缠身。

一、沾上"鼠标手"

"鼠标手"是电脑族出现后的又一个新兴医学名词。网络游戏迷或那些在工作中必须使用计算机的人每天在键盘上打字和移动鼠标，易引起"腕管综合征"，俗称"鼠标手"。

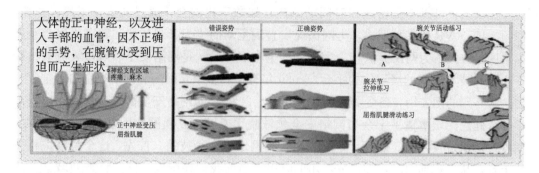

腕管综合征的主要症状为正中神经分布部位出现感觉异常（主要是拇指、食指、中指掌侧）。随着症状加重，患者会在夜间出现疼痛和感觉异常。如果症状持续发展，可使正中神经进一步发生损害，引起皮肤感觉缺失和鱼际肌肌力减退，对指活动乏力，晚期鱼际肌可发生萎缩。腕部掌侧韧带和腕骨形成的腕管中有正中神经穿过，当腕部处于背屈状态时，腕部伸肌产生的力作用于韧带，从而压迫腕管中的正中神经。

医生提醒：为了预防"鼠标手"，平时应养成良好的坐姿，不论工作或休息，都应该注意手和手腕的姿势。使用电脑时身体应正对键盘，避免手腕过度弯曲紧绷；把椅子调整到最舒适的高度，坐下时使双脚正好能平放在地面上；手腕伸直，不要弯曲，也不要过度伸展；肘关节成90°。此外，要注意休息，做手指关节的伸展活动，还可以用热水泡手。

治疗建议：腕管综合征的治疗，可以热疗、按摩及充分休息3周左右，特别是要减少引起疾病的手工劳动。采用舒筋活络的中药熏洗，也有一定的效果。局部封闭治疗，可使早期腕管综合征得到缓解，每周封闭一次，连续三次。上述方法治疗无效或反复发作时，应做腕管切开手术。

二、诱发角膜炎或结膜炎

处于发育阶段迷恋电脑游戏的青少年，在电脑前的时间大多很长，短则四五个小时，长则十多个小时，不少人患有干眼症，又称角结膜干燥症，这是由于长时间注视电脑屏幕，眨眼次数减少引起的。正常人眨眼间隙为5～6秒，而这些注意力高度集中于电脑的人，其眨眼间隙可高达30秒，而且眨眼程度不完全。这样，人的眼前保护眼球的泪水被空气蒸发，导致角膜和结膜干燥，进而引发角膜炎、结膜炎等一系列眼部疾病，特别是处于空调环境或戴隐形眼镜的人，干燥症状更加明显。

医生提醒：预防干眼症，最好是在用电脑期间，下意识地完全闭眼，长时间用电脑时可取下隐形眼镜，休息时用热毛巾局部敷眼，程度严重者建议在医生的指导下使用人工泪液。切忌自作主张滥用抗生素类眼药水，这样有可能干扰正常的泪液分泌，导致症状进一步加重。

治疗建议：使用电脑需注意休息，定时远眺，同时需注意室内光线，亮度不足也会影响眼睛发育。如果发现视线略有模糊，就要提高警惕，到正规医院做眼部健康检查。如果确诊为近视，建议准确配眼镜，坚持戴眼镜，不要擅自摘掉眼镜，以免近视快速发展。

三、脊椎变弯错位

目前医院门诊处接待的颈椎病人越来越低龄化，很多年轻人不过 20 多岁却得了以前 50 多岁人易得的病。这是由于年轻人在电脑前坐的时间越来越长，长时间的不正确姿势极易导致颈椎病变。卫生部门一项调查表明，每天使用电脑超过 4 小时者，81.6％的人的脊椎都出现了不同程度的侧弯。脊椎侧弯是指在两脚长短差距大于 0.3 厘米时，全身脊椎有 3 个以上脱位。脊椎错位不但令关节失去功能，影响灵活性，肌肉抽紧剧痛和乏力，还会出现胸闷、脖子痛、腰痛、膝痛、脚麻等症状，甚至可能造成肌肉萎缩。由于脊椎神经受压，严重者更会令心肺等各器官功能不断衰退。

医生提醒：使用电脑时要避免长时间盯着屏幕，必须保持正确的坐姿，每 20～30 分钟要有 1～2 分钟的小憩，做一下颈部及躯干的伸展运动，让身体各部分肌肉得到松弛，每周最少保证 2～4 小时的运动时间。要调整好电脑显示器和座椅的相对高度，电脑屏幕上端最好不要高过眼睛，以免人们不自觉地仰着头看，引起颈部疲劳。

治疗建议：在国内，从大医院到小诊所，多有脊柱病的治疗项目，如推拿按摩、针灸理疗、药物、牵引、手术等，患者可根据医生的建议，结合自身状态，选择治疗。切不可盲目行动，必须确保安全、有效。应用脊柱生物力学原理，结合传统手法的整脊疗法治疗脊柱病时间短、痛苦少、见效快，患者乐于接受。

四、可能会诱发癫痫

前不久，上海的一位大学生在网上连续玩了 10 个小时游戏后，忽然感到视线模糊、头痛、恶心，最后全身抽搐。送到上海仁济医院后，他被医生诊断为"光敏感性癫痫"。仁济医院癫痫外科诊疗中心对 1 000 多例癫痫患者的临床诊疗统计表明，近年来，由长时间使用电脑、看电视、打游戏等诱发的癫痫病例不在少数，这部分患者年龄大多集中在 20～40 岁，约占癫痫患者的 1/3。研究表明，癫痫发作是由大脑皮层异常兴奋引起的，诱发因素多种多样，包括疲劳、兴奋、气味和光刺激等。其中，由闪烁的光线刺激诱发的癫痫在临床上被称为"光敏感性癫痫"。

医生提醒：青少年应该减少上网、看电视和玩游戏的时间，长期使用电脑的人应注意休息，有癫痫病史的儿童要避免不良刺激。专家推荐，计算机最好能罩上视保屏，看电视要保持较远的距离，房间的灯光尽量柔和，出门戴上太阳镜。

治疗建议：平时一定要注意休息，避免劳累，避免紧张焦虑，避免精神刺激，能够有效地减少发作。如果发作频繁，要到正规医院就诊并按医嘱规律地口服抗癫痫药物治疗。

第八章

公共安全

★ ★ ★ ★ ★

安全管理完善求精，人身事故实现为零。

安全来自长期警惕，事故源于瞬间麻痹。

导 读

　　公共安全是国家安全的重要组成部分，是经济和社会发展的重要条件，是人民安居乐业和建设和谐社会的基本保证，公共安全和应急管理科技是实现公共安全的基础保障。党的二十大报告明确指出："提高公共安全治理水平。坚持安全第一、预防为主，建立大安全大应急框架，完善公共安全体系，推动公共安全治理模式向事前预防转型。"公共安全看似遥远，其实就在我们身边。重视公共安全事件，增强防范意识，保证我们的人身安全和健康，是一切活动的起点。

要 点

　　1. 了解公共安全问题，洞悉大学生面临的公共安全事件。

　　2. 安全法纪教育常抓不懈，创造平安校园生活和环境。

　　3. 培养公共安全意识，增强防范意识和应对处理能力。

模块一　案例学习

★ ★ ★ ★ ★

案例 1

河南 7·20 暴雨洪涝 警钟长鸣

2021 年 7 月 20 日 08 时至 7 月 21 日 06 时，河南中北部出现大暴雨，郑州、新乡、开封、周口、焦作等地部分地区出现特大暴雨（250～350 毫米），郑州城区局地 500～657 毫米；上述部分地区最大小时降雨量 50～100 毫米，郑州城区局地最大小时降雨量达 120～201.9 毫米（20 日 16～17 时）；河南郑州、新乡、开封、周口、洛阳等地共有 10 个国家级气象观测站日雨量突破有气象记录以来历史极值。7 月 21 日 3 时，根据《国家防汛抗旱应急预案》有关规定，国家防总决定将防汛Ⅲ级应急响应提升至Ⅱ级。针对河南省郑州市连降暴雨引发险情，应急管理部第一时间启动消防救援队伍跨区域增援预案，连夜调派河北、山西、江苏、安徽、江西、山东、湖北 7 省消防救援水上救援专业队伍 1 800 名指战员、250 艘舟艇、7 套"龙吸水"大功率排涝车、11 套远程供水系统、1.85 万余件（套）抗洪抢险救援装备紧急驰援河南防汛抢险救灾，截至 7 月 29 日全省因灾遇难 99 人。

案例简析

受到洪水威胁，如果时间充裕，应按照预定路线，有组织地向山坡、高地等处转移；在措手不及，已经受到洪水包围的情况下，要尽可能利用船只、木排、门板、木床等，做水上转移。

洪水来得太快，已经来不及转移时，要立即爬上屋顶、楼房高层、大树、高墙，做暂时避险，等待援救。不要单身游水转移。

在山区，如果连降大雨，就容易暴发山洪。遇到这种情况，应该注意避免渡河，以防止被山洪冲走，还要注意防止山体滑坡、滚石、泥石流的伤害。

发现高压线铁塔倾倒、电线低垂或断折，要远离避险，不可触摸或接近，防止触电。

洪水过后，要服用预防流行病的药物，做好卫生防疫工作，避免发生传染病。

暴雪天，要注意添加衣物，注意保暖；要减少室外活动，避免冻伤。

下冰雹时，应在室内躲避；如在室外，应用雨具或其他代用品保护头部，并尽快转移到室内，避免砸伤。

法规链接

依据《地质灾害防治条例》《国家突发公共事件总体应急预案》《国务院办公厅转发国土资源部建设部关于加强地质灾害防治工作意见的通知》，制定灾情预案。适用于处置自然因素或者人为活动引发的危害人民生命和财产安全的台风、大雾、暴雨、山体崩塌、滑坡、泥石流、地面塌陷灾害紧急情况的现场应急救援、防范和处理工作。

思考讨论

当面对洪涝灾害时，你会怎么做呢？

案例 2

重庆开县小学雷击事故

2007 年 5 月 23 日下午,一场大范围的雷暴天气袭击了重庆开县。16 时 30 分左右,开县义和镇兴业村小学突遭雷击,正在上课的两个班级的 51 名学生被雷电击中,其中 7 人当场身亡,44 人不同程度受伤。兴业村小学是远离城镇的一个山区小学,校舍是由三座平房构成的"四合院",房子属于砖瓦结构。雷击发生时,正在上课的很多师生,看见了一个大火球闪进教室,瞬间很多学生就失去了知觉。

🔍 案例简析

雷电是伴有闪电和雷鸣的一种雄伟壮观而又有点令人生畏的放电现象。根据不同的地形及气象条件,雷电一般可分为热雷电、锋雷电(热锋雷电与冷锋雷电)、地形雷电 3 大类。1 次雷电产生的能量非常大,雷电活动一旦对大地产生放电,便会引起巨大的热效应、电效应和机械力,造成破坏和灾难。

面对突然的暴雨雷电,行人或行车遇险时应如何自救?库区、各站点又应做好哪些防护工作?

一、室内防雷注意事项

(1)注意关闭门窗,预防雷电直击室内或者防止侧击雷和球雷的侵入。

(2)人不要站立在电灯下,尽量不要拨打、接听手机和座机。

(3)室外水管为金属管的不宜用淋浴器、太阳能热水器,雷电流可通过水流传导而致人伤亡。

(4)远离建筑外露的水管、煤气管等金属物体。

(5)雷雨来临前,要把线路断开,并拔下电源插头,别让电视机、电脑等引雷入室,损坏电器乃致引发火灾事故。

二、户外避雷注意事项

(1)雷雨天气时不要停留在高楼平台、山顶、山脊或建筑物顶部,不宜停留在小型无防雷设施的建筑物、车库、车棚、岗亭及附近。

(2)远离建筑物外露的水管、煤气管等金属物体及电力设备。

(3)不宜在大树下躲避雷雨,如万不得已,则须与树干保持至少 5 米距离,下蹲并双腿靠拢。

(4)在户外空旷地方躲避雷雨时,应注意双手抱膝,胸口紧贴膝盖,尽量低下头,因为头部较之身体其他部位最易遭到雷击。

(5)在雷雨天气中,不宜在旷野中打伞,或高举羽毛球拍、高尔夫球棍、锄头等,避免增加人的有效高度成为"尖端"而遭雷击。不宜进行户外球类运动,如足球、篮球等运动,不宜在水面和水边停留,不宜在河边洗衣服、钓鱼、游泳、玩耍。

（6）如果在户外看到高压线遭雷击断裂，应提高警惕，因为高压线断点附近存在跨步电压，身处附近的人此时千万不要跑动，而应双脚并拢，跳离现场。

📘 法规链接

《中华人民共和国气象灾害防御条例》

第七条　地方各级人民政府、有关部门应当采取多种形式，向社会宣传普及气象灾害防御知识，提高公众的防灾减灾意识和能力。

学校应当把气象灾害防御知识纳入有关课程和课外教育内容，培养和提高学生的气象灾害防范意识和自救互救能力。教育、气象等部门应当对学校开展的气象灾害防御教育进行指导和监督。

💭 思考讨论

面对恶劣或雷雨天气，大学生该如何做？

案例 3

食物中毒事件

2016年10月，哈尔滨医科大学突发大规模学生食物中毒事件，有数十名学生在本部食堂用餐后出现不同程度呕吐、腹泻、发烧等症状。校医院接收能力有限，部分病情严重的学生被转送至当地医院。此次事件源于学校长期对食堂监管不力。

🔍 案例简析

这起高校食物中毒事件虽没有造成人员伤亡，但是也给我们敲响了一记警钟。"病从口入"，大学生在日常饮食中一定要谨慎，在用餐时要留心食物是否发生变质等问题，保障自身安全，防止意外发生。

📘 法规链接

《中华人民共和国食品卫生法》规定，食物中毒是指食用了被有毒有害物质污染的食品或者食用了含有毒有害物质的食品后出现的急性、亚急性疾病。食品安全事故是指食物中毒、食源性疾病、食品污染等源于食品，对人体健康有危害或者可能有危害的事故。

若发生食物中毒事故和食品安全事故，由有关主管部门按照各自职责分工，没收违法所得、违法生产经营的食品和用于违法生产经营的工具、设备、原料等物品；违法生产经营的食品货值金额不足一万元的，并处二千元以上五万元以下罚款；货值金额达一万元以上的，并处货值金额五倍以上十倍以下罚款；情节严重的，吊销许可证；构成犯罪的，依法追究刑事责任。

思考讨论

食物中毒是生活中防不胜防的危险，如果出现食物中毒，应该如何急救？

案例 4

12·31 上海外滩踩踏事件

2014 年 12 月 31 日 23 时 35 分，正值跨年夜活动，因很多游客市民聚集在上海外滩迎接新年，上海市黄浦区外滩陈毅广场东南角通往黄浦江观景平台的人行通道阶梯处底部有人失衡跌倒，继而引发多人摔倒、叠压，致使拥挤踩踏事件发生，造成 36 人死亡，49 人受伤。

案例简析

随着社会发展和科技进步，社会成员的集合、流动日趋频繁，公共场所人员拥挤现象凸现，踩踏事故接连发生。踩踏是指在人员密集场所中，由于现场秩序失去控制，发生拥挤、混乱，导致大量人员窒息、被挤伤或踩踏致死的事故。目前，对踩踏事故的研究包括原因分析、防范体系建立、事故处理、心理分析、拥挤人群、人群疏散等，虽取得了一定成果，但也存在诸多不足。

在踩踏事件中应如何做：

（1）两手十指交叉相扣，护住后脑和颈部；两肘向前，护住双侧太阳穴。

（2）不慎倒地时，双膝尽量前屈，护住胸腔和腹腔的重要脏器。

（3）在拥挤的人群中，左手握拳，右手握住左手手腕，双肘撑开平放于胸前，形成一定空间保证呼吸。

（4）如果摔倒了没法站起来，应用手护住头部，蜷缩膝盖至胸前。

法规链接

《中华人民共和国刑法》

第一百三十五条 安全生产设施或者安全生产条件不符合国家规定，因而发生重大伤亡事故或者造成其他严重后果的，对直接负责的主管人员和其他直接责任人员，处三年以下有期徒刑或者拘役；情节特别恶劣的，处三年以上七年以下有期徒刑。

举办大型群众性活动违反安全管理规定，因而发生重大伤亡事故或者造成其他严重后果的，对直接负责的主管人员和其他直接责任人员，处三年以下有期徒刑或者拘役；情节特别恶劣的，处三年以上七年以下有期徒刑。

思考讨论

作为一名大学生，对于公共安全知识有哪些认识？

案例 5

违反隔离规定

隆尧县山口镇村民涂某某从湖北务工返乡，有发热症状需要隔离进行医学观察。民警在排查中发现李某某与涂某某有过几次接触，为防止疫情扩散，于1月30日17时许将李某某隔离在隆尧一处隔离点进行医学观察。当日20时许，李某某在未经工作人员同意，不听工作人员劝阻的情况下，强行离开隔离点、通过检测点返回家中。隆尧县公安局山口派出所得知情况后，立即赶往李某某家中，与村干部一起开展劝返工作，并配合医务人员将其带回隔离点。

隆尧县公安局于1月31日对李某某作出行政拘留十日的处罚决定。因处于疫情暴发期，李某某本人疑似疫情病毒携带者而被隔离，为防止疫情扩散，对其暂缓执行行政拘留，等疫情结束后再做处理。

案例简析

疫情防控期间，无论是对自己还是对亲友，如出现案例所述情况一定要及时报告、及时接受隔离，主动、如实交代行程和接触人员，切勿隐瞒病情，造成不可挽回的后果。要听从政府有关安排，自觉做好居家隔离、定点隔离或医院隔离，全力配合共同抵抗疫情。李某某拒不执行政府在紧急状态下发布的命令、决定的行为，已违反了《中华人民共和国传染病防治法》第三十九条和《中华人民共和国治安处罚法》第五十条的规定，会被强制隔离，可能被依法处以行政拘留等行政处罚；造成严重后果的，可依据《中华人民共和国刑法》第一百一十四条、第一百一十五条以"以危险方法危害公共安全罪"被追究刑事责任。

法规链接

《中华人民共和国传染病防治法》第三十九条规定，对医疗机构内的病人、病原携带者、疑似病人的密切接触者，在指定场所进行医学观察和采取其他必要的预防措施。拒绝隔离治疗或者隔离期未满擅自脱离隔离治疗的，可以由公安机关协助医疗机构采取强制隔离治疗措施。

《中华人民共和国治安处罚法》第五十条规定，拒不执行人民政府在紧急状态情况下依法发布的决定、命令的处警告或者二百元以下罚款；情节严重的，处五日以上十日以下拘留，可以并处五百元以下罚款。

思考讨论

编造与新冠肺炎疫情有关的虚假、恐怖信息，或者明知是编造的此类虚假、恐怖信息而故意传播的行为，法律后果是什么？

模块二 理论探究
★★★★★

第一节 食物中毒及预防应对措施

近年来，随着社会的发展和各种食品添加剂的出现，食物中毒事件日益增多，食品安全问题日益突出。

一、发生食物中毒的主要原因

食物中毒是指食用了某种对人体健康不利的食物，比如被细菌或者毒素污染的食物，或者含有毒素的食物等，引发的急性中毒性疾病。食物中毒以病原物质为依据可以分为五种类型，分别是细菌性食物中毒、真菌性食物中毒、动物性食物中毒、植物性食物中毒、化学性食物中毒。食品中毒的主要原因如下：

第一，细菌性食物中毒。在诱发食物中毒的众多原因中，食物被细菌污染的比例占26％。近五年的食物中毒统计数据表明，细菌性食物中毒事件约占食物中毒事件总数的50％，其中引发细菌性食物中毒的主要食品是肉制品，占据首位的是肉类及熟肉制品，其次是变质禽肉，最后是病死畜肉。

第二，真菌性食物中毒。真菌性食物中毒的主要原因是误食霉变食物，其比例为20％。真菌在食品中生长繁殖会产生一种有毒的代谢物，且这种代谢物的生命力比较顽强，在一般的烹制条件下不能被杀死，如果这种代谢物被人服食，就会引发食物中毒。

第三，动物性食物中毒。动物性食物中毒的主要原因是误食有毒动物，其比例为15％。诱发动物性食品中毒的食物有两种，分别是：1）动物本身含有毒素，却被人当成了食物，如鱼胆和河豚；2）某些动物无毒，但是在某些条件下却生成了毒素，在不被察觉的条件下被人食用，如鲐鱼等。

河豚

鲐鱼

第四，植物性食物中毒。植物性中毒的原因就是误食有毒植物，其比例为20%。诱发植物性中毒的食物有三种，分别是：1) 植物本身含有毒素，被人当成食物引发中毒，如桐油、大麻油、毒蘑菇等；2) 某些食物含有能够被去除的天然毒素，但是在烹制的时候却没有将其毒素去除或者破坏，如木薯、四季豆、苦杏仁等；3) 某些植物不含毒素，但是在发生某些变化之后会增生毒素，误食会导致中毒，如发芽的马铃薯等。

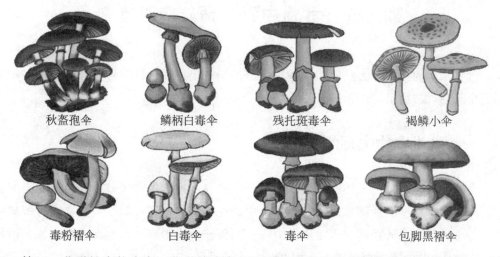

秋盔孢伞	鳞柄白毒伞	残托斑毒伞	褐鳞小伞
毒粉褶伞	白毒伞	毒伞	包脚黑褶伞

第五，化学性食物中毒。化学性中毒的原因是误食有毒化学物质，其比例为15%。其发生原因有三种，分别是：1) 食物被有毒的化学物质污染，被误食；2) 食物被非法加入某种添加剂、营养强化剂，或者添加的食品添加剂含量过多导致食物中毒；3) 某些食物因为贮藏不当，导致营养素发生化学变质，从而引发中毒。

二、食物中毒的预防

第一，加强饮食安全教育工作。加强对大学生食物安全教育，对诱发食物中毒的食物种类和食物中毒特点进行讲解，以便大学生在日常饮食中能够甄别食物的好坏，做好预防工作；能够在中毒之后不慌不乱及时就医，以做好食物中毒的应对工作。在饮食安全教育中，其内容要契合大学生的生活实际，比如在日常饮食中不能将鸡蛋和豆浆同时食用，不能将含有维生素C的饮料和水果与海鲜同时食用，不能同时食用萝卜和橘子等，更好地完善大学生对食品安全的认识。

第二，养成良好的卫生习惯。病从口入，大学生预防食物中毒首先要从自身做起，养成良好的卫生习惯,饭前便后要洗手,防止手上的细菌沾染到食物上,引发细菌性食物中毒。

第三,科学选择食品。大学生在购买食品的时候,要注意查看食品的感官性状,腐败变质的食品切不可进食,不在无卫生许可证的摊位购买食物,不喝放置时间过长的水,不吃变质的食物。

第四,做好瓜果的清洁工作。生吃的瓜果在生长的过程中会沾染很多病菌、寄生虫卵和病毒,还会有农药或者杀虫剂的残留,如不清洁干净,不仅会造成细菌中毒,还有可能发生农药中毒。

第五,加强体育锻炼。大学生要加强体育锻炼,以增强身体素质,提高自身抗病菌的能力。

三、提倡科学饮食,养成良好的饮食习惯

大学生在饮食方面有诸多不良习惯,比如有些大学生为了减肥过度节食,而有的则暴饮暴食,这样不仅影响大学生的健康,还会增加食物中毒的概率。

第一,三餐必吃,餐量适当。健康的饮食规律是"早吃好,午吃饱,晚吃少"。

第二,选择多样化的食物。大学生只有不挑食,选择多样化的食物才能保证营养均衡,才能保证所需能量和消耗能量的均衡,才能很好地维持身体健康。

第三,吃饭要细嚼慢咽。一方面,食物经过牙齿细细的研磨再进入胃部,会减轻胃的消化负担,提高食物的吸收率;另一方面,牙齿咀嚼也可以有效地提高牙龈的抗病能力,预防龋齿的发生。

第四,少吃"垃圾食品"。"垃圾食品"有十类,分别是油炸食品、方便面、罐头、香肠、饼干、腌制食品、碳酸饮料、蜜饯果脯、烧烤食品、冷冻甜品。这些食品不仅营养含量低,还携带一定的毒素,在进入人体之后会影响人的消化系统和排毒系统,增加肥胖症的发病概率,损害身体健康。

第五,保持心情舒畅。人的食欲与心情有密切的关系,如果人的心情舒畅,食欲就会增加,消化功能也会加强;相反,如果人的心情抑郁,食欲就会下降,消化功能也会相应减弱,进而影响胃肠功能。

第二节 常见自然灾害预防与自救

一、洪水灾害的预防与自救

(一)洪水的形成

洪水指的是超过江河、水库、湖泊等承纳能力的水位急涨或者水量剧增现象。一

般情况下，洪水多集中分布在降水充沛、江河湖泊分布密集的地区；从时间上来看，我国的洪水多集中于4—9月。

（二）洪水的特点

洪水根据形成机制可分为6种类型，分别是暴雨洪水，冰凌洪水，风暴潮、融雪洪水，冰川洪水，堰坝洪水，泥石流。其特点表现在三个方面：1）具有明显的季节性。洪水一般都会伴随着汛期来临，我国降水受到季风气候的影响，有明显的季节性特征。因此，洪水也具有明显的季节性。2）洪水具有突发性，受到暴雨或者地势的影响具有明显的峰高量大的特征。3）洪水的形成往往受到降水的影响，降水具有年（季）分布不稳定的特征。

（三）洪水的预防与自救

洪水的预防与自救可以通过四个环节来实现，分别是洪水发生前的撤离与防护准备、洪水到来时的原地待救、洪水中的逃生策略、避难所的选择。

1. 洪水发生前的撤离与防护准备

洪水灾害的发生有一个过程。在洪水到来之前，通过有关部门发布的预警，学校要组织学生进行撤离，学生要听从学校的撤离安排，有序撤离，在撤离的过程中不要携带过多物品，要保证手机触手可及，确保随时与外界保持联系。

如果来不及撤离，学校师生要在洪水到来之前做好一定的预防措施。首先，选择一个合适的避难所，比如基础牢固的建筑顶部等；其次，储备足够的粮食和清水，准备足够的御寒衣物；再次，汇集具有强大漂浮能力的木板和水盆，以备不时之需；最后，准备足够的取火用品和照明工具，对各种通信设备做好防水保护措施，并且要准备一些医药用品，如创可贴、绷带、纱布、退烧药、消炎药等，以备在需要的时候对伤员进行伤口包扎和消炎处理。

2. 洪水到来时的原地待救

在洪水到来时，被洪水包围的人员首先要向最近的高地转移，比如爬上预先选定的避难所，或者爬上楼房的顶部、大树的顶部等，然后迅速与当地政府取得联系，报告自己所处的位置、被困人数以及水情。最后，在避难所发生险情的时候，要迅速寻找一些有浮力的物品，比如大树、木板、水盆、泡沫板等逃生。在此过程中，切记不能爬上电线杆或者铁塔，以免发生触电危险。

3. 洪水中的逃生策略

如果被卷入洪水，不要惊慌，要抓住一切能够抓住的物体，寻找机会逃生；在此过程中，如果发现电线杆有倒塌迹象，一定要迅速远离，以免发生触电危险；如果被困水中，并且与岸边的距离比较远，周围没有人和船舶，一定不能游泳，以免因体力耗尽而溺亡。

4. 避难所的选择

避难所一般可以选择在地势较高、交通较为便利、通信条件较好、卫生条件较好的场所。在学校中，地基稳固的楼顶可以作为避难所。

二、地震灾害的预防与自救

(一) 地震的形成

　　地震是指地球内部的能量经过一定时期的积累突然释放，使得地球表面出现震动的现象。地震内部能量的释放是通过地震波来完成的，其中地震波分为两种，分别是横波和纵波。横波指的是振动方向和传播方向垂直的波，其会导致地面呈现水平晃动；纵波指的是振动方向和传播方向一致的波，其会导致地面出现上下颠簸。在发生地震时，我们首先感受到的是纵波，其次才是横波，因为纵波的传播速度比横波快，在震源比较浅、震级比较高的情况下，纵波到达地面要比横波早几秒至十几秒。在纵波的影响下，我们感受到的是地面上下颠簸；在横波的作用下，我们感受到的是地面左右摇晃。

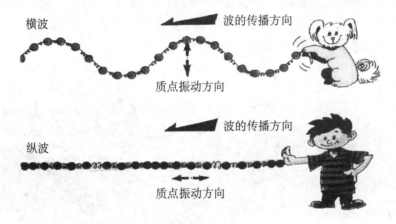

(二) 地震的类型和地震带的分布

　　地震的类型以成因为依据可以划分为 5 种，分别是构造地震、塌陷地震、火山地震、诱发地震、人工地震。其中，我们常说的地震指的是构造地震。

　　目前，在世界范围内有三大地震带，分别是环太平洋地震带、海岭地震带和欧亚地震带。我国位于世界两大地震带上，一是环太平洋地震带，二是欧亚地震带。由此可见，我国是一个地震多发的国家。我国常发生地震的区域有 5 个，分别是台湾地区、西北地区、西南地区、华北地区和东南沿海地区。

(三) 地震的预兆

　　在地震发生前，会出现一些反常现象。这些反常现场就是地震的前兆，比如地下水发生异常变化，动物产生异常反应，出现地光、地声等。

　　(1) 地下水异常。在地震之前，井水会出现一些异常，如谚语所说："地下水，有前兆。不是涨，就是落；甜变苦，苦变甜；又发浑，又翻沙。"

　　(2) 动物异常。动物的感觉功能比人类更加强大，因此，在地震之前动物会有非常灵敏的感应，会出现很多异常行为。

（3）地光和地声。在地震发生之前，地面或者地下会发出光亮或者声音，这就是地光和地声，是地震的重要前兆，也就是常说的"临震前，一瞬间，地声隆隆地光现"。

地下水异常变化　　　　　　　动物异常反应　　　　　　　地光、地声

（四）地震的预防与自救

（1）在发现地震前兆的时候或者在感到地面上下震动的时候，大楼管理员要立即疏通所有的逃生渠道，打开所有的门，教师要立即组织学生有序撤离，防止发生踩踏事故。在这个过程中，千万不能跳楼。

（2）如果在家中，要切断家里的电源，将火灭掉，关闭燃气，使用手电筒或者手机照明，不要使用明火，以防止燃气泄漏发生爆炸。

（3）如果来不及撤离，要寻找临时避震场所，比如课桌下、墙角（远离窗户的墙角）等。

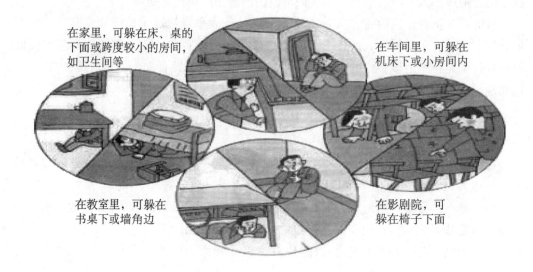

在家里，可躲在床、桌的下面或跨度较小的房间，如卫生间等

在车间里，可躲在机床下或小房间内

在教室里，可躲在书桌下或墙角边

在影剧院，可躲在椅子下面

（4）如果在室外，要立即跑到一个空旷的位置避难。

（5）在地震的时候要注意保护好头部。

（6）在地震发生后，要保持镇静，不要惊慌，要将压在身上的物体清除掉，尽量扩大生存空间，保持空气流通，树立生存的信心，发出求救信号，等待救援。

（7）地震发生之后，外界人员在对地震被困人员实施救援时，要注意以下几点：首先，在救援的时候要与被困人员保持交流，随时了解被困区域的情况，以免发生新的垮塌，不要对被困人员造成二次伤害；其次，在不能对被困人员实施救援的时候，要尽量流通空气，以免被困人员发生窒息；最后，可以向被困人员传递一些水和食物，帮助被困人员保持体力，维持生命，等待救援。

（8）学校要定期安排地震逃生演习，让大学生熟悉逃生路线，提高逃生速度，以提高地震时的疏散逃生效率，减少踩踏事故的发生。

（9）如果在发生地震时人在车内，要立即靠边停车，停车时要尽量避开十字路口。同时，车上的人应抓好扶手，降低重心，躲到座位附近，防止因碰撞发生意外。等到车停稳之后或者地震停止之后，迅速下车跑向空旷的位置。

三、山体滑坡灾害的预防与自救

（一）山体滑坡的形成

山体滑坡是指山体斜坡上某部分岩土在重力作用（包括岩土本身重力及地下水的动静压力）下，沿着一定的软弱结构面产生剪切位移而整体向斜坡下方移动的现象。俗称"走山""垮山""地滑""土溜"等。

山体滑坡形成

（二）山体滑坡的前兆

不同形式的山体滑坡发生前会出现不同的预兆，大体可以将其归纳总结如下：

（1）在发生大滑坡之前，在滑坡的前缘坡脚位置，水体会出现异常状况，比如堵塞多年的泉水复活，现有的泉水突然干枯，井水的水位突变等。

（2）在滑坡体中，坡体的前部会出现横向或者纵向裂缝，裂缝会呈现放射状的特点，预示坡体在向前推进的过程中受到阻碍，濒临滑坡状态。

（3）在滑坡之前，坡体前端坡脚位置的土体会出现隆起现象，表明坡体正在向前推挤；或者坡体会发出岩石开裂的声响，说明坡体内部出现了变形或破裂等现象。动物对此异常敏感，家畜会呈现惊恐不安的状态，老鼠会乱窜；树木也会歪斜或枯萎。

（4）在即将发生滑坡时，滑坡体周围的岩体会发生松弛或者小型崩塌现象。如果对于滑坡体有长期的位移观测资料，在发生滑坡之前，它的水平位移量和垂直位移量

坡体裂缝

都会出现加速变化的趋势。同时，滑坡后缘的裂缝会急剧扩展，裂缝中会有热气或者冷风冒出。

(三) 山体滑坡的预防与自救

在发现山体滑坡预兆之前，要有组织地进行撤离。如果突然面临山体滑坡，则要就以下环节做好自救和他救工作。

（1）在外出游玩的时候，尽量不要在野外露营，如果一定要在野外露营，要仔细观察露营地周围山体、树木和动物的状态，远离出现异常情况的地带；不要在有碎石出现的位置露营，不要在山脚下露营，不要在河谷露营，不要在悬崖下露营。

与水源距离40~50米，排水良好的树荫是最理想的搭帐篷的地方

（2）在遇到山体滑坡时，首先要保持镇静，环顾四周，选择逃生路线，向安全地带撤离。在逃生的时候要向两侧跑，如果来不及逃跑，要抱住邻近的大树等物体，以增加存活的可能性，切记不能沿着坡体滑动的方向跑，也不能朝着滑坡的上方跑。

山体滑坡时，不要沿滑坡体滑动方向跑，应向滑坡两侧跑

（3）在遇到山体滑坡的时候，要尽快与当地政府部门联系，并且拨打120，以保证伤员能够得到最快的救治。

（4）对他人施救。在发生山体滑坡之后，人员伤亡会比较严重，及时对昏迷人员实施救援，能够有效挽救其生命。救援方式有两种，一种是人工呼吸，另一种是心脏按压。

首先是人工呼吸。在对伤患进行人工呼吸之前，要将患者口中的污物清除干净，使患者头部后仰，抬起下颌，松衣解带。在进行人工呼吸时，施救者要站在患者头部的一侧，一手将患者下颌托起，使其后仰；另一手将患者鼻孔捏紧，深吸一口气，迅速吹入患者肺内。吹气后立即松开捏住患者鼻子的手，使气体自然排出，同时观察患者胸廓的起伏情况。一般情况下，儿童每分钟可做人工呼吸20次，成人每分钟可做16次。

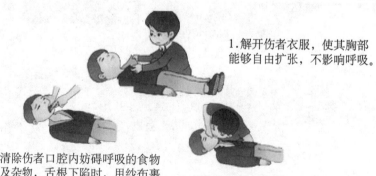

1.解开伤者衣服，使其胸部能够自由扩张，不影响呼吸。

2.清除伤者口腔内妨碍呼吸的食物以及杂物，舌根下陷时，用纱布裹住手指把舌头拉出。

3.使伤者平躺，打开气道。

4.救护者位于伤者头部一侧，一手捏住伤者的鼻孔，然后深吸一口气，紧贴并抱住伤者口唇用力吹气，发现病人胸部扩张后立即停止吹气。救护者换气时，要迅速离开伤者的口唇，松开伤者的鼻孔，让其自动呼吸，并观察其胸部是否下陷，救护者吸入新鲜空气，以便做下一次人工呼吸。

其次是心脏按压。如果伤患出现心脏停止现象，在对其进行人工呼吸时，要进行心脏按压。人工呼吸和心脏按压最好由两人同时实行，一人按压心脏5次，另一人吸气1次，如此交替进行。如果施救者只有一人，则先对心脏按压15次，然后吹气2次，如此交替进行。在按压心脏时，要让患者保持仰卧姿势，躺在平整坚实的床板上或地上，患者头部后仰，救护者在患者一侧，双手叠加，指尖向上，掌根压在患者胸骨下方1/3处，垂直且均匀地用力，双臂垂直下压，将胸骨压下3～5厘米，之后放松，促使患者的血液流进心脏，掌根不离胸壁。如果患者是成年人，每分钟大约可以按压80次。通常情况下，在吹气按压1分钟之后，对患者的呼吸和脉搏要检测1次；之后每3分钟检查一次，直至见效。

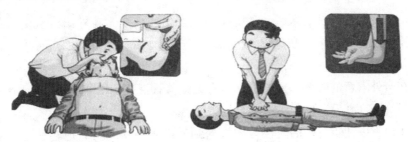

四、泥石流灾害的预防与自救

（一）泥石流的形成

泥石流指的是在山区等地形险峻的地区，在暴雨、暴雪或地震等自然灾害的影响下引发的特殊山体滑坡并携带大量泥沙和石块的特殊洪流。泥石流的特征表现为五个方面，分别是突然性、流速快、流量大、物质容量大、破坏力强。泥石流的形成条件有三个，其一是容易积水的地形，其二是上游有松散的固体物质堆积，其三是突然性的大水流。

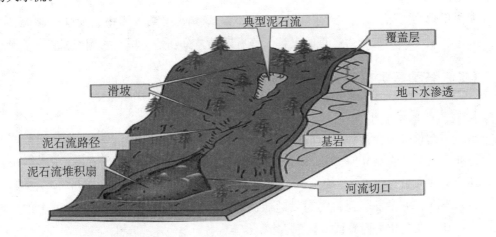

（二）泥石流的前兆

泥石流的前兆有以下三点，要提高警惕，做好防范：

（1）突降暴雨或者连续降雨。

（2）河水突然出现断流或者洪水突然增大，其中夹杂着很多树木和柴草。

（3）沟谷深处突然变昏暗，有巨大轰鸣声发出，并且有轻微的震感。

（三）泥石流的预防与自救

泥石流的发生具有迅猛、摧毁力强的特点。因此，在发生泥石流时做好预防与自救工作对泥石流逃生具有重要意义。

（1）了解泥石流的易发区域，了解泥石流发生的前兆。在外出游玩的时候，要避免在泥石流易发区域逗留，在降雨天气要远离这些地带；在游玩的过程中，如果有上述前兆现象发生，要立即逃离该区域。

（2）在野外露营的时候，要尽量远离有大量落石汇集的区域，不要在山谷中扎营，也不要在河沟底部扎营。

（3）在山谷中徒步行走的时候，如果遇到暴雨，要立即向高地转移，并且远离山谷。在暴雨结束之后，不能马上返回。

（4）在遇到泥石流的时候，要尽量保持镇静，环顾四周，选择合适的逃跑路线，逃跑目的地为与泥石流方向垂直的两侧山坡。在逃跑的过程中，不能上树，因为泥石流会将树木卷走；不要躲在车中和房屋内，因为泥石流会将这些密闭空间掩埋。

五、恶劣灾害天气的预防与自救

（一）恶劣灾害天气的类型

常见的恶劣灾害天气主要有台风、龙卷风、暴雨、暴雪、雷电、海啸、高温、干旱等，其中对我国影响最为严重的灾害天气有四种，分别是干旱、寒潮、暴雨、台风。

（二）各种恶劣灾害天气的预防与自救

1. 雪灾的预防与自救

雪灾是指长时间大量降雪造成大范围积雪成灾的自然现象，主要分布于我国的华北、东北、西北和青藏高原等地。雪灾的发生不仅会对人们的正常生活和生产产生影响，还会造成人员伤亡。

（1）不在雪灾多发季到雪灾易发地旅游。在冬季，大学生要尽量少去雪灾多发地旅游，比如不在冬季去西藏或者内蒙古等。

（2）及时补充能量。在出行的时候要准备足够的高热量食物，比如牛肉干、猪肉干、巧克力等，及时补充能量。如果被雪灾困在野外，除了补充能量之外，一定要多运动，对容易发生冻疮的部位进行按摩，以保持血液循环。并且要禁止饮酒，因为酒不仅不能产生热量，而且会使血管膨胀，加速热量散失。

（3）及时报警。如果在野外遇到雪灾，要及时报警，与当地警方或者政府取得联系，详细说明自己所处的位置、被困人数以及积雪情况，等待救援，同时要尽量少用手机，保证手机电源充足，以便与救援人员保持畅通的联系。

2. 暴雨灾害的预防与自救

暴雨对人造成的威胁表现在三个方面，其一是雷电，其二是大风，其三是洪水。其中，洪水灾害的预防在前面部分做过讲解，在此，主要就雷电灾害的预防进行探讨。

（1）室内雷电的预防。如果雷电发生时人位于室内，首先要将窗户关闭。其次，要断电，关闭电视机和电脑等家用电器，拔掉插座和电源，并且严禁使用电话、手机等通信设备。再次，远离门窗、燃气管和水管等金属管件。最后，在雷雨天气不要使用太阳能热水器中的水洗澡。

（2）室外雷电的预防。如果雷电发生时人位于室外，首先立即寻找附近的建筑物，不要在野外逗留；如果附近没有建筑物，要尽量选择低洼地蹲下。其次，要远离高大的树木、电线杆、铁塔和水体，不要使用手机。再次，不要将金属物体背在肩上，不要使用带有尖头的雨伞，不要骑自行车或者摩托车行驶。最后，如果人群在室外遇到雷电，相互之间要保持一定的距离，防止被雷电击中之后相互传导电流。

3. 台风的预防与自救

台风是一种形成于热带洋面上的强热带气旋，发生地点不同，名称也不相同。其中，台风在北美和欧洲被称为"飓风"，在东南亚和东亚一带则被称为"台风"，在孟加拉湾一带被称为"气旋型风暴"，在南半球一带被称为"气旋"。大学生要掌握有关台风的预警知识，以降低台风对自身的危害。

（1）关注天气预报。大学生在出行时要密切关注天气预报，不在台风天气出行，尤其不在台风预警时下海游玩。

（2）在台风来临之前，要锁好门窗，将阳台上的物品收进屋内，避免台风造成损失，保证人身安全。

（3）在台风天气要减少外出，如果必须外出，首先要尽量选择公共交通工具，其次要穿雨靴，防止触碰到断裂的电线发生触电事故。

第三节　社会类公共安全事件中的人身安全防范

一、大型活动人身安全防范

大型活动指的是有目的、有步骤、有计划地组织众人参与的一种群体性活动，比如音乐会、体育赛事、大型晚会等。大型活动的特点表现在四个方面，分别是明显的目的性、广泛的社会传播性、严密的操作性和高投资性。

（一）大型活动对人身安全潜在的威胁

大型活动由于场所的局限性和人群的密集性，其中潜藏着诸多安全隐患，比如火灾、爆炸、踩踏、殴打、财产丢失等。

（二）大型活动人身安全的防范策略

大型活动潜在的安全因素复杂多样，大学生在参加大型活动时要从以下几个方面做好安全防范工作。

（1）服从现场管理。大型活动（如音乐会、演讲会等）的开展都有其相应的安全规范，会有相关人员负责安全保卫工作。因此，大学生在参加大型活动时，要遵守相关工作人员的安排，避免现场发生混乱。

（2）了解安全通道。大学生在进入大型活动会场时，首先要观察周围的环境，熟悉安全通道和消防设施的位置，以便在发生危险时迅速撤离。

（3）远离危险区域。大型活动尽量不要燃放烟花，如果其中有燃放烟花这个流程，大学生要远离燃放区域；如果在大型活动中要放飞氢气球，现场要禁止明火，以免发生爆炸。

（4）避免火灾。在大型活动中，火灾是一大安全隐患。在大型活动中预防火灾，首先要避免开展与火有关的活动项目，如篝火晚会、烧烤派对等；如果大型活动中有火存在，要尽量选择一个开放的场所，人群必须远离火源。其次，在进入会场时，要明确安全通道和消防器具的位置。再次，一旦发现有火情，要迅速撤离并防止在撤离过程中跌倒，迅速拨打119和120，远离会场区域。最后，如果来不及撤离，在火情不猛烈的情况下，可以将全身浸湿，用湿布包裹逃出火区。

（5）避免踩踏事故。首先，在大型活动中，大学生要举止文明，不拥挤，不刻意制造恐怖气氛。在发现异常时，要向人群的外缘靠拢并及时报警；在发生危险时，要迅速从安全通道撤离。其次，如果在大型活动中被卷入人流，要保持身体端正，站稳脚跟，防止鞋子被踩掉或者被绊倒；如果鞋子被踩掉，则要舍弃鞋子，以保证自己不会摔倒；如果在大型活动中发现大波人群向自己靠拢，要立即退到一旁，在人群过去之后迅速离开现场。最后，如果自己被绊倒在地，要迅速蜷缩身体，双手保护头部，设法向人群的边缘移动或者向墙角移动。

二、暴力犯罪现场安全防范

暴力犯罪指的是使用暴力手段威胁他人财产安全、生命安全、社会安全的犯罪行为，其基本特征是具有明显的暴力性。一方面，从行为层面来看，暴力犯罪有明显的冒险性和突发性；另一方面，从社会危害层面来看，暴力犯罪有明显的暴力性、狡诈性、凶残性和危险性。

（一）暴力犯罪对人身安全的潜在威胁

在暴力犯罪过程中，犯罪者会手持凶器对被害者进行威胁，不仅会对被害人的财产安全造成威胁，而且会对被害人的人身安全造成威胁，在某种情况下还会对被害人的心理健康造成重大的伤害。

（二）暴力犯罪现象的安全防范策略

近年来，我国的暴力犯罪事件呈现逐步增长的趋势，面对暴力犯罪事件，大学生要掌握安全防范策略，保护好自身的安全。

（1）增强安全意识。"害人之心不可有，防人之心不可无"，大学生要增强安全意识，不要在深夜出门，即使出门也要结伴而行；在外出旅游的过程中，要保持手机畅通，不要和陌生人说话，在闻到特殊气味有头晕现象或者感觉到刺痛感之后，要立即报警。

（2）适时求救。如果遇到暴力侵犯，首先要保持镇静，不要惊慌，观察周围的情况和犯罪者的状态。如果犯罪者只是求财，则通常不会危及生命安全。在这种情况下，要果断放弃财物，保证生命安全。其次，如果犯罪者不只是求财还会危及生命安全，则首先要通过交谈使其松懈，在其放松之后，可以使用触手可及的物品用尽全力对其进行击打，然后迅速向着人群逃跑，边逃跑边呼救。

（3）保护要害部位。在路途中发现犯罪者持刀站在离你很近的地方，首先不要逃跑，因为在很短的距离内，如果逃跑，犯罪者会很快追上并且袭击你的背部。在这种情况下，要使用背包或者周围的物品，护住胸口和头部等部位，避免发生致命伤害。

（4）适时倒地。如果在路途中遇到无目标暴力犯罪，在逃跑无望的情况下，要及时倒地，利用腿长的优势进行反抗，防止自己的要害部位被刺伤。

（5）避免逃入死胡同。如果在途中遇到暴力犯罪事件，在逃跑的时候要保持镇定，不要往巷子、住宅、商铺等场所跑，而要向着广场、街道等宽阔的场所跑。

第四节　新型冠状病毒的认识与预防

一、新型冠状病毒的特征

1. 冠状病毒性肺炎

冠状病毒性肺炎是由冠状病毒感染引起的一类呼吸系统传染病，冠状病毒是一类可在动物与人类之间传播的人畜共患 RNA 病毒，分类上属于网巢病毒目、冠状病毒亚目、冠状病毒科。冠状病毒可感染哺乳动物、鸟类，自然界中常见的已知可感染人类的冠状病毒共有 7 种，均可引起呼吸系统疾病，轻则引发普通感冒，重则导致严重急性呼吸综合征（SARS）、中东呼吸综合征（MERS）、新型冠状病毒性肺炎（COVID-19）等严重疾病。

2. 新型冠状病毒性肺炎

新型冠状病毒性肺炎，简称"新冠肺炎"，世界卫生组织命名为"2019 冠状病毒病"，是指 2019 新型冠状病毒感染导致的肺炎。2019 年 12 月以来，湖北省武汉市部分医院陆续发现了多例有华南海鲜市场暴露史的不明原因肺炎病例，证实为 2019 新型冠状病毒感染引起的急性呼吸道传染病。

3. 感染症状

新型冠状病毒性肺炎以发热、干咳、乏力等为主要表现，少数患者伴有鼻塞、流涕、腹泻等上呼吸道和消化道症状。重症病例多在 1 周后出现呼吸困难，严重者快速进展为急性呼吸窘迫综合征、脓毒症休克、难以纠正的代谢性酸中毒和出凝血功能障碍及多器官功能衰竭等。值得注意的是，重症、危重症患者病程中可为中低热，甚至无明显发热。轻型患者仅表现为低热、轻微乏力等，无肺炎表现。

二、新型冠状病毒的传播途径

基于目前的流行病学调查和研究结果，新冠肺炎潜伏期为 1～14 天，多为 3～7 天，发病前 1～2 天和发病初期的传染性相对较强，传染源主要是新冠肺炎确诊病例和无症状感染者。

病毒传播途径主要有三种，分别是：直接传播、接触传播和气溶胶传播。

1. 直接传播

直接传播是指病毒通过感染者的喷嚏、咳嗽、呼出的气体、说话产生的飞沫，可以近距离地被吸入导致被传染。

2. 接触传播

接触传播是指患者产生的飞沫可以沉积在物体表面，其他人用手接触被污染的物体表面，如果再用污染过的手接触鼻腔、口腔、眼睛等黏膜组织，最终导致感染。

3. 气溶胶传播

气溶胶传播是指飞沫在空中悬浮过程中失去水分而剩下的蛋白质和病原体组成的核，形成飞沫核，可以通过气溶胶的形式飘浮至远处，造成远距离的传播。

新冠肺炎主要传播途径为经呼吸道飞沫和密切接触传播，接触病毒污染的物品也可造成感染，在相对封闭的环境中暴露于高浓度气溶胶情况下存在经气溶胶传播可能；由于在粪便、尿液中可分离到新冠病毒，应当注意其对环境污染可能造成接触传播或气溶胶传播。

三、公民防疫基本行为准则

1. 勤洗手

手脏后，要洗手；做饭前，餐饮前，便前，护理老人、儿童和病人前，触摸口鼻和眼睛前，要洗手或手消毒；外出返家后，护理病人后，咳嗽或打喷嚏后，做清洁后，清理垃圾后，便后，接触快递后，接触电梯按钮、门把手等公共设施后，要洗手或手消毒。

2. 科学戴口罩

有发热咳嗽等症状时，就医时，拥挤时，乘电梯时，乘坐公共交通工具时，进入人员密集的公共场所时，要戴口罩。

3. 注意咳嗽礼仪

咳嗽打喷嚏时，用纸巾捂住口鼻，无纸巾时用手肘代替，注意纸巾不要乱丢。

4. 少聚集

疫情期间，少聚餐聚会，少走亲访友，少参加喜宴丧事，非必要不到人群密集的场所。

5. 文明用餐

不混用餐具，夹菜用公筷，敬酒不闹酒，尽量分餐食；食堂就餐时，尽量自备餐具。

6. 遵守 1 米线

排队、付款、交谈、运动、参观时，要保持 1 米以上社交距离。

7. 常通风

家庭人多时，房间有异味、油烟时，有病人时，访客离开后，多开窗通风。

8. 做好清洁消毒

日常保持房间整洁。处理冷冻食品的炊具和台面，病人及访客使用的物品和餐饮具，要及时做好消毒。

9. 保持厕所卫生

马桶冲水前盖盖，经常开窗或开启排气扇，保持地漏水湾有水。

10. 锻炼身体，健康饮食

养成健康生活方式。加强身体锻炼，坚持作息规律，保证睡眠充足，保持心态健康；健康饮食，戒烟限酒；有症状时，及时就医。

11. 接种疫苗

响应国家新冠病毒疫苗接种政策，积极配合疫苗接种，保护个人健康。

模块三　育人园地
★★★★★

2021年7月20日，一场特大暴雨突如其来降临河南，郑州等城市发生严重内涝，一些河流出现超警水位，个别水库溃坝，部分铁路停运、航班取消，造成重大人员伤亡和财产损失，防汛形势十分严峻。闻"汛"而动、听令而行，在以习近平同志为核心的党中央坚强领导下，有关地区党委和政府紧急应对，有关部门和单位全力以赴，领导干部冲在一线，人民子弟兵勇挑重担，消防救援人员迅速行动，受灾地区干部群众众志成城，全国人民守望相助，凝聚起防汛抢险救灾的强大力量。奔赴一线的忙碌身影，连夜驰援的奋战场景，战天斗地的救灾现场……一幅幅感人至深的画面，展现上下一心、同舟共济的坚强意志，体现越是艰险越向前的大无畏气概，彰显一方有难、八方支援的大爱精神，激荡着敢于压倒一切困难而不被任何困难所压倒的精气神。

大雨滂沱，洪水肆虐，汛情紧急；抢险救灾，检验初心，考验担当。习近平总书记对防汛救灾工作做出重要指示强调："当前已进入防汛关键期，各级领导干部要始终把保障人民群众生命财产安全放在第一位，身先士卒、靠前指挥，迅速组织力量防汛救灾，妥善安置受灾群众，严防次生灾害，最大限度减少人员伤亡和财产损失。"

"江山就是人民、人民就是江山，打江山、守江山，守的是人民的心。""人民至上、生命至上，保护人民生命安全和身体健康可以不惜一切代价。"防汛救灾的危急关头，必须坚持人民至上、生命至上，始终把保障人民群众生命财产安全放在第一位，以极大的政治担当和勇气，以非常之举应对非常之事。要把对党和人民的忠诚与热爱落实在防汛救灾的行动上，想群众之所想，急群众之所急，解群众之所难，不畏艰险、知重负重，充分展现中国共产党人的政治本色和英雄本色。

防汛救灾关系人民生命财产安全，关系粮食安全、经济安全、社会安全、国家安全，做好防汛救灾工作十分重要。各级党委和政府认真贯彻落实习近平总书记重要指示精神，本着对人民极端负责的态度，担负起促一方发展、保一方平安的政治责任，全面落实防汛救灾主体责任，采取更加有力措施，加强组织领导和责任落实，切实做好防汛救灾各项工作，坚决做到守土有责、守土负责、守土尽责。解放军和武警部队积极协助地方开展抢险救灾工作。国家防总、应急管理部、水利部、交通运输部按照习近平总书记提出的明确要求，加强统筹协调，强化灾害隐患巡查排险，加强重要基础设施安全防护，提高降雨、台风、山洪、泥石流等预警预报水平，加大交通疏导力度，抓细抓实各项防汛救灾措施。各地区各有关部门在做好防汛救灾工作的同时，尽快恢复生产生活秩序，扎实做好受灾群众帮扶救助和卫生防疫工作，防止因灾返贫和"大灾之后有大疫"。各级领导干部深入一线、靠前指挥、现场督查，在防汛救灾第一线体现责任担当，组织广大干部群众凝心聚力、顽强奋斗。广大基层党组织和党员、干部充分发挥战斗堡垒作用和先锋模范作用，关键时刻站得出来、危难关头豁得出来、主动担当、敢打头阵，紧紧依靠人民群众，把党的政治优势、组织优势、密切联系群众优势转化为防汛救灾的强大政治优势，让党旗在防汛救灾第一线高高飘扬。

自 2019 年底以来，面对新型冠状病毒感染的肺炎疫情加快蔓延的严重趋势，全党全军全国各民族人民都站在一起，心连着心，携手抵抗疫情。一方有难，八方支援。84 岁高龄的钟南山院士继 2003 年抗击非典后再次出征，深入疫情前线。无数党员干部冲锋在防控疫情斗争的第一线。无数医务人员不畏生死、不计报酬抗击疫情。"众志成城，抗击疫情"。人民健康是民族昌盛和国家富强的重要标志。面对疫情，我们不能恐慌也不能轻视，应该相信党，相信政府。面对疫情，我们不能有侥幸心理，应该做好个人防护，加强对新型冠状病毒及疫情的认知，保护自己也保护他人。只要我们坚定信心，振奋精神，我们一定能在抗击新型冠状病毒的战役中取得胜利。

模块四　拓展阅读
★★★★★

正确洗手六步法　　　动物前兆儿歌　　　报警策略　　　自救策略

第九章

国家安全与校园稳定

★★★★★

风声，雨声，读书声，声声入耳；
家事，国事，天下事，事事关心。

导 读

谈及"国家安全"，你会想到什么呢？也许是保卫国家不受侵略、战争的威胁。其实"国家安全"早已不局限于此，还关涉社会、经济、生态环境、网络……也许你觉得"国家安全"这个话题太大了，与普通老百姓的生活离得太远，然而事实上真的如此吗？

近年来，在日常生活中，危害国家安全的案件层出不穷，如无意中为国外间谍当向导而泄密、军事迷在社交网站晒资料泄密、国家机关工作人员在朋友圈发涉密信息等。

因此，国家安全和我们每个人的生活息息相关。党的二十大报告明确指出："国家安全是民族复兴的根基，社会稳定是国家强盛的前提。必须坚定不移贯彻总体国家安全观，把维护国家安全贯穿党和国家工作各方面全过程，确保国家安全和社会稳定。"树立国家安全意识，自觉关心、维护国家安全，是我国《宪法》规定的公民的基本义务。每年4月15日是我国的"全民国家安全教育日"。

在国家安全形势依然严峻的情况下，作为新时代的大学生，了解国家安全知识，提高政治敏锐性，理性参与政治活动，保守国家秘密，正确对待宗教信仰，处理好民族关系，维护校园稳定，是其必备素质。

要 点

1. 理性参与政治活动，保障社会和谐。
2. 加强保密观念，维护国家安全。
3. 正确看待宗教信仰，了解我国的民族特点和民族政策，维护民族团结。
4. 增强安全防范意识和能力，建设平安校园。

模块一　案例学习
★★★★★

案例 1

男子为境外间谍机关搜集军事情报被判十年

犯罪嫌疑人王某，吉林省白城人，2006 年大学毕业后应聘到某公司担任业务员。由于工资不高，个人经济上比较困难，于是王某便通过互联网发帖寻找兼职工作。不料，被网上的境外间谍情报机关盯上，并以某投资咨询公司的名义将其招聘为信息员。受金钱诱惑，王某在明知对方是境外间谍情报机关的前提下，仍然不计后果，一意孤行，接受对方的任务和指令，积极为之效力。自 2009 年以来，先后多次以旅游的名义到我国某重要军事目标周边进行实地察看，秘密搜集该营区的地理位置和各种武器装备的型号、数量、位置等军事情报，通过电子邮件，加密传递给境外间谍情报机关，构成了间谍罪。法院一审判处王某有期徒刑十年，剥夺政治权利三年，并处罚金五万元。

案例简析

自人类社会产生了国家，就存在国家利益和国家安全问题。为了国家安全和国家利益而展开的颠覆与反颠覆、渗透与反渗透的斗争一刻也没有停止过。案例中王某的行为构成了为境外窃取、刺探、收买、非法提供国家秘密、情报罪。具体是指为境外的机构、组织或个人窃取、刺探、收买、非法提供国家秘密或情报，危害中华人民共和国国家安全的行为。

法规链接

《中华人民共和国刑法》

第一百零二条　勾结外国，危害中华人民共和国的主权、领土完整和安全的，处无期徒刑或者十年以上有期徒刑。

与境外机构、组织、个人相勾结，犯前款罪的，依照前款的规定处罚。

第一百零三条　组织、策划、实施分裂国家、破坏国家统一的，对首要分子或者罪行重大的，处无期徒刑或者十年以上有期徒刑；对积极参加的，处三年以上十年以下有期徒刑；对其他参加的，处三年以下有期徒刑、拘役、管制或者剥夺政治权利。

煽动分裂国家、破坏国家统一的，处五年以下有期徒刑、拘役、管制或者剥夺政治权利；首要分子或者罪行重大的，处五年以上有期徒刑。

第一百零四条　组织、策划、实施武装叛乱或者武装暴乱的，对首要分子或者罪行重大的，处无期徒刑或者十年以上有期徒刑；对积极参加的，处三年以上十年以下有期徒刑；对其他参加的，处三年以下有期徒刑、拘役、管制或者剥夺政治权利。

策动、胁迫、勾引、收买国家机关工作人员、武装部队人员、人民警察、民兵进行武装叛乱或者武装暴乱的，依照前款的规定从重处罚。

第一百零五条　组织、策划、实施颠覆国家政权、推翻社会主义制度的，对首要分子或者罪行重大的，处无期徒刑或者十年以上有期徒刑；对积极参加的，处三年以上十年以下有期徒刑；对其他参加的，处三年以下有期徒刑、拘役、管制或者剥夺政治权利。

以造谣、诽谤或者其他方式煽动颠覆国家政权、推翻社会主义制度的，处五年以下有期徒刑、拘役、管制或者剥夺政治权利；首要分子或者罪行重大的，处五年以上有期徒刑。

第一百零六条　与境外机构、组织、个人相勾结，实施本章第一百零三条、第一百零四条、第一百零五条规定之罪的，依照各该条的规定从重处罚。

第一百零七条　境内外机构、组织或者个人资助实施本章第一百零二条、第一百零三条、第一百零四条、第一百零五条规定之罪的，对直接责任人员，处五年以下有期徒刑、拘役、管制或者剥夺政治权利；情节严重的，处五年以上有期徒刑。

第一百零八条　投敌叛变的，处三年以上十年以下有期徒刑；情节严重或者带领武装部队人员、人民警察、民兵投敌叛变的，处十年以上有期徒刑或者无期徒刑。

第一百零九条　国家机关工作人员在履行公务期间，擅离岗位，叛逃境外或者在境外叛逃的，处五年以下有期徒刑、拘役、管制或者剥夺政治权利；情节严重的，处五年以上十年以下有期徒刑。

掌握国家秘密的国家工作人员叛逃境外或者在境外叛逃的，依照前款的规定从重处罚。

第一百一十条　有下列间谍行为之一，危害国家安全的，处十年以上有期徒刑或者无期徒刑；情节较轻的，处三年以上十年以下有期徒刑：

（一）参加间谍组织或者接受间谍组织及其代理人的任务的；

（二）为敌人指示轰击目标的。

第一百一十一条　为境外的机构、组织、人员窃取、刺探、收买、非法提供国家秘密或者情报的，处五年以上十年以下有期徒刑；情节特别严重的，处十年以上有期徒刑或者无期徒刑；情节较轻的，处五年以下有期徒刑、拘役、管制或者剥夺政治权利。

第一百一十二条　战时供给敌人武器装备、军用物资资敌的，处十年以上有期徒刑或者无期徒刑；情节较轻的，处三年以上十年以下有期徒刑。

第一百一十三条　本章上述危害国家安全罪行中，除第一百零三条第二款、第一百零五条、第一百零七条、第一百零九条外，对国家和人民危害特别严重、情节特别恶劣的，可以判处死刑。

思考讨论

作为一名青年学生，你所了解的国家安全问题有哪些？

案例 2

有密无防　险铸大错

据媒体报道，南方某市科研所博士李某，承担了一项重大高科技研究项目。在外出工作期间，李某经常在电话中与同事研讨科研项目的进展情况及进一步计划。没想到，李某的谈话被境外谍报分子利用高科技手段进行了监听。幸好，国家安全机关及时发现了这一情况，并立即与科研所取得了联系。但是，李某的无意泄密还是带来了一定的损失，科研项目也不得不做重大修改。

案例简析

随着社会的发展，手机作为一件必需品，在给我们带来便利的同时，也带来了一定的隐患。如果手机被一些别有用心的人控制，国家秘密就会被肆意传播，造成泄密事件。科研人员李某正是在使用手机的过程中，放松警惕，麻痹大意，疏于防范，导致泄密，使国家利益遭受重大损失。作为在校大学生，一定要克服无密可保的思想，强化保密意识，自觉维护国家和集体的利益。

法规链接

《中华人民共和国保守国家秘密法》

第二条　国家秘密是关系国家安全和利益，依照法定程序确定，在一定时间内只限一定范围的人员知悉的事项。

第三条　国家秘密受法律保护。

一切国家机关、武装力量、政党、社会团体、企业事业单位和公民都有保守国家秘密的义务。

任何危害国家秘密安全的行为，都必须受到法律追究。

第九条　下列涉及国家安全和利益的事项，泄露后可能损害国家在政治、经济、国防、外交等领域的安全和利益的，应当确定为国家秘密：

（一）国家事务重大决策中的秘密事项；

（二）国防建设和武装力量活动中的秘密事项；

（三）外交和外事活动中的秘密事项以及对外承担保密义务的秘密事项；

（四）国民经济和社会发展中的秘密事项；

（五）科学技术中的秘密事项；

（六）维护国家安全活动和追查刑事犯罪中的秘密事项；

（七）经国家保密行政管理部门确定的其他秘密事项。

政党的秘密事项中符合前款规定的，属于国家秘密。

第二十四条 机关、单位应当加强对涉密信息系统的管理，任何组织和个人不得有下列行为：

（一）将涉密计算机、涉密存储设备接入互联网及其他公共信息网络；

（二）在未采取防护措施的情况下，在涉密信息系统与互联网及其他公共信息网络之间进行信息交换；

（三）使用非涉密计算机、非涉密存储设备存储、处理国家秘密信息；

（四）擅自卸载、修改涉密信息系统的安全技术程序、管理程序；

（五）将未经安全技术处理的退出使用的涉密计算机、涉密存储设备赠送、出售、丢弃或者改作其他用途。

第四十八条 违反本法规定，有下列行为之一的，依法给予处分；构成犯罪的，依法追究刑事责任：

（一）非法获取、持有国家秘密载体的；

（二）买卖、转送或者私自销毁国家秘密载体的；

（三）通过普通邮政、快递等无保密措施的渠道传递国家秘密载体的；

（四）邮寄、托运国家秘密载体出境，或者未经有关主管部门批准，携带、传递国家秘密载体出境的；

（五）非法复制、记录、存储国家秘密的；

（六）在私人交往和通信中涉及国家秘密的；

（七）在互联网及其他公共信息网络或者未采取保密措施的有线和无线通信中传递国家秘密的；

（八）将涉密计算机、涉密存储设备接入互联网及其他公共信息网络的；

（九）在未采取防护措施的情况下，在涉密信息系统与互联网及其他公共信息网络之间进行信息交换的；

（十）使用非涉密计算机、非涉密存储设备存储、处理国家秘密信息的；

（十一）擅自卸载、修改涉密信息系统的安全技术程序、管理程序的；

（十二）将未经安全技术处理的退出使用的涉密计算机、涉密存储设备赠送、出售、丢弃或者改作其他用途的。

有前款行为尚不构成犯罪，且不适用处分的人员，由保密行政管理部门督促其所在机关、单位予以处理。

思考讨论

如何做好保密工作以防止泄密事件发生？

案例 3

痴迷邪教　自毁前程

2001 年 1 月 23 日下午，中央音乐学院在校大学生陈果，因痴迷法轮功在天安门广场自焚，造成终身残疾的严重后果。陈果练习法轮功之前在学校是品学兼优的学生，在国内的小提琴大赛中多次获奖。1998 年，她在其母亲的影响下开始练习法轮功，被李洪志的歪理邪说蒙骗，且越陷越深不能自拔，以至于最后走上自残的道路。

邪教之害　残忍恶劣

2014 年 5 月 28 日，山东招远发生了一起"全能神"邪教成员故意杀人案件，6 名该邪教成员在麦当劳向周围就餐人员索要电话号码，在遭到拒绝后，将其残忍殴打致死。"全能神"邪教屡屡制造危害社会安定、伤害民众安全的恶性事件。

邪教活动　破坏法律

商丘市睢阳区的杨节兰因家庭琐事生气，在李××家参加聚会，信了"灵灵教"。信教后，杨节兰伙同张凤芝、杨玉各、李德明、杨彩勤等人，积极参加"灵灵教"的各项活动，四处传教布道散布谣言邪说。2005 年前后，杨节兰又参加"全能神"邪教组织，和徐某等人秘密进行邪教活动，积极发展教徒。其中，杨玉各为邪教组织提供场所和便利条件，张凤芝和李德明负责讲道，杨彩勤负责领唱灵歌。其行为均已构成利用邪教组织破坏法律实施罪。

远离邪教　勿做传播

1999 年法轮功被定性为邪教组织后，国家禁止公民修炼或传播法轮功。湖南长沙的吴某明知上述规定仍继续修炼法轮功。2000 年 1 月 23 日，吴某因进京"弘法"被郴州市公安局苏仙分局刑事拘留，同年 2 月 17 日被取保候审；2007 年 2 月 7 日，又因修炼法轮功被郴州市公安局苏仙分局行政拘留 15 日。吴某被公安机关进行刑事处罚和行政处罚之后，依然执迷不悟，痴迷修炼、传播法轮功，并于 2010 年开始，根据邪教刊物《明慧周刊》提供的方法，利用其女儿吴某的家用电脑，在家从互联网上下载资料用于制作邪教内容宣传物品，并将制作好的带有邪教内容的宣传物品除留作自用外，还通过法轮功人员罗某等人向社会传播。2011 年 8 月 20 日，郴州市公安局苏仙分局民警对吴某住所依法进行搜查时，当场从吴某家中查获大量自制的非法书刊和音像制品。

案例简析

在风起云涌的国际环境中，人们思想不可避免地受到各种社会思潮的影响。在思想阵地稍有松动的情况下，一些反动的、腐朽的、迷信的思潮便会乘虚而入，占据他们的思想阵地，玷污他们的灵魂，诱使他们做出一系列愚蠢的事情。

 法规链接

《中华人民共和国宪法》

第三十六条　中华人民共和国公民有宗教信仰自由。

任何国家机关、社会团体和个人不得强制公民信仰宗教或者不信仰宗教，不得歧视信仰宗教的公民和不信仰宗教的公民。

国家保护正常的宗教活动。任何人不得利用宗教进行破坏社会秩序、损害公民身体健康、妨碍国家教育制度的活动。

宗教团体和宗教事务不受外国势力的支配。

《中华人民共和国国家安全法》

第二十七条　国家依法保护公民宗教信仰自由和正常宗教活动，坚持宗教独立自主自办的原则，防范、制止和依法惩治利用宗教名义进行危害国家安全的违法犯罪活动，反对境外势力干涉境内宗教事务，维护正常宗教活动秩序。

《中华人民共和国刑法》

第三百条　组织、利用会道门、邪教组织或者利用迷信破坏国家法律、行政法规实施的，处三年以上七年以下有期徒刑，并处罚金；情节特别严重的，处七年以上有期徒刑或者无期徒刑，并处罚金或者没收财产；情节较轻的，处三年以下有期徒刑、拘役、管制或者剥夺政治权利，并处或者单处罚金。

组织、利用会道门、邪教组织或者利用迷信蒙骗他人，致人重伤、死亡的，依照前款的规定处罚。

犯第一款罪又有奸淫妇女、诈骗财物等犯罪行为的，依照数罪并罚的规定处罚。

最高人民法院、最高人民检察院
《关于办理组织和利用邪教组织犯罪案件具体应用法律若干问题的解释（二）》

第一条　制作、传播邪教宣传品，宣扬邪教，破坏法律、行政法规实施，具有下列情形之一的，依照《刑法》第三百条第一款的规定，以组织、利用邪教组织破坏法律实施罪定罪处罚：

（一）制作、传播邪教传单、图片、标语、报纸 300 份以上，书刊 100 册以上，光盘 100 张以上，录音、录像带 100 盒以上的；

（二）制作、传播宣扬邪教的 DVD、VCD、CD 母盘的；

（三）利用互联网制作、传播邪教组织信息的；

（四）在公共场所悬挂横幅、条幅，或者以书写、喷涂标语等方式宣扬邪教，造成严重社会影响的；

（五）因制作、传播邪教宣传品受过刑事处罚或者行政处罚又制作、传播的；

（六）其他制作、传播邪教宣传品，情节严重的。

制作、传播邪教宣传品数量达到前款第一项规定的标准五倍以上，或者虽未达到五倍，但造成特别严重社会危害的，属于《刑法》第三百条第一款规定的"情节特别严重"。

思考讨论

1. 分析宗教和邪教的区别。
2. 谈一谈邪教主要的基本特征。
3. 结合案例，说说邪教是怎样骗人的。
4. 总结邪教的严重危害。
5. 大学生应如何正确看待邪教问题？
6. 作为当代大学生，如何用实际行动维护国家安全？

案例 4

大学校园里的"暗战"系列

案例一：北京某重点大学国际政治系四年级学生李某在毕业前夕，被在校任教的美籍英语教师、美国中央情报局间谍约翰·德雷克斯策反，参加了美国情报组织，并为其收集我国的各类情报。约翰以帮助李某毕业后找工作、担保出国、物质、金钱为诱饵，用个人感情（二人同居）等手段将其拉下水，李某被发展为情报人员。

案例二：广东省航海学校专科生徐某在网上应聘一家境外投资咨询公司的研究员，需要为客户"搜集解放军部队装备采购方面的期刊资料"。徐某所在的广东某大城市有一个军港码头和一家历史悠久的造船厂，他的"调研"工作就是到军港拍摄军事设施和军舰，到船厂观察、记录在造在修船舰的情况，并将有船舰方位标识的电子地图做成文档，提供给"Miss Q"。最终，徐某被国家安全机关依法审查。

案例三：四川成都某高校发生了一起"窝案"：本科生吴某通过 Skype 找英语聊友，结识了自称"外籍华商"的境外间谍。吴某介绍同学冯某加入，冯某又在校内论坛发布招聘广告，吸收同校研究生刘某、赵某。4 人均在联系初期即觉察到对方"网特"身份，但仍签订"保密工作合同"，先后提供国内政治、经济、教育等领域大量内部期刊资料，其中包括多份"秘密级"刊物。案发时，4 人共获得报酬 4 万余元。

案例简析

近年来，境外间谍组织威逼利诱策反在校大学生案件偶有发生。相关部门调查显示，一些在校大学生一般是在网上求职或网聊过程中，被境外间谍盯上。境外间谍会以积极兑现酬金的形式吸引和黏住涉世未深的大学生，兼以要挟等手段，要求其参与情报搜集、分析和传递，但不见面，个别在校大学生因此而掉入陷阱。他们最初提供信息时并不知情，但部分人在觉察对方身份的情况下仍因贪利而持续配合，直至被国家安全机关依法处理。涉案学生多数是个体行为，较为恶劣的案例中，境外间谍甚至会诱导、建议学生发展自己的同学。

境外情报组织把大学生作为策反目标的原因有：

一是高校是我国科研活动的重要阵地，不少学校承担着国家重大科研项目的研制工作，一些学生在老师的指导下直接参与项目工作，有机会接触涉密内容。即使那些不直接参与的学生，也可以通过查阅资料、向老师同学请教等途径间接获得项目的一些情况。

二是大学生经常活跃在网络和社交平台，言谈之间很容易暴露自己的身份和学习生活情况，成为境外势力锁定的目标。加之年轻大学生缺少对网上复杂斗争形势的教育和认识，防范心理不强，有意或无意间就可能沦为境外组织利用的工具。

其实，大学生有几个是铁了心去为虎作伥，出卖国家利益的呢？哪怕是非常激进的学生，也不会主动出卖国家利益，但确实也有被国安局警告了的大学生。这就涉及一个问题：大学生在网络上遇到国外间谍该怎么办呢？

（1）如果一开始就发现对方是间谍，而且你也没兴趣调侃对方的话，就果断将对方拉黑。

（2）如果在无意中已经充当了对方的利用工具，但并没有造成多大的损失，可以直接上报学校的保卫处。一般来说，保卫处会联系国安局，然后你会受到口头批评或者一个警告处分。

（3）如果已经上了贼船，那么应该立即停止犯罪行为，因为你很可能已经在国安局挂号了，如果不收手，"喝茶"是轻的，判刑也是有可能的。

最后，再提醒一下大家，作为当代大学生应该充分认识到：网络不是一片净土，那里充满敌情和诱饵，盲目轻信是被人利用的开始；天下没有免费的午餐，任何不劳而获或者超出个人付出价值的报酬，背后隐藏的往往是可怕的陷阱；莫伸手，伸手必被捉，不要试图抱有侥幸心理。

斩断境外组织伸向大学生的黑手，既需要在大学生中普遍开展国家安全和防间保密教育，打好防线基础，更重要的是大学生自身要增强防间保密意识，提高防范能力。

📖 **法规链接**

《中华人民共和国国家安全法》

第一百一十条 有下列间谍行为之一，危害国家安全的，处十年以上有期徒刑或者无期徒刑；情节较轻的，处三年以上十年以下有期徒刑：

（一）参加间谍组织或者接受间谍组织及其代理人的任务的；

（二）为敌人指示轰击目标的。

第一百一十一条 为境外的机构、组织、人员窃取、刺探、收买、非法提供国家秘密或者情报的，处五年以上十年以下有期徒刑；情节特别严重的，处十年以上有期徒刑或者无期徒刑；情节较轻的，处五年以下有期徒刑、拘役、管制或者剥夺政治权利。

《中华人民共和国网络安全法》

第十二条 国家保护公民、法人和其他组织依法使用网络的权利，促进网络接入普及，提升网络服务水平，为社会提供安全、便利的网络服务，保障网络信息依法有序自由流动。

任何个人和组织使用网络应当遵守宪法法律，遵守公共秩序，尊重社会公德，不得危害网络安全，不得利用网络从事危害国家安全、荣誉和利益，煽动颠覆国家政权、推翻社会主义制度，煽动分裂国家、破坏国家统一，宣扬恐怖主义、极端主义，宣扬民族仇恨、民族歧视，传播暴力、淫秽色情信息，编造、传播虚假信息扰乱经济秩序和社会秩序，以及侵害他人名誉、隐私、知识产权和其他合法权益等活动。

模块二 理论探究
★★★★★

第一节 国家安全基本知识

作为当代大学生，我们应该以身作则，应当强化责任意识，提高维护国家安全的能力，参与到维护国家、社会、校园稳定与安全的各项工作中来。

当代大学生要牢固树立安全稳定意识、大局意识、政治意识、责任意识，自觉为维护稳定贡献自己的一份力量。要了解国家安全教育的基本知识，不盲从，有判别是非的能力，自觉抵制不利于国家安全与社会稳定的行为。当代大学生更要身体力行维护稳定，确保政治、人身安全，遇到关乎学校不安定的事件要及时报告，遵守校纪校规，执行学校采取的各项防范措施，努力完成维护校园稳定的任务，协助学校化解消极因素，及时调解和处理各种矛盾和纠纷，把各种不安定因素消灭在萌芽状态。

一、国家安全的定义

根据《中华人民共和国国家安全法》第二条的规定，国家安全是指国家政权、主权、统一和领土完整、人民福祉、经济社会可持续发展和国家其他重大利益相对处于没有危险和不受内外威胁的状态，以及保障持续安全状态的能力。

二、国家安全的内容

《中华人民共和国国家安全法》从政治安全、国土安全、军事安全、经济安全、文化安全、社会安全、科技安全、信息安全、生态安全、资源安全、核安全 11 个领域对国家安全任务进行了明确。

三、危害国家安全的行为

《中华人民共和国国家安全法》明确以下行为属于危害国家安全的行为：
(1) 阴谋颠覆政府、分裂国家、推翻社会主义制度。
(2) 参加间谍组织或者接受间谍组织及其代理人任务。
(3) 窃取、刺探、收买、非法提供国家秘密。
(4) 策动、勾引、收买国家工作人员叛变。
(5) 进行危害国家安全的其他破坏活动。

四、涉嫌危害国家安全的犯罪罪名

《中华人民共和国国家安全法》列明以下 12 种行为构成危害国家安全的犯罪罪名：

1. 背叛国家罪
背叛国家罪是指勾结外国或者境外机构、组织、个人，危害中华人民共和国的主权、领土完整和安全的行为。

2. 分裂国家罪
分裂国家罪是指组织、策划、实施分裂国家、破坏国家统一，或者与境外的机构、组织、个人相勾结，组织、策划、实施分裂国家、破坏国家统一的行为。

3. 煽动分裂国家罪
煽动分裂国家罪是指煽惑、挑动群众分裂国家、破坏国家统一的行为。在客观方面表现为煽惑、挑动群众分裂国家、破坏国家统一的行为。

4. 武装叛乱、暴乱罪
武装叛乱、暴乱罪是指组织、策划、实施武装叛乱、武装暴乱或者策动、胁迫、勾引、收买国家机关工作人员、武装部队人员、人民警察、民兵进行武装叛乱、武装暴乱的行为。

5. 颠覆国家政权罪

颠覆国家政权罪是指组织、策划、实施颠覆国家政权、推翻社会主义制度的行为。

6. 煽动颠覆国家政权罪

煽动颠覆国家政权罪是指以造谣、诽谤或者其他方式煽动颠覆国家政权、推翻社会主义制度的行为。

7. 资助危害国家安全犯罪活动罪

资助危害国家安全犯罪活动罪是指境内外机构、组织或个人资助实施背叛国家罪（第一百零二条）、分裂国家罪和煽动分裂国家罪（第一百零三条）、武装叛乱、暴乱罪（第一百零四条）、颠覆国家政权罪和煽动颠覆国家政权罪（第一百零五条）的行为。

8. 投敌叛变罪

投敌叛变罪是指中国公民投奔敌方或者敌对营垒，或者在被捕、被俘或者由于其他原因被敌方控制以后投降敌人，危害中华人民共和国国家安全的行为。

9. 叛逃罪

叛逃罪是指国家机关工作人员在履行公务期间，擅离岗位，叛逃境外或者在境外叛逃的行为。

10. 间谍罪

间谍罪是指参加间谍组织或者接受间谍组织及其代理人的任务，或者为敌人指示轰击目标的行为。

11. 为境外窃取、刺探、收买、非法提供国家秘密、情报罪

为境外窃取、刺探、收买、非法提供国家秘密、情报罪是指为境外的机构、组织或个人窃取、刺探、收买、非法提供国家秘密或情报，危害中华人民共和国国家安全的行为。

12. 资敌罪

资敌罪是指战时供给敌人武器装备、军用物资资敌的行为。

五、公民履行国家安全的义务

第一，机关、团体和其他组织应当对本单位的人员进行维护国家安全的教育，动员、组织本单位的人员防范、制止危害国家安全的行为。

第二，公民和组织应当为国家安全工作提供便利条件或者其他协助。

第三，公民发现危害国家安全的行为，应当直接或者通过所在组织及时向国家安全机关或者公安机关报告。

第四，在国家安全机关调查了解有关危害国家安全的情况、收集有关证据时，公民和有关组织应当如实提供，不得拒绝。

第五，任何公民和组织都应当保守所知悉的国家安全工作的国家秘密。

第六，任何公民和组织都不得非法持有属于国家秘密的文件、资料和其他物品。

第七，任何公民和组织都不得非法持有、使用窃听、窃照等专用间谍器材。

第八，任何公民和组织对国家安全机关及其工作人员超越职权、滥用职权和其他违法行为，都有权向上级国家安全机关或者有关部门检举、控告。上级国家安全机关或者有关部门应当及时查清事实，负责处理。对协助国家安全机关工作或者依法检举、控告的公民和组织，任何人不得压制和打击报复。

第二节　理性参与政治活动

一、政治的含义

先秦诸子在《尚书·周书·毕命》中有"道洽政治，泽润生民"；孙中山认为"政就是众人之事，治就是管理，管理众人之事，就是政治"；马克思主义认为，"一切阶级斗争都是政治斗争"，"政治就是参与国家事务，给国家定方向，确定国家活动的形式、任务和内容"。

二、政治文明建设

政治文明是人类文明的重要组成部分和人类智慧的结晶。

（一）政治文明的特征

第一，政治文明是有阶级性的。因为政治文明作为上层建筑，在阶级社会里，它必然要反映它赖以存在的经济基础以及在这种经济基础上形成的阶级关系要求。

第二，政治文明是可以相互借鉴的。虽然政治文明在阶级社会中具有鲜明的阶级性，但不同政治文明之间可以相互借鉴。

第三，政治文明具有进步性和时代性。政治的产生本身就意味着时代的巨大进步，文明的进程与政治的发展相伴而行，政治与文明具有密切的亲缘关系，政治文明表现出强烈的时代特征。正因为政治文明具有时代性特征，所以不同时代的政治文明不可避免地带有时代局限性。

社会主义政治文明建设包括加强党的领导、实现人民当家做主和依法治国三个方面的内容。社会主义政治文明建设包含丰富的内容，其核心和精髓就是建设高度的社会主义民主，保证最广大人民当家做主理想目标的实现。

（二）社会主义政治文明建设的内容

坚持和完善社会主义民主制度，是建设中国特色社会主义政治文明的重要内容。

根据《宪法》的规定，我国的民主制度主要有以下五项：

1. 人民代表大会制度

它体现了人民当家做主、一切权力属于人民的社会主义民主的本质，是我国的根本政治制度。2014年9月5日，习近平总书记在庆祝全国人民代表大会成立60周年大会上发表重要讲话。他强调，人民代表大会制度是中国特色社会主义制度的重要组成部分，也是支撑中国国家治理体系和治理能力的根本政治制度。新形势下，我们要高举人民民主伟大旗帜，毫不动摇地坚持人民代表大会制度，也要与时俱进地完善人民代表大会制度，坚定不移地走中国特色社会主义政治发展道路，继续推进社会主义民主政治建设，发展社会主义政治文明。

2. 共产党领导的多党合作和政治协商制度

它是我国的一项基本政治制度，其组织形式是共产党和各民主党派、无党派爱国人士、人民团体以及各族、各界人士组成的中国人民政治协商会议。

3. 民族区域自治制度

它是我国实现民族平等、团结、互助，发展社会主义民族关系，保障少数民族合法权益，维护祖国统一的基本政治制度。

4. "一国两制"方针

"一国两制"方针是和平解决历史遗留问题，维护国家主权、国家统一和领土完整，实现香港、澳门回归与和平统一台湾的基本方针。

5. 基层群众自治制度

它是包括居民委员会、村民委员会和其他民主形式在内的广泛的基层群众性民主自治制度。

这些民主制度都是我国的根本或基本政治制度，具有中国特色；它们涵盖我国各民族、各党派、各人民团体、各阶层人士，具有广泛的民主性；它们既是马克思主义与我国实践相结合的产物，也是我国长期历史经验的科学总结，是符合我国国情、被实践证明科学的民主制度。

三、坚持依法治国

依法治国是坚持和发展中国特色社会主义的本质要求和重要保障，是实现国家治理体系和治理能力现代化的必然要求，事关我党执政兴国，事关人民幸福安康，事关国家长治久安。

2014年10月23日中国共产党第十八届中央委员会第四次全体会议审议通过了《中共中央关于全面推进依法治国若干重大问题的决定》。《决定》指出，全面建成小康社会、实现中华民族伟大复兴的中国梦，全面深化改革，完善和发展中国特色社会主义制度，提高党的执政能力和执政水平，必须全面推进依法治国。

全面推进依法治国，总目标是建立中国特色社会主义法治体系，建设社会主义法治国家。这就是在中国共产党的领导下，坚持中国特色社会主义制度，贯彻中国特色社会主义法治理论，形成完备的法律规范体系、高效的法治实施体系、严密的法治监督体系、有力的法治保障体系，形成完善的党内法规体系；坚持依法治国、依法执政、依法行政共同推进，坚持法治国家、法治政府、法治社会一体建设，实现科学立法、严格执法、公正司法、全民守法，促进国家治理体系和治理能力现代化。

第三节　保守国家秘密

一、什么是国家秘密

国家秘密是指关系国家的安全和利益，依照法定程序确定，在一定时间内只限一定范围的人员知情的事项。保守国家秘密是每个公民的基本义务。《中华人民共和国保守国家秘密法》对此做出了相关规定。国家秘密应具备以下三个要件：关系国家的安全和利益；依照法律规定的一定程序加以确定，而不应由任何人或组织任意确定；在某一个确定的时间内只限于一定范围的人员知悉。

大学生要了解国家秘密的含义及国家秘密所包含的事项。根据相关规定，国家秘密包括下列事项：

（1）国家事务的重大决策事项；

（2）国防建设和武装力量活动中的秘密事项；

（3）外交或外交活动中的秘密事项以及对外承担保密义务的事项；

（4）国民经济和社会发展中的秘密事项；

（5）科学技术中的秘密事项；

（6）维护国家安全活动和追查刑事犯罪中的秘密事项；

（7）其他经国家保密工作部门确定应当保守的国家秘密事项。

国家秘密的密级分为"绝密""机密"和"秘密"。"绝密"是最重要的国家秘密，一旦泄露会使国家的安全和利益遭受特别严重的损害；"机密"是重要的国家秘密，一旦泄露会使国家的安全和利益遭受损害；"秘密"是一般的国家秘密，一旦泄露也会使国家的安全和利益遭受损害。

二、防止泄密

保守国家秘密，了解相关法律法规和泄露国家秘密的主要形式，对大学生防止泄密有着积极的意义。

（一）新闻出版失误泄密

新闻泄密案件占整个新闻出版泄密案件的一半以上，特别是在科技和经济方面，给国家造成了巨大的损失，同时在政治上产生严重影响。一些境外机构搜集我国情报的方法，其主要手段之一就是分析研究我国的出版物。境外谍报组织广泛收集我国公开发行的报纸、杂志、刊物、官方报告、人名通信录、企业电话号码簿以及车船时刻表、飞机时刻表等，经过筛选提供给专家分析研究。

（二）网络泄密

网络时代，维护国家信息安全已经成为各国保障国家安全的重要内容。利用网络传递信息方便快捷，在用户享受技术所带来的好处的同时，境外的一些间谍机构也在利用互联网这一特性疯狂窃取包括军事、政治和经济等各个方面的国家机密。分裂分子、恐怖分子及其他敌对势力也经常利用互联网从事各种危害国家安全和社会稳定的分裂、恐怖及窃密活动，严重威胁和损害了国家利益。当前与网络相关的泄密事件不断增加，据有关方面统计已经占到所有泄密事件的 $60\%\sim70\%$。

（三）通信工具

目前，固定电话与手机作为方便人们生活的通信工具，在给人们提供便捷的同时，也日渐成为泄露秘密的重要途径。其中，手机泄密危害更严重。手机是一个开放的电子通信系统，只要有相应的接收设备，就能够截获任何时间、任何地点、任何人的通话信息。即使关闭手机，也不能保证绝对安全，持有特殊仪器的技术人员仍可遥控打开手机话筒。有些手机早在制造过程中就在芯片中植入特殊功能，只要手机有电，手机就会将手机持有人的谈话接收下来，通过卫星自动发送给"感兴趣的人"。许多国家的情报部门和重要政府部门都禁止在办公场所使用手机，即使是关闭的手机也不允许带入。大学生作为使用手机的重要人群，在涉及国家秘密的问题时，不要在手机通话中谈论涉密内容，以免泄密。

（四）交谈泄密

交谈泄密是指将秘密通过语言交流的方式泄露给不应知悉的人。在公共交通工具、饭馆私人聚会上，人们在兴高采烈地交谈之际，很多不该透露的秘密都在无意之中泄露出来，其中可能会涉及国家秘密。很多外国情报工作人员在我国的交通工具如火车、汽车上能轻易得到相关秘密，甚至是非常重要的国家机密。

三、大学生应自觉保守国家秘密

保守国家秘密是公民的义务。每位大学生应自觉遵守保密法规，履行保密义务，坚决同泄密行为和窃密行径做斗争。

（一）学习保密常识，接受保密教育

大学生要学习保密常识，接受保密知识教育，正确认识保密与窃密斗争的尖锐性，增强保密意识，严格遵守保密制度。既要扩大对外交流，又要确保国家秘密不被泄露，正确处理两者的关系，纠正有密难保、无密可保的错误认识。

（二）谨慎对待境外人员，提高防范意识

大学生要提高防范意识，在对外交往中坚持内外有别原则。在与境外人员交往的过程中，凡涉及国家机密的内容，要么回避，要么按上级的对外口径回答，不要随便谈及内部的人事组织、社会治安状况、科技成果和经济建设中的各种尚未公开的数据等。

在与境外人员接触时，不得带秘密文件、资料和记有秘密事项的记录本。当对方直接索取科技成果、资料和样品或公开询问内部秘密时，要区分情况，灵活处理。

未经主管部门批准，不得带境外人员参观或进入非开放区。不准境外人员利用学术交流或讲课的机会进行系统的社会调查。未经有关部门批准，不得填写境外的各种调查表，或替对方撰写社会调查方面的文章。

（三）谨慎新闻出版，注意保密原则

在新闻出版工作中，注意保密原则，不得随意刊载有关国防、科研等事关国家机密的事项，参加学术会议或在国外刊物上发表文章，要按规定办理审查手续，不得为境外人员提供或代购内部资料，即使是学校内部的校报，也要严格按照要求操作，避免泄露相关秘密。

（四）遵守保密规定，增强保密意识

大学生要自觉遵守保密的相关规定，做到不该说的秘密不说，不该问的秘密不问，不该看的秘密不看，不该记录的秘密不记录，不在普通电话、明码电报和普通邮局传递秘密，不携带机密材料游览、参观和探亲访友或出入公共场所，不在通信中谈及国家机密，不在普通邮件中夹带任何保密资料。

第四节　维护民族团结

一、我国民族概况及特点

我国是世界上少数民族最多的国家之一。目前，全国已识别出的少数民族有 55 个。其中人口最多的是壮族，有 1 900 多万人；人口最少的是赫哲族，只有 5 000 多人；分布

最广的是回族，散布全国各地。少数民族最多的省（区）是云南省。我国目前有 5 个省级的少数民族自治区，面积最大的是新疆维吾尔自治区。

中国各民族分布的特点是大杂居、小聚居、相互交错居住。汉族地区有少数民族聚居，少数民族地区有汉族居住。这种分布格局是长期历史发展过程中各民族之间相互交往、流动而形成的。中国少数民族人口虽少，但分布很广。全国各省、自治区、直辖市都有少数民族居住，绝大部分县级单位都有两个以上的民族居住。

二、尊重少数民族的风俗习惯

民族风俗习惯主要是指各民族人民群众的衣着、饮食、居住、生产、婚姻、丧葬、节庆、礼仪等物质和文化生活方面广泛流行的喜好、风气、习俗、禁忌等。民族风俗习惯是区别不同民族的一种标志。它对一个民族的经济、文化、人们的生活和思想、民族的发展进步以及民族之间的关系都有很大的影响。

为什么要尊重少数民族的风俗习惯呢？党和国家从坚持民族平等、民族团结的原则出发，历来主张尊重各民族的风俗习惯。这是因为：

第一，只有尊重少数民族的风俗习惯，才能消除历史上遗留下来的民族隔阂。民族习惯已成为民族文化的一部分，反映了各民族独特的生活方式，各民族对本民族的风俗习惯有特殊的民族感情，甚至奉为神圣，不容他人亵渎。因此，只有尊重民族风俗习惯，才有利于民族团结。

第二，尊重少数民族的风俗习惯是贯彻民族平等原则的具体表现。根据我国《民族区域自治法》第十条的规定，民族自治地方的自治机关保障本地方各民族都有使用和发展自己的语言文字的自由，都有保持或者改革自己的风俗习惯的自由。风俗习惯问题是民族的自主权问题，对民族风俗习惯的侵犯，就是对民族平等、公民自由权利的侵犯。我国《刑法》规定，侵犯少数民族风俗习惯属侵犯公民人身权利、民主权利的范畴。

我国《宪法》规定，各民族都有保持或者改革自己的风俗习惯的自由。民族的风俗习惯对于民族的发展和进步有着重要影响。进步的、健康的风俗习惯，可以发扬民族的优良文化传统，提高民族自尊心和自信心，促进民族文化的繁荣发展。落后的陈规陋习，不利于民族的繁荣发展，甚至会阻碍社会进步。

 **小贴士**

中华大家庭——各民族文化特色

1. 维吾尔族：主要分布在新疆，主要从事农业，善于种粮棉和瓜果，有自己的语言。该民族的特色为手鼓舞。

2. 藏族：分布在西藏、四川、青海、甘肃等地，主要从事畜牧业，兼营农业，有自己的语言和文字。该民族的特色为哈达和唐卡。

3. 壮族：分布在广西、云南等地，是中国人口最多的少数民族，有自己的语言和文字。该民族的特色为壮锦。

4. 俄罗斯族：分布在内蒙古、黑龙江等地，从事修理业、运输业和手工业，有自己的语言和文字。该民族的特色为手风琴、烤面包。

5. 高山族：主要分布在台湾地区，其余少数分布在福建等东南沿海地区，主要从事农业和渔猎业，有自己的语言。该民族的特色为竿球、龙舟、编织。

6. 哈萨克族：分布在新疆，主要从事畜牧业，善于刺绣，绣品已出口到日本等十几个国家和地区，有自己的语言和文字。该民族的特色为剪羊毛、弹唱、刺绣。

7. 回族：主要聚居在宁夏、甘肃、新疆等地，其余散居全国各地。该民族的特色为摔牛、炸油香。

8. 满族：主要分布在黑龙江、吉林、辽宁，主要从事农业，兼营渔牧业，有自己的语言和文字。该民族的特色为旗袍、二贵摔跤。

9. 蒙古族：分布在内蒙古、新疆等地，以畜牧业为主，兼营农业，有自己的语言。该民族的特色为马头琴、蒙古包和勒勒车。

10. 苗族：分布在贵州、湖南、湖北等地，主要从事农业，刺绣、锦蜡染和银饰享有盛名，有自己的语言和文字。该民族的特色为吹芦笙、吊脚楼。

三、加强民族团结

(一) 加强民族团结的重要意义

加强民族团结是我国顺利进行社会主义现代化建设的基本保证，是社会稳定的前提。维护民族团结，有利于增强民族凝聚力，提高我国的综合国力。民族团结是国家统一的基础，是中华民族的最高利益，也是各民族的共同愿望。民族团结是实现各民族共同繁荣的前提条件，也是坚持民族平等的必然要求。只有各族人民齐心协力、同心同德，才能把祖国建设得更加美好。维护民族团结需要坚持共产党的领导，坚持民族平等原则，必须实行民族区域自治和宗教信仰自由政策。

(二) 加强民族团结的指导思想

(1) 反对民族压迫和民族歧视。

(2) 维护促进民族团结。民族团结既包括不同民族之间的团结，也包括民族内部的团结。

(3) 各族人民齐心协力，共同促进祖国的发展繁荣。民族团结是社会主义社会发展进步的必要前提。

（4）反对民族分裂，维护祖国统一。民族团结是社会安定、国家昌盛和民族进步的重要基础。中国的民族团结与国家统一有着内在联系。民族团结的原则要求各族人民热爱祖国，维护统一，反对一切破坏团结、分裂祖国的活动。

（三）加强民族团结的具体措施

第一，要时刻加强党的民族理论知识和政策的宣传教育工作。坚持不懈地开展民族理论、民族政策和民族法规以及民族团结、民族基本知识教育的极大普及。高度重视和防范出现伤害民族感情、有损民族团结的不良信息的传播，对民族团结破坏分子严惩不贷。

第二，要不断巩固和发展社会主义民族关系。坚持广泛深入地开展民族团结进步活动，真心实意地为少数民族群众和民族群居地办实事、办好事，充分尊重少数民族的风俗习惯和宗教信仰，多做有利于民族团结的事，保障少数民族群众在节庆、饮食、丧葬等方面的特殊需要。

第三，要处理好影响民族团结方面的问题。坚持讲原则、讲法制、讲政策、讲策略，坚持具体问题具体分析。

第四，切实发挥少数民族干部和民族宗教界代表人士的作用，进一步提高依法管理民族事务的水平，妥善处理涉及少数民族风俗习惯和宗教信仰的矛盾和纠纷，维护法律尊严，维护人民利益，维护社会稳定。

 小贴士

国家对民族自治地方的支持和帮助

1. 把加快民族自治地方的发展摆到突出位置。
2. 优先合理安排民族自治地方基础设施建设项目。
3. 加大民族自治地方财政支持力度。
4. 重视民族自治地方的生态建设和环境保护。
5. 采取特殊措施帮助民族自治地方发展教育事业。
6. 加大对少数民族贫困地区的扶持力度。
7. 组织发达地区与民族自治地方开展对口支援。
8. 照顾少数民族特殊的生产生活需求。

国家对少数民族地区的民族政策

我国在少数民族聚居地，建立了相应的自治区域，设立了自治机关，少数民族自己管理自己的内部事务，即实行民族区域自治。民族区域自治制度是我国的一项基本的政治制度，是建设中国特色社会主义政治的重要内容。

共同探讨

1. 结合自身实际，谈一谈为了加强民族团结，维护社会稳定，我们当代大学生应该怎样做。

2. 青年大学生到少数民族贫困地区支教说明了什么？

模块三　育人园地
★★★★★

从"利莫大于治，害莫大于乱"的古训，到今天一些国家和地区深陷战火和苦难，再到恐怖主义带来的巨大危害，我们可以看出国家安全是国家发展的最重要基石、人民福祉的最根本保障。近几年来，随着中国的不断崛起和国际地位及影响力的不断提升，以美国为首的一些西方大国，已经将中国视为假想潜在敌对国。近几年发生了"孟晚舟事件""新疆棉事件""限制赴美留学生签证""中印边界冲突""南海挑衅"等事件，这些针对中国的政治、经济、文化、军事等各方面、全方位的围堵事实都告诉我们，西方敌对势力亡我之心不死，帝国主义的本质从来没有改变，他们的目的就是联合起来搞乱我们国家和平稳定的国内大环境。从这样的意义来理解，习近平总书记"国家安全是头等大事"的论断意义深远。当前，我国面临复杂多变的安全和发展的外部环境，各种可以预见和难以预见的风险因素明显增加，维护国家安全和社会稳定任务繁重艰巨，抓实抓好"头等大事"关系发展全局、国家命运、人民幸福。

党的十八大以来，习近平总书记站在国家发展和民族复兴的战略高度，准确把握国家安全的新特点、新趋势，提出总体国家安全观重大战略思想，谋划走出一条中国特色的国家安全道路，为新形势下维护国家安全确立了重要指导。

2014年4月15日，在中央国家安全委员会第一次会议上首次明确提出了"总体国家安全观"，这是新时期中国共产党维护国家安全的根本方针政策。

2015年7月1日，第十二届全国人民代表大会常务委员会第十五次会议通过了《中华人民共和国国家安全法》。《国家安全法》规定：国家安全工作应当坚持总体国家安全观，以人民安全为宗旨，以政治安全为根本，以经济安全为基础，以军事、文化、社会安全为保障，以促进国际安全为依托，维护各领域国家安全，构建国家安全体系，走中国特色国家安全道路。《国家安全法》还规定每年4月15日为全民国家安全教育日。国家设立全民国家安全教育日意义深远，有利于提高政府和社会公众维护国家安全的法律意识；有利于增强国家安全法普法宣传的效果，最终将获得弘扬总体国家安全观的良好效果。由此可见，《国家安全法》确立了全民国家安全教育日，其中最重要的实践意义，就是要动员政府和全社会共同参与到维护国家安全的各项工作中来。维护国家安全与每个人的切身利益密切相关，以人民安全为宗旨，也是"总体国家安全观"的核心价值。确保国家安全和长治久安，不可能毕其功于一役，需要久久为功、驰而不息地不懈努力。只有让国家安全意识在全体人民心中生根发芽，让14亿人民成为国家安全的坚定维护者，人人参与，人人负责，国家安全才能真正获得巨大的人民性基础，也才能有坚实的制度保障。以设立全民国家安全教育日为契机，以总体国家安全观为指导，全面实施《国家安全法》，深入开展国家安全宣传教育，切实增强全民国家安全意识，是加强国家安全的必然要求，具有重要现实意义。我们必将推动中华号巨轮在时代风云中破浪前行，为实现"两个一百年"奋斗目标、实现中华民族伟大复兴中国梦筑牢安全保障。

认识到位，行动才会自觉，实践才有方向。在我国长期处于和平发展、改革开放的条件下，在全面依法治国不断推进的背景下，增强全民国家安全意识面临种种新课题。只有引导人们正确认识国家安全形势，增强"安而不忘危"的忧患意识，才能在和平年代绷紧安全之弦、凝聚安全共识；只有加大对《国家安全法》《反恐怖主义法》《反间谍法等》法律法规的普法宣传力度，强化公民法治观念，以法律划定行为底线，向一切损害国家安全的违法行为坚决说不，才能让法治力量为国家安全保驾护航；只有通过各种生动活泼、对接现实的宣传教育方式，让人们深切感知国家安全和个人安全密切相关，明确维护国家安全的责任和义务，才能树立"国家安全、人人有责"的责任意识，将总体国家安全观内化于心、外化于行，共同构筑捍卫国家安全的铜墙铁壁。

当代大学生，要自觉增强维护国家安全意识，做到国家安全、社会安全、校园安全警钟长鸣。认真学习《国家安全法》《反恐怖主义法》《反间谍法》等法律法规，牢固树立国家意识、公民意识、中华民族共同体意识。自觉维护国家安全和社会稳定，树立国家安全高于一切的意识理念和懂法守法的底线思维，增强明晰善辨的素质能力，高度警惕非法宗教势力利用各种平台和非政府组织形式，打着公益和资助的幌子在校园对大学生进行思想侵蚀和渗透。坚决做到不在校园内从事宗教活动、抵御校园传教行为，不在手机、电脑、储存器及网络上观看、下载、储存、传播暴力视频资料，进一步促进平安校园、平安家园建设。

模块四　拓展阅读
★★★★★

全民国家安全教育日

2015年7月1日，第十二届全国人民代表大会常务委员会第十五次会议通过了《中华人民共和国国家安全法》，该法自公布之日起施行。《国家安全法》第十四条规定：

每年 4 月 15 日为全民国家安全教育日。

什么是 12339？

2015 年 11 月，全国国家安全机关向社会发出通告，12339 是国家安全机关受理公民和组织举报电话。这条热线是由国家安全部设立的，以方便公民和组织向国家安全机关举报间谍行为或线索。

中华人民共和国国家安全部

在我国，国家安全主要是由国家安全机关负责的。1983 年 6 月，第六届全国人民代表大会第一次会议批准设立国家安全部。1983 年 7 月 1 日，中华人民共和国国家安全部正式成立。

第十章

增强法制意识　拒绝违法犯罪

★ ★ ★ ★ ★

学法知法，增强法制意识。

遵纪守法，争做文明学生。

用法护法，维护正当权益。

导读

近年来，大学生犯罪呈多发趋势，占据我国刑事犯罪的很大比重，然而很多大学生法制观念淡薄，造成的伤害极其严重，对自身的成长危害极大。法律是保障我们权利的最好武器，学会使用法律武器与违法犯罪行为做斗争是新形势下大学生的必备技能。

要点

1. 了解违法犯罪的种类及违法犯罪形成的原因。
2. 善于用法律武器保护自己。
3. 培养法纪安全意识，增强防范意识和能力。

模块一　案例学习
★ ★ ★ ★ ★

案例 1

可怕的欲望

某高校大学生王某，看到本班刘某换了新手机，利用同学的便利将刘某的手机偷出去变卖了 600 元，并挥霍了所得钱款。后经同学反映，警察介入调查，发现王某有重大嫌疑，最终确定王某的偷盗事实，由于手机估价超过 5 000 元，因此此案转为刑事案件，王某被拘捕。

案例简析

少数大学生对自己要求不严，人生观和价值观严重扭曲，法律意识淡薄，为一时之快走上违法犯罪的道路。王某盗窃手机只是为了挥霍，缺少法律常识，认为只是简单地拿了别人的东西，却没有意识到自己的行为触犯了《刑法》，同时被学校开除了学籍。

法规链接

《中华人民共和国治安管理处罚法》

第四十九条　盗窃、诈骗、哄抢、抢夺、敲诈勒索或者故意损毁公私财物的，处五日以上十日以下拘留，可以并处五百元以下罚款；情节较重的，处十日以上十五日以下拘留，可以并处一千元以下罚款。

《中华人民共和国刑法》

第二百六十四条　盗窃公私财物，数额较大的，或者多次盗窃、入户盗窃、携带凶器盗窃、扒窃的，处三年以下有期徒刑、拘役或者管制，并处或者单处罚金；数额巨大或者有其他严重情节的，处三年以上十年以下有期徒刑，并处罚金；数额特别巨大或者有其他特别严重情节的，处十年以上有期徒刑或者无期徒刑，并处罚金或者没收财产。

最高人民法院、最高人民检察院《关于办理盗窃刑事案件适用法律若干问题的解释》

第一条　盗窃公私财物价值一千元至三千元以上、三万元至十万元以上、三十万元至五十万元以上的，应当分别认定为刑法第二百六十四条规定的"数额较大""数额巨大""数额特别巨大"。

第四条　盗窃的数额，按照下列方法认定：

（一）被盗财物有有效价格证明的，根据有效价格证明认定；无有效价格证明，或者根据价格证明认定盗窃数额明显不合理的，应当按照有关规定委托估价机构估价。

（二）盗窃外币的，按照盗窃时中国外汇交易中心或者中国人民银行授权机构公布的人民币对该货币的中间价折合成人民币计算；中国外汇交易中心或者中国人民银行授权机构未公布汇率中间价的外币，按照盗窃时境内银行人民币对该货币的中间价折算成人民币，或者该货币在境内银行、国际外汇市场对美元汇率，与人民币对美元汇率中间价进行套算。

（三）盗窃电力、燃气、自来水等财物，盗窃数量能够查实的，按照查实的数量计算盗窃数额；盗窃数量无法查实的，以盗窃前六个月月均正常用量减去盗窃后计量仪表显示的月均用量推算盗窃数额；盗窃前正常使用不足六个月的，按照正常使用期间的月均用量减去盗窃后计量仪表显示的月均用量推算盗窃数额。

（四）明知是盗接他人通信线路、复制他人电信码号的电信设备、设施而使用的，按照合法用户为其支付的费用认定盗窃数额；无法直接确认的，以合法用户的电信设备、设施被盗接、复制后的月缴费额减去被盗接、复制前六个月的月均电话费推算盗窃数额；合法用户使用电信设备、设施不足六个月的，按照实际使用的月均电话费推算盗窃数额。

（五）盗接他人通信线路、复制他人电信码号出售的，按照销赃数额认定盗窃数额。

盗窃行为给失主造成的损失大于盗窃数额的，损失数额可以作为量刑情节考虑。

思考讨论

盗窃到了钱财，失去了什么？

案例 2

小人爱财，取之无道

2013 年 3 月 26 日晚约 11 时，某高校大学生袁某及舍友在宿舍内休息，同年级的郭某到袁某宿舍向同学"借钱"，有两名同学分别被"借"20 元、25 元。当向袁某借钱时，袁某说没钱，郭某用手机灯光照亮自己的脸说："你认识我吧？"袁某说："不认识。"郭某随即向袁某的脸打了一拳并说"你等着"，继而离开宿舍。五六分钟后，郭某带着四个人又回来对袁某进行殴打，经同学劝架方才散去。此次事件造成袁某面部受伤，缝合 9 针。经公安机关询问、取证，梳理了参与者在此次事件中的主次关系，将郭某以及参与者刘某、聂某、王某、张某五人抓获并分别处以行政拘留五日并处罚款五百元。郭某受到学校勒令退学的处理，其他四位受记过处分。

案例简析

"君子爱财，取之有道"，像郭某这样采取黑社会手段，威逼、敲诈、勒索他人钱财并殴打他人势必会受到法律制裁；像刘某等四人这样不分是非，盲目于哥们义气的随波逐流者，必须为自己的行为付出应有的代价。

法规链接

《中华人民共和国治安管理处罚法》

第四十三条　殴打他人的，或者故意伤害他人身体的，处五日以上十日以下拘留，并处二百元以上五百元以下罚款；情节较轻的，处五日以下拘留或者五百元以下罚款。

有下列情形之一的，处十日以上十五日以下拘留，并处五百元以上一千元以下罚款：

（一）结伙殴打、伤害他人的；

（二）殴打、伤害残疾人、孕妇、不满十四周岁的人或者六十周岁以上的人的；

（三）多次殴打、伤害他人或者一次殴打、伤害多人的。

《中华人民共和国刑法》

第二百三十四条第一款　故意伤害他人身体的，处三年以下有期徒刑、拘役或者管制。

思考讨论

参与并帮助别人打架要承担相应的违法犯罪的后果，这是你愿意的吗？

案例 3

"我没犯罪啊！"

某高校大学生 W，于 2018 年 11 月在网上兼职，帮助"饿了么"平台上的店家刷单挣提成，该生以为自己所挣是正常所得，殊不知已触犯了法律。刷单涉案金额高达 4 万余元，"饿了么"平台官方通知该生，要求其赔偿损失，但该生仍未认清自己违法的事实，拒不赔偿，后被上海警方依法收押，等待进一步处理。

案例简析

每个大学生都必须认识到利用计算机进行的违法犯罪活动是严重危害社会的行为，是法律严厉禁止的行为，必将受到法律的严厉制裁。

法规链接

网络盗窃罪是指通过计算机技术，利用盗窃密码、控制账号、修改程序等方式，将有形或无形的财物和货币据为己有的行为。盗窃网络虚拟财产应当视为盗窃罪，并依《中华人民共和国刑法》第二百六十四条的规定定罪处罚。

思考讨论

你知道哪些网络违法犯罪行为？举例并讨论。

案例 4

一根木棒引出的正当防卫

某晚，某高校大学生田某从同学家归来，路过一条偏僻的胡同时，从胡同口处跳出一个持刀青年黄某。黄某把刀逼向田某并让其交出钱和手表。田某扭头就跑，结果跑进了死胡同，而黄某持刀紧随其后，慌乱中，田某拿起墙角的一根木棒向黄某挥去，黄某应声倒下。田某立即向派出所投案，后经查验，黄某已死亡。

案例简析

田某的行为属于正当防卫。根据《中华人民共和国刑法》第二十条第三款的规定，对正在进行的行凶、杀人、抢劫、强奸、绑架以及其他严重危及人身安全的暴力犯罪，采取防卫行为、造成不法侵害人死亡的，不属于防卫过当，不负刑事责任。本案中，田某对正在进行持刀抢劫的黄某采取防卫行为，将之打死，属于正当防卫。

法规链接

《中华人民共和国刑法》

第二十条　为了使国家、公共利益、本人或者他人的人身、财产和其他权利免受正在进行的不法侵害，而采取的制止不法侵害的行为，对不法侵害人造成损害的，属于正当防卫，不负刑事责任。

正当防卫明显超过必要限度造成重大损害的，应当负刑事责任，但是应当减轻或者免除处罚。

对正在进行行凶、杀人、抢劫、强奸、绑架以及其他严重危及人身安全的暴力犯罪，采取防卫行为，造成不法侵害人伤亡的，不属于防卫过当，不负刑事责任。

思考讨论

你是否经历过或者听说过类似的事件？试举几例。

案例 5

防卫过当引发的血案

孙明亮，男，19岁。某晚，孙明亮和蒋小平去看电影，见郭鹏祥、郭小平、马忠全三人纠缠少女陈某、张某。孙明亮和蒋小平上前制止，与郭鹏祥等人发生争执。蒋小平打了郭鹏祥一拳，郭鹏祥等三人逃跑。孙明亮和蒋小平遂将陈某、张某护送回家。此时，郭鹏祥、郭小平、马忠全召集其友胡某等四人，结伙寻找孙明亮、蒋小平，企图报复。发现孙明亮、蒋小平后，郭鹏祥猛击蒋小平数拳。蒋小平和孙明亮退到垃圾堆上。郭鹏祥继续扑打，孙明亮掏出随身携带的弹簧刀对着郭鹏祥左胸刺了一刀，郭鹏祥当即倒地，孙明亮又持刀在空中乱划了几下，便与蒋小平乘机脱身。郭鹏祥失血过多，在送往医院的途中死亡。

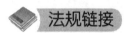 **案例简析**

孙明亮具备正当防卫的条件。郭鹏祥等人拉扯、纠缠少女被孙明亮等人制止后，又返回寻衅滋事，继续实施不法侵害，孙明亮等人有权进行正当防卫。但是孙明亮的防卫行为明显超过了必要的限度，造成了重大损害，属于防卫过当。郭鹏祥等人虽然实施了不法侵害，但程度不重，只是用拳头殴打，而孙明亮防卫时使用弹簧刀对着郭鹏祥的胸部刺了一刀，将其刺死，其防卫的手段、强度都明显大大超过了不法侵害人所实施的不法侵害的手段、强度，并且造成了不法侵害人死亡的重大损害结果，属于防卫过当。根据我国《刑法》的规定，防卫过当的，应当负刑事责任，但是应当减轻处罚或者免除处罚。

法规链接

《中华人民共和国刑法》

第二十条第二款 正当防卫明显超过必要限度造成重大损害的，应当负刑事责任，但是应当减轻或者免除处罚。

思考讨论

请举一个防卫过当的案例。

 情景模拟

被社会上的小痞子或者同学欺负、敲诈勒索时，你会怎么做？

同学一：胆小怕事，乖乖按照他们的话做，被一次又一次地欺负，也不敢告诉老师和家长或者向亲戚朋友寻求帮助。

同学二：很生气，逞英雄，鲁莽行事，跟他们打架。

同学三：临危设法与他们周旋，事后一定把相关情况反映给老师、家长、校保卫部门或者公安机关。

你觉得谁做得对，谁做得不对？请说明理由。

同学一做得对不对？为什么？

答：不对。当自己的合法权益受到侵害时，我们要运用法律武器维护自己的合法权益，善于同违法犯罪行为做斗争；当国家、集体、他人的利益受到侵害时，我们也要加以维护，因为国家、集体、个人的利益是一致的，损害了他们的利益也就是损害了我们自己的利益。违法犯罪行为都是危害社会的侵权行为，同违法犯罪行为做斗争，是包括大学生在内的全体公民的责任。

同学二做得对不对？为什么？

答：不对。违法犯罪分子往往是狡猾的、凶恶的。大学生与其做斗争时，既要勇敢，又要机智，特别是在双方力量对比悬殊的情况下，不要与其硬拼，而要讲究智斗，尽量避免不必要的伤亡，力求在保护自己的前提下，比较巧妙地借助社会与学校等外界力量把事情处理好。

同学三做得对不对？为什么？

答：对。应对违法行为，我们要善于运用法律武器，但绝不能鲁莽行事，要在保证自己安全的前提下同违法犯罪行为做斗争。

模块二　理论探究
★★★★★

第一节　大学生违法犯罪的主要表现

有关大学生违法犯罪的研究资料表明，大学生实施的犯罪呈现多发趋势。在校大学生犯罪已经占刑事犯罪的很大比重，而且犯罪行为越来越恶劣。大学生犯罪类型几乎涵盖了我国《刑法》规定的全部犯罪种类。据某监狱对大学生在押犯的罪名统计，侵犯财产罪占 53.72%（其中：盗窃罪占 25.81%，抢劫罪占 23.95%，诈骗罪占 3.96%）；故意伤害罪占 8.06%；故意杀人罪占 4.79%；强奸罪占 3.9%。从这些数据可以看出，大学生犯罪以伤害型和财产型为主，但是近年来出现了一些新型案件，如贩毒、走私、组织介绍卖淫、利用网络违法犯罪等。虽然这些犯罪数量较少，但危害极大。

一、侵犯财产违法犯罪

目前，校园发生的各类案件中，70%以上的刑事案件涉及盗窃罪、诈骗罪、抢劫罪等罪种，这些罪种所侵犯的客体都是财产所有人或管理人的财产利益。大学生财产一旦受到侵害，不但会给家庭带来一定的负担，而且会给大学生的学习、生活、心理造成一定的影响。

二、暴力违法犯罪

暴力违法犯罪仅次于侵犯财产违法犯罪，在大学生违法犯罪案例数量中位居第二。此类犯罪主要表现为故意伤害、寻衅滋事、聚众斗殴、抢劫、强奸、杀人等，后果和影响都很严重，性质极其恶劣。

三、性违法犯罪

青春期是人一生中最活跃的时期，也是人表露感情并不断摸索未知行为和探索各种社会关系的阶段。性违法犯罪虽然在大学生刑事案件中所占的比重较低，但是近几年仍有逐渐上升的趋势。

四、网络违法犯罪

随着信息时代的到来，发达的网络信息技术在给人们带来极大便利的同时，信息的生产、累积、流转都以前所未有的速度推进，快捷、丰富的信息资源也给我们的生活带来了全新的体验。但作为当代大学生，对维护网络安全的法律、法规、条例却知之甚少，网络安全防范意识比较淡薄，极少数大学生为了金钱和各种私欲，用自己所学的知识和技能进行违法犯罪，参与网络色情、网络盗窃和网络诈骗等，对社会造成严重危害。

第二节　大学生违法犯罪的原因

一、社会客观原因

（一）政治体制不健全

由于当前我国处于社会主义初级阶段，民主法制尚不健全，不管是政治、经济制度还是教育、人事制度等都出现了不少问题。权力运行监督不足，腐败分子不能依法受到惩治，社会不正之风盛行，这在一定程度上引发了广大人民群众对党和政府的不满，形成了社会不稳定因素。大学生的政治灵敏度较高，社会弊病很容易激发他们对社会的不满，不少大学生因而缺乏对法律最基本的敬畏，并在很大程度上影响了自身的思想和行为。

（二）市场经济的负面影响

商品经济的竞争性在一定范围内导致了社会不安定因素的出现。商品经济条件下，金钱成为人上之人和特权阶层的重要标尺，而当前的分配制度又造成贫富分化日益严重，不少人失去目标和动力，有的大学生抵制不了诱惑，把追求自身利益的最大化当成唯一目标，不顾人格，不择手段，甚至不惜践踏国家法律，或被迫为追求经济利益走上违法犯罪道路。

（三）网络不良文化的影响

网络文化是指与网络时代相关的人们的交往活动、价值观念等。网络文化有健康文化和不良文化之分。不良文化是指拜金主义、享乐主义、色情文化、暴力文化、黑客文化等。网络为大学生创设了一个可以肆意抒发自己情感的虚拟世界。这种没有任何约束和顾忌的生活使不少大学生沉迷其中，以致逃避现实，不能直面生活中的挫折，变得脆弱、偏激、不合群。而网络上的黄色文化对大学生的毒害也极为恶劣。

二、大学生主观原因

（一）缺乏正确的人生观和价值观

在人生观上，不少大学生逐渐形成了以自我为中心的极端利己主义。受市场经济和各种不良文化的影响，一些大学生形成了错误的世界观、人生观、价值观。他们缺乏明确的政治信仰，甚至陷入了信仰危机；崇尚享乐主义与自由主义，热衷于随心所欲的生活，排斥社会道德和法律的约束；个人主义思想、功利思想非常严重。

（二）法制观念淡薄

大学生具有较高的文化素质，但是很多大学生并没有较强的法律意识。首先表现在观念上，不少大学生对法律并没有给予充分的重视。据网络不完全调查统计，不少大学生认为法律无用，他们被当前社会执法不严、违法不究等现象左右，认为法律不过是一纸空文，甚至认为只有胆小之人才会守法，这种观念上的错误使某些大学生走上违法犯罪道路。其次表现在行为上，有些大学生不了解法律知识或对法律条文一知半解，甚至将某些违法行为误以为是合法的，不主动了解相关法律常识，渴望权利但又逃避义务，导致某些违法犯罪案件的发生。

（三）大学生心理发育要滞后于身体发育

虽然大学生的生理发育处于日趋成熟的阶段，但心理却呈现出好冲动、自我控制能力差、心理脆弱、应对挫折能力较差等特点。这种不平衡状态如果不能得到有效控制和改善，很可能成为大学生违法犯罪的诱因。而且有的大学生自我意识混乱，无法做出恰当的自我评价，因此极易遭受失败和产生内心冲突，造成严重的情感挫伤，导致苦闷、自卑、自暴自弃，有时甚至会做出过激行为和反社会行为。

（四）心理扭曲

如何适应新的学习环境和学习任务，如何正确处理师生关系、同学关系、恋爱关系和理想与现实的矛盾等问题，成为大学生面临的重要考验。而对于各高校来说，师资力量有限，不能针对所有学生做好心理辅导工作。大学生如果缺乏必要的心理调适能力，可能就会出现抑郁、迷茫、不安等心理障碍，不利于自己的成长和发展，甚至可能会走上歧途。

（五）家庭对大学生犯罪的影响

家庭是大学生身心成长的摇篮，是社会的细胞。人从出生到青年期，多数时间是在家庭中与父母一起度过的，而这一时期正是人的社会化最关键的时期，父母在孩子的成熟历程中扮演了举足轻重的角色。因此，家庭关系对大学生犯罪有着深刻的影响。大量有关青少年犯罪研究的资料表明，家庭与青少年犯罪有着最直接的关系。

 **实践应用**

家庭因素对大学生犯罪的影响

一、家庭教育的失当是大学生犯罪滋生的土壤

我国的家庭教育失当现象相当严重，主要存在的教育方法有溺爱型、粗暴型、放任型。其中，大学生家庭存在的溺爱型教养方式最为普遍。家长对孩子的教育容易出现两个极端：不是漠不关心、放任自流，就是过分保护与干涉；不是专制粗暴、惩罚严厉，就是偏袒和溺爱。这两种极端的教养方式都很难使大学生实现正常的社会化，使其易于形成不良的习惯和人格，而这些不良的习惯和人格正是犯罪的内在动因。同时，家庭教育的失当还表现在教育的内容上，在高考的指挥棒下，家长关注的是孩子的分数，忽视了孩子健康心理的发展、健全人格的培养和良好习惯的养成。

二、家庭结构的残缺也会影响大学生的成长

调查数据显示，单亲家庭（破裂家庭）出身的大学生犯罪率高于正常家庭的大学生。家庭残缺使教育功能减弱，甚至失去家庭教育功能。家长一方面可能为了补偿而过分溺爱，另一方面由于缺位又有可能造成对子女情感的淡漠。在这种环境下的孩子往往比较孤独，一旦遇到挫折，无法找人倾诉，很容易走极端。单亲家庭中成长的孩子，因缺乏父爱或者母爱而在求学过程中遭受同伴的讥讽、排斥而养成自尊心强、抗挫能力弱、爱面子、逃避、好强、心胸狭隘、嫉妒心强的个性。在内心里他们渴望和正常家庭一样享受父母的关爱，表面上却装作冷酷无情，让人难以接近。他们的心理年龄比一般同龄伙伴大，在他们求学的过程中，最害怕的就是别人的嘲笑和同情。一旦被同学当作取笑的对象，或者他人不小心损害了自己的利益，他们会报复对方，不惜触犯法律。

第三节　正当防卫

一、正当防卫的概念

正当防卫又称自我防卫，简称自卫，是大陆法系刑法中的一个概念。为了使国家、公共利益、本人或者他人的人身、财产和其他权利免受正在进行的不法侵害，而采取的制止不法侵害的行为，对不法侵害人造成损害的，属于正当防卫，不负刑事责任。正当防卫明显超过必要限度造成重大损害的，应当负刑事责任，但是应当减轻或者免除处罚。对正在进行行凶、杀人、抢劫、强奸、绑架以及其他严重危及人身安全的暴力犯罪，采取防卫行为，造成不法侵害人伤亡的，不属于防卫过当，不负刑事责任。其与紧急避险、自助行为皆为权利的自力救济方式。

二、正当防卫的要件

根据《中华人民共和国刑法》第二十条第一款的规定，为使国家、公共利益、本人或者他人的人身、财产和其他权利免受正在进行的不法侵害，而采取的制止不法侵害的行为，对不法侵害人造成损害的，属于正当防卫，不负刑事责任。

（一）存在现实的不法侵害

现实的不法侵害包括犯罪行为和其他违法行为。但是，也并非对任何违法犯罪行为都可以进行正当防卫，只有对那些具有攻击性、破坏性和紧迫性的不法侵害，在采取正当防卫可以减轻或者避免危害结果的情况下，才宜进行正当防卫。不法侵害应当是人实施的不法侵害。一般认为对于没有达到刑事责任年龄、不具有刑事责任能力的不法侵害行为也可以实施正当防卫。

（二）不法侵害正在进行

不法侵害正在进行时，使合法权益处于紧迫的被侵害或者威胁之中，才使防卫行为成为保护合法权益的必要手段。在不法侵害的现实威胁十分明显、紧迫，待其着手后来不及减轻或者避免危害结果时，也应认为不法侵害已经开始。在不法侵害尚未开始或者已经结束时，进行的所谓"防卫"，称为防卫不适时，构成犯罪的应当负刑事责任。

（三）具有防卫意识

具有防卫意识的行为才是正当防卫。为了侵害对方而故意挑起对方对自己进行侵害，然后以正当防卫为借口给对方造成侵害行为的，属于防卫挑拨。故意侵害他人合法权益而巧合了正当防卫其他条件的，属于偶然防卫。

（四）针对不法侵害本人进行防卫

不法侵害是由不法侵害人直接实施的。针对不法侵害人进行防卫，使不法侵害人不再继续实施不法侵害行为，才可能制止不法侵害，保护合法权益。只要具有排除不法侵害的可能性与必要性，即使客观上没有排除不法侵害，也依然称为正当防卫。针对第三者的所谓"防卫"，要按不同情况定性为故意犯罪或者假想防卫（误认为第三者为不法侵害人）。

（五）没有明显超过必要限度造成重大损害

其中，"必要限度"是指以制止不法侵害、保护合法权益所必需为标准。分析双方的手段、强弱、客观环境以及所造成的损害后果，轻微超过必要限度的不能称为防卫过当，只有造成重大损害的，才可能属于防卫过当。

第四节　防卫过当

一、防卫过当的概念

防卫过当是一种轻微的犯罪行为，它在本质上属于较轻的社会危害行为。这是因为从防卫过当的整个过程来看，防卫人虽然以制止正在进行的不法侵害为目的，但是有一定的罪过心理，在主观上对自己反击和制止不法侵害的行为和结果持放任态度或疏忽大意、过于自信的态度，客观上防卫人的行为明显超过了制止不法侵害所必需的限度。

损害了不法侵害人被《刑法》所保护的部分利益，防卫行为也就由最初的正当防卫转化为犯罪行为，而正当防卫的本质是社会的有益性，犯罪的本质是社会的危害性。因此，防卫过当既具有社会有益性，又具有社会危害性，但其社会危害性是主要的，所以说防卫过当是轻微的犯罪行为。

二、防卫过当的要件

根据我国《刑法》第二十条的规定，防卫过当是应当负刑事责任的，防卫过当的前提是进行正当防卫，但防卫过当又不同于正当防卫。

第一，在客观上具有防卫过当的行为，并对不法侵害人造成了重大的损害。

第二，在主观上对其过当结果具有罪过，这是防卫过当应负刑事责任的根据。防卫过当的刑事责任主要是解决防卫过当的定罪和量刑问题，能不能定罪，就是通过是否具备了防卫过当犯罪构成的条件，因为它是刑事责任的唯一根据。

（一）客体和客观要件

1. 客体

防卫过当的客体是不法侵害人的人身权利，即不法侵害人依法受《刑法》保护的生命权和健康权。在这里不法侵害人具有双重身份，既是防卫对象，又是犯罪对象。中国法律支持对不法侵害人的某些权益造成必要损害的正当防卫行为。但是，同时不法侵害人还有其他合法权益，而这部分合法权益是受法律保护的。防卫过当行为损害了不法侵害人除了《刑法》允许可以反击、可以损害的部分以外，还损害了其依法受保护的不允许损害的部分权益。因此，防卫过当也就是对不法侵害人的一种犯罪，只不过其社会危害性较小。

2. 客观要件

防卫过当的客观要件是防卫行为明显超过了制止不法侵害所必需的限度，并且造成了重大损害。首先，防卫过当的防卫行为明显超过了必要限度，要正确理解"明显"二字的含义，应具体从以下两个方面考虑：

第一，防卫行为大大超过了制止不法侵害所必需的范畴，如防卫人采取击伤不法偷窃者就是以制止偷窃这种不法侵害为限度，但如果采取杀死偷窃者这种手段，则超越了防卫目的和防卫尺度，应属"明显"范畴。

第二，防卫强度大大超出了性质一般的不法侵害强度。这主要应从防卫人所采用的防卫手段的强度与不法侵害行为的性质等因素对比来判断。另外，防卫过当的防卫行为造成重大损害结果，防卫结果是否构成"重大损害"，是区分防卫行为是否过当的主要因素。正当防卫与不法侵害是完全对立的，不造成不法侵害人一定的损害，是不足以制止不法侵害的，超过必要的限度，致人重伤死亡的，就是造成重大损害。

（二）主体和主观要件

1. 主体

防卫过当的主体是具有刑事责任能力的单个公民。我国《刑法》第十七条规定，已满十六周岁的人犯罪应当负刑事责任。已满十四周岁不满十六周岁的人犯故意杀人、故意伤害致人重伤或者死亡罪的，应当负刑事责任。也就是说，防卫过当所构成的犯罪中，有已满十六周岁的和已满十四周岁的犯罪主体，但防卫过当的主体一般是已满十六周岁的人，因为已满十四周岁不满十六周岁的人由于认识能力的限制，一般不可能正确判断防卫过当这种犯罪行为的性质。

2. 主观要件

防卫过当的主观要件是防卫人对过当结果持放任或者疏忽大意、过于自信的态度。

防卫过当是一种应负刑事责任的行为，因此，同其他犯罪一样，要求防卫人在主观上具有罪过。关于防卫过当的罪过形式，理论界说法不一，主要有以下几种观点：

（1）疏忽大意过失说。该观点认为，防卫过当的罪过形式只能是疏忽大意的过失。

（2）全面过失说。该观点认为，防卫过当的罪过形式可以是疏忽大意的过失，也可以是过于自信的过失，但不能为故意。

（3）过失与间接故意说。该观点认为，防卫过当的罪过形式包括疏忽大意的过失、过于自信的过失和间接故意，只有直接故意不能成为防卫过当的罪过形式。

（4）过失与故意说。该观点认为，防卫过当的罪过形式可以是任何种类的过失与故意。

（5）故意说。该观点认为，防卫过当都是故意犯罪，因为防卫过当是故意造成的损害。

模块三 育人园地
★★★★★

社会主义法治建设坚持以人民为中心，把保障人民权益作为法治的根本目的，积极保护公民人身权、财产权、人格权等各项权利不受侵犯，保障公民的基本政治权利，促进经济、文化、社会等各方面权利得到落实，使广大人民群众越来越相信法律、信任法律，极大地增强了法律的权威性。特别是党的十八大以来，以习近平同志为核心的党中央重视法治、倡导法治、厉行法治，加强中国特色社会主义法治理论建设，创造性地丰富和发展了中国特色社会主义法治理论，形成全面依法治国新理念、新思想、新战略，在坚持和拓展中国特色社会主义法治道路这个根本问题上树立了自信、保持了定力。在法治意识方面，坚持把全民普法和全民守法作为依法治国的基础性工作，更加注重社会主义法治文化建设，强调树立宪法法律至上、法律面前人人平等的法治理念，强化全民普法宣传，落实普法责任制，有效推动全社会形成良好的法治环境。

法治意识的强弱不只体现在思想观念上，更体现在处理矛盾和解决纠纷的实际行动中。在多年法治建设进程中，我们坚持法律面前人人平等，不断完善社会公平正义法治保障制度，推动全社会形成办事依法、遇事找法、解决问题用法、化解矛盾靠法的行为习惯。如今，运用法治思维、法治方式来看待问题、解决矛盾，将问题矛盾放在法律框架下处理，已经成为越来越多人的自觉行动。法治意识逐渐植根于人们的头脑深处，当遇到诸如合同纠纷、消费欺诈等时，拿起法律武器维护自身合法权益已经成为多数人的选择和习惯。

法律的权威源自人民的内心拥护和真诚信仰。中国特色社会主义法治体系日益完善，尊崇和捍卫法治与保障人民切身利益更加一致，守法护法逐渐成为全社会的共同追求。但我们也要看到，巩固守法护法的法治信仰不是一劳永逸的，还需要持续的教育和培养。我们要进一步巩固和发展全体人民共同守法护法的良好局面，强化法治之力，让全体人民更加自觉地做社会主义法治的忠实崇尚者、自觉遵守者、坚定捍卫者，为实现中华民族伟大复兴的中国梦筑牢深厚的法治根基。

模块四　拓展阅读
★★★★★

紧急避险

2011 年某日下午 2 时许，原告艾某驾驶一辆农用四轮车（限载量 1 吨，限载人数 2 人）为他人运送货物，其时车上载货近 2 吨，驾驶室乘坐 3 人。途经某公路时，被告彭某兄弟俩以原告开车碰坏其摩托车为由，骑车快速追赶原告，并在追上原告后突然强行超车，并连人带车横拦于正常行驶的原告车前方约 4 米处。原告发现后，为不伤及两名被告，遂将方向盘向右猛打，致使人、车、货一起栽入路旁排水沟内，造成各项损失共计 8 258 元。

法院经审理认为，原告在两名被告骑摩托车超越自己并违规横拦于其车前的情况下，为不伤及两名被告而采取向右急打方向盘导致翻车的行为，属紧急避险，其损害应依法由引起险情的两名被告承担。但原告在运输过程中超过核定的限载量及限乘量载货载人，其违章行为对翻车的损害后果也有一定的过错，应自行承担相应的民事责任。据此，一审判决由两名被告承担主要责任，赔偿原告车辆维修费等各项损失 5 780.60 元，原告自行承担次要责任。

本案涉及的最主要的法律问题是原告的行为是否构成紧急避险。

紧急避险是指为了保护公共利益、本人或他人的人身、财产和其他权利免受正在发生的危险，在迫不得已的情况下实施的以损害较小合法权益来保护较大合法权益的行为。其特点在于在两个合法权益发生冲突，又只能保存其中一个的紧急情况下，允许为了保护较大的权益而牺牲较小的权益。从整体上看，紧急避险行为是有益于社会的行为，它既是公民的一项合法权利，也是公民应尽的一项义务。然而，法律上对于紧急避险的界定非常严格，通常认为紧急避险须由以下三个要件构成。

1. 必须有危险的存在

这种危险是正在发生的、实际存在的，不采取措施就会造成更大损害的危险。并且，这种危险必须是如不采取措施就会损害社会公共利益、本人或他人的生命健康或财产的危险。对于尚未发生或者虽已发生但属于侵害人格权的危险，不能实施紧急避险。该案中，两名被告连人带车违规突然横拦于正常行驶的原告车前约 4 米处，毫无疑问，在当时的瞬间，要求原告采取急刹车而将车子停住从而既保全两名被告又保全自己是非常苛刻的。况且原告驾驶的是一辆农用四轮车且存在超载行为，在短短的 4 米距离将车子紧急刹停也不太可能。因此，本案中危险是客观存在的。

2. 必须有避险的行为

避险是以损害某种利益来保全另一种利益的行为。这也就是说，紧急避险须有损害某一利益而保全另一利益的目的、动机和事实。正因为避险行为是以损害某一利益来保全另一利益的损害行为，所以不在迫不得已的情况下，不得采取。如果行为人损害某一利益不是为了保全另一利益，则此行为不能称为紧急避险，而只能属于侵权行为。本案中，原告正是为了保全另一利益，即避免伤及两名被告而在迫不得已的情况下损害自身利益的，在当时当地的情形下，原告所采取的行为是避免撞伤或撞死两名被告的唯一选择。

3. 避险措施必须适当

因为紧急避险是以损害某一利益为代价的，为避免造成不应有的损害，避险措施应适当。

所谓适当，其基本要求就是所损害的利益必须小于保全的利益。如果因避险所损害的利益大于或等于保全的利益，此种避险就属于不适当的。

根据以上紧急避险的构成要件，结合本案的具体情况来看，原告是在发生危险迫不得已的情况下，以损害自己而保全两名被告的，且其损害的自身权益远远小于伤及两名被告的后果，因此原告的行为依法构成紧急避险。

紧急避险与正当防卫的区别

（1）起因条件。正当防卫的起因条件是他人的不法侵害，而紧急避险的起因条件是存在一种危险，包括自然灾害等非人为的损害。

（2）限度条件。正当防卫所造成的损害可以大于或等于所要保护的利益，而紧急避险所造成的损害不能等于更不能大于所要保护的利益。

（3）限制条件。紧急避险必须是迫不得已且没有其他更好的办法而采取的，而正当防卫则无此要求。

（4）对象条件。正当防卫要求打击的对象只能是不法侵害者本人，而紧急避险的对象则可以是无辜的第三者，二者损害的对象是有原则性区别的。

参考文献

[1] 孟玉桂. 新时代大学生国家安全教育研究 [D]. 四川师范大学，2021. DOI：10.27347/d.cnki.gssdu.2021.000279.

[2] 吴文洁. 大学生人身安全教育存在的问题及对策研究 [J]. 课程教育研究，2019 (46)：220.2.

[3] 张静. 大学生网贷安全教育问题与对策研究 [J]. 淮南职业技术学院学报，2021，v.21；No.99 (03)：114-116.

[4] 穆松龙. 加强大学生宿舍防火安全教育对策研究 [J]. 今日消防，2020，v.5；No.44 (01)：105+117.

[5] 马金路，赵洹琪，王政阳. 大学生交通安全现状分析及宣传教育建议 [J]. 汽车与安全，2021，No.284 (08)：46-52.

[6] 吴绪红，权凌. 大学生网络安全教育路径探索 [J]. 山西青年，2021，No.606 (17)：113-114.

[7] 周华娣. 我国大学生网络信息安全的问题和对策 [J]. 黑龙江人力资源和社会保障，2021，No.453 (10)：33-35.

[8] 丁兆建，朱为菊，许天委. 高校实验室安全教育教学研究 [J]. 教育教学论坛，2021，No.511 (12)：17-20.

[9] 滕召青. 全面提升青年大学生法律素养的思考 [J]. 法制博览，2019 (20)：265-266.

[10] 刘东. 大学生安全教育 [M]. 上海：上海交通大学出版社，2013.

[11] 郑明月. 大学生安全知识读本 [M]. 长沙：国防科技大学出版社，2013.

[12] 罗进强，朱建国，理阳阳. 大学生安全教育 [M]. 西安：陕西人民教育出版社，2009.

图书在版编目（CIP）数据

大学生安全与法纪教育/李宗茂，李家俊主编. --
3 版. -- 北京：中国人民大学出版社，2022.7
新编 21 世纪高等职业教育精品教材. 通识课系列
ISBN 978-7-300-30782-4

Ⅰ.①大… Ⅱ.①李… ②李… Ⅲ.①大学生-安全
教育-高等职业教育-教材 ②大学生-法制教育-高等职
业教育-教材 Ⅳ.①G641

中国版本图书馆 CIP 数据核字（2022）第 111422 号

新编 21 世纪高等职业教育精品教材·通识课系列
大学生安全与法纪教育（第 3 版）
主　编　李宗茂　李家俊
副主编　张广华　赵子金
Daxuesheng Anquan yu Faji Jiaoyu

出版发行	中国人民大学出版社		
社　　址	北京中关村大街 31 号	邮政编码	100080
电　　话	010—62511242（总编室）	010—62511770（质管部）	
	010—82501766（邮购部）	010—62514148（门市部）	
	010—62515195（发行公司）	010—62515275（盗版举报）	
网　　址	http://www.crup.com.cn		
经　　销	新华书店		
印　　刷	北京密兴印刷有限公司	版　次	2016 年 9 月第 1 版
			2022 年 7 月第 3 版
规　　格	185 mm×260 mm　16 开本		
印　　张	15 插页 1	印　次	2024 年 8 月第 4 次印刷
字　　数	322 000	定　价	35.00 元